江西广播电影电视年鉴

JIANGXI RADIO FILM & TV YEARBOOK

2012

江西省广播电影电视局

《江西广播电影电视年鉴》编辑委员会编纂

中国传媒大学出版社

编 辑 说 明

一、《江西广播电影电视年鉴》是全面反映江西广播电影电视事业基本情况和发展变化，客观记述上一年度江西省广播电影电视系统新情况、新资料的大型资料性书籍。

二、本书自 1986 年起，每年出版一卷，2012 年版为第 27 卷。本卷设下列栏目：1.概况；2.大事记；3.文件选载；4.频率频道 节目栏目；5.经验；6.调查研究；7.电影 电视剧 电视动画片 广播剧；8.评奖与表彰；9.学术研究与出版；10.机构；11.人物；12.县市区广播影视简介；13.统计；14.图片及专页。

三、有关广播影视宣传工作及事业建设的情况是本书的主要内容，着重在《概况》、《大事记》、《频率频道 节目栏目》、《经验》、《调查研究》、《电影 电视剧 电视动画片 广播剧》、《评奖与表彰》、《图片及专页》等栏目中记载。

有关电影、电视剧管理及社会管理工作的情况，在《概况》、《文件选载》、《电影 电视剧 电视动画片 广播剧》、《县市区广播影视简介》等栏目中记载。

有关广播影视系统机构、人物方面的情况，主要在《机构》、《人物》等栏目中反映，一般为截至 2011 年 12 月 31 日的情况。

有关广播影视各项指标统计的情况，在《统计》栏目中记载。

有关各县市区广播电影电视情况，在《县市区广播影视简介》栏目中记载。

四、本书 2012 年版主要刊载 2011 年的资料，但在个别栏目中也收录了 2012 年初的有关资料。

五、本书发表的所有信息资料均由各有关部门提供并审定。

江西省广播电影电视局

《江西广播电影电视年鉴》编辑委员会

《江西广播电影电视年鉴》责任编辑、特约编辑

目 录

经　验

调查研究

电影 电视剧 电视动画片 广播剧

评奖与表彰

学术研究与出版

机　构

人　物

县市区广播影视简介

统　　计

图片及专页

索　引

汉语拼音索引

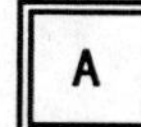

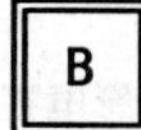

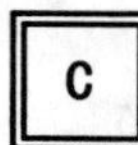

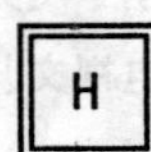

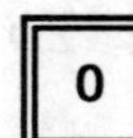

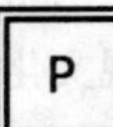

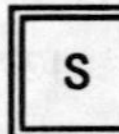

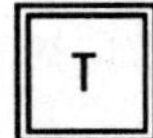

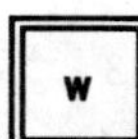

数字索引

英文字母索引

2011年3月12日，省委书记苏荣，省委副书记、省长吴新雄等省领导，亲切看望了我省参加全国“两会”报道的随团新闻工作者，对“两会”宣传报道工作给予了充分肯定。

2011年12月30日，省委书记苏荣到省广电局和省电台、省电视台看望慰问广播电视新闻工作者。

2011年6月30日，省委副书记、省长鹿心社在江西电视台参加“七一”晚会。晚会之前，鹿省长在江西电视台考察工作。

2011年1月27日，江西省农村电影放映车赠车暨“十二五”农村电影放映工程启动仪式在南昌举行。省委常委、省委宣传部部长刘上洋为获赠流动电影放映车的代表颁发车钥匙、授旗。副省长孙刚出席仪式。

省电台信息交通频率高考爱心车队连续10年爱心送考。2011年6月3日，省人大常委会副主任胡振鹏为爱心车队授旗。

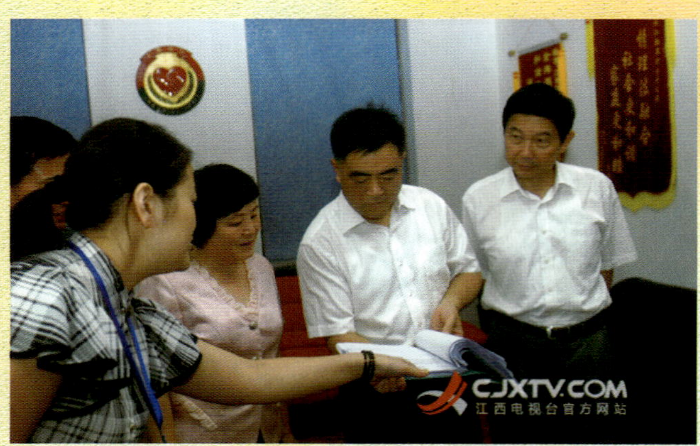

2011年8月31日，副省长朱虹到江西电视台《金牌调解》栏目考察调研。

2011年1月27日，全省广播影视工作会议在南昌召开。省领导刘上洋、孙刚出席会议并讲话。省广电局领导黄晔明、梁勇、杨玲玲、杨松、刘玉东、龚邦国、杨文英、陈峰出席会议。

2011年6月27日，省广电局召开庆祝中国共产党成立90周年暨表彰大会。

2011年4月20日，全省电视剧工作会议在南昌召开。

2011年10月10～11日，全国广播影视行风建设暨纪检监察工作座谈会在南昌召开。国家广电总局党组成员、纪检组组长王莉莉，江西省副省长朱虹出席会议并讲话。

2011年6月17日，省广电局在南昌召开征求社会意见、促进广电发展座谈会。

2011年8月5日，全省推进“三创三提”主题实践活动现场会在省广电局召开。与会代表在江西广电网络公司考察指导。

2011年1月6日，省广电局召开评审会，评选2010年度“宣传工作创新奖”。

2011年1月28日，全省广电网络工作会议在南昌召开。

2011年11月13日，江西电视台与南昌市青山湖区举行江西电视台数字电视节目制作中心项目签字仪式。

2011年2月18日，省电台信息交通频率与省交通厅应急指挥中心举行合作签约仪式，建立覆盖全省及周边省份的交通运输信息传播服务网络。

2011年11月4日，江西电视台台长杨玲玲带领记者到鄱阳县白沙洲乡内青村采访报道。

2011年10月18日，江西人民广播电台台长龙和南带领记者来到新建县乐化镇，在田间地头采访种粮大户。

省广电局收听收看小组被国家广电总局评为2011年度全国广播电视收听收看先进集体。这是江西局的收听收看工作连续第4次受到表彰。

省电台信息交通频率主持人蔡静（左三）主持的《冰雪路上，温暖同行》荣获2011中国播音主持“金话筒”奖广播主持作品奖。这是江西广播界首次获得这项荣誉。

2011年12月1日，景德镇市委书记邓保生到景德镇广播电视台考察调研。

2011年12月29日，抚州市委书记龚建华到市广电局调研。

2011年12月29日，新余市委书记李安泽到市广电局就文化体制改革进行专题调研。

为庆祝中国共产党成立90周年，省委宣传部、省广电局、省电台等单位联合举办"爱在党旗下，红动中国心"大型系列活动。2011年6月3日，"同走红色道路"活动授旗出发仪式在南昌举行。

2011年9月30日，省电台民生频率等单位联合举办江西省"十大敬老模范社区"、"十大敬老模范村"表彰暨"江西老年节"庆祝大会。

2011年1月15日，江西省首届网络电视主持人大赛圆满落幕。

2011年8月，江西电视台引进两台具有国际水准的高标清数字卫星转播车。

2011年5月12日，古巴、缅甸、加纳等21个国家的41名广播电视记者参加由国家广电总局举办的“发展中国家广播电视记者研修班”，并到江西电台、江西电视台参观访问。

2011年7月12日，阿尔及利亚、伊拉克等西亚北非六国政党干部一行访问赣州人民广播电台、赣州电视台。

2011年4月30日至5月3日，由南昌市政府和省广电局主办，江西电视台等承办的2011（第三届）中国中部（南昌）国际汽车文化节在南昌国际展览中心举行。

2011年8月28日，江西电视台2011年中国红歌会冠军赛在南昌上演，这是江西电视台连续6年举办这项活动。

2011年3月21日，江西电视台卫视频道推出《金牌调解》栏目。

2011年6月27日，“颂歌献给党”全省广播电视播音员主持人朗诵作品大赛颁奖仪式在南昌举行。

2011年6月13日，吉安电视台录制“颂歌献给党，爱我新吉安”大型主题歌舞晚会。

2011年1月22日，赣州电视台播出2011年春节联欢晚会。

抚州人民广播电台“政风行风热线”节目深受欢迎。

2011年6月，江西电视台、江西电影制片厂有限责任公司、江西金帛影业有限公司等单位联合摄制电影《红色恋歌》。

2011年9月，江西电视剧制作有限公司制作发行35集电视连续剧《风云1911》。

2011年8月，江西笛卡传媒有限公司制作发行电视动画片《笛卡特警队》。该片是江西省第一部由省内动画制作机构原创的国产电视动画片。

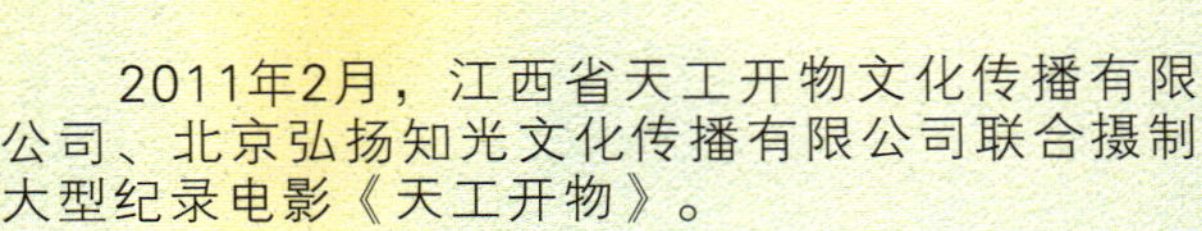
2011年2月，江西省天工开物文化传播有限公司、北京弘扬知光文化传播有限公司联合摄制大型纪录电影《天工开物》。

江西省广播电视网络传输有限公司
吉安市分公司

江西省广播电视网络传输有限公司吉安市分公司是全省第一批挂牌的设区市分公司，下设8个处（行政人事处、财务资产管理处、技术处、客服处、市场营销处、工程运维处、经营管理处、农网处），拥有1879.28平方米的办公场所和一个传输中心机房，还设有两个分前端机房、200平方米的营业厅和数字电视演示厅。

2011年，吉安广电网络分公司始终坚持“服务好、信誉好、风气好”的目标，进一步落实“首问负责制”、“首装负责制”、“首修负责制”和一手抓服务、树形象，一手抓用户、求发展，内外协调，上下团结，各项工作得到均衡发展。同时，在有线电视数字化整转工作中，在省公司的正确领导和大力支持下，分公司创造了全新的“吉安工作模式”，打造一种以创新、团队、敬业为核心的“整转精神”。全年新增有线电视用户12560户，其中城网发展8566户，农网发展3994户。公司年内完成了13万多用户的数字整转工作，共创收3465万元，创历史最好成绩。

江西省广播电视网络传输有限公司
德安市分公司

德安县座落于庐山南麓、鄱阳湖畔，居于昌九工业走廊的中段。江西省广播电视网络传输有限公司德安县分公司于2003年11月局网分离，2004年元月正式挂牌运营。公司办公地址位于德安县蒲亭镇解放路6号。

德安县分公司现有行政财务部、技术部、工程部、客服中心、农网部等职能部门，共有员工50余名,其中大专以上学历的员工20多名。公司秉承社会效益和经济效益并重、强化管理和优质服务并举的方针，坚持以市场为导向，以效益为中心，以服务为根本，走市场化运作、产业化经营、企业化管理的道路，从而使德安县的有线电视网络实现了从电缆向光缆的跨越式发展。德安县城网有线电视用户基本实现了数字化整体转换，数字电视用户近2万户；有线电视光缆网络基本覆盖全县乡村，乡、行政村覆盖率达到94%,有线电视用户入户率达到76%，模拟电视用户达15000余户。德安县分公司除负责安全传输60余套模拟电视节目、70余套数字电视节目和40多套付费电视节目外，还开展了会议电视、广电宽带等增值业务。公司先后获得2005、2006年度数字电视业务经营先进单位、2005年度目标考评优秀单位、2006年度经营先进单位一等奖、2007、2008年度经营先进单位二等奖、九江市2004-2005、2006-2007年度文明单位和2007年度网络运行维护先进集体三等奖、2009年度经营先进单位三等奖、2009年度数字电视业务经营先进单位、2011年度经营先进单位一等奖、2011年度经营创收先进单位、2011年度客户服务先进集体、全省青年文明号等荣誉称号。

德安县分公司将在发扬成绩、努力完善的基础上，继续弘扬“团队合作、开拓创新、务实高效、追求卓越”的企业创新精神，锐意进取，求实创新，不断推进德安广电网络实现可持续发展。

江西省广播电视网络传输有限公司
丰城市分公司

江西省广播电视网络传输有限公司丰城市分公司2008年8月与市广电局正式分离。几年来，分公司在上级公司的坚强领导下，迅速转变观念，运用现代企业管理思想，围绕网络发展这个工作重点，积极争取丰城市委、市政府的支持，努力协调各级各部门关系，完善网络发展市、乡、村三级考核办法及管理机制，全市上下形成了齐抓共管的工作格局。在争取外部支持的同时，分公司内部在领导力量、人员调配、奖励政策等方面对网络发展方面都给予了最大力度的倾斜，2009年、2010年、2011年网络发展均取得了较好的成绩。在内部管理方面，分公司通过开展业务培训、完善管理制度、规范队伍管理、组织各种文体活动等，提高了公司员工队伍的整体素质。2011年，农网发展用户18488户，城网新增用户2600户，全年完成上缴收入1943万元，超276万元，圆满完成了省公司下达的各项工作任务，被省公司评为2011年度先进单位。

江西省广播电视网络传输有限公司
万年县分公司

江西省广播电视网络传输有限公司万年县分公司（以下简称分公司）成立于2003年3月，内设行政财务科、客服科、市场营销科、农网管理科、工程技术科，现有干部职工49名。在省、市公司的正确领导及全体干部职工的共同努力下，截至2011年底，分公司已建设覆盖万年县所有乡镇的广播电视光缆传输干线网1200余公里；用户数从整合前的不足一万户发展到3.48万余户，其中数字电视用户达到1.26万余户；网络经营收入由整合初的几十万元发展到现在的870余万元，总资产从整合初的86万元增长到现在的903万元，分公司各项业务取得了快速进展。特别是在2007年10月分公司组建了新的经营班子后，分公司坚持发展就是硬道理，采取有力措施，举全力发展壮大用户。在内部管理上，始终把科学管理作为提高效益的重要手段，完善了全员目标责任考核制度，激发了工作人员的积极性和创造性，各项工作取得了跨越式的发展，每年的创收都以百万级递增。

分公司历年来的各项工作得到了省、市公司及当地政府的充分肯定，特别是在2011年度，分公司获得了省公司颁发的先进单位一等奖。分公司将继续把管理摆在突出位置，时刻紧绷发展这根弦，进一步增强忧患意识、危机意识、发展意识、拼搏意识，以更加强烈的使命感、责任感，抓住发展机遇，推动分公司各项工作不断向前发展。

概　　况

江西省广播影视概况

2011年，江西省有省、市两级广播电台8座，电视台8座，设区市广播电视台4座，县级广播电视台81座。广播综合人口覆盖率97.06%，电视综合人口覆盖率98.18%。全省电视发射台和转播台297座，发射功率418.166千瓦。有线广播电视传输网络干线总长8.22万千米，有线广播电视用户489.7万户。全省广播电视从业人员20269人。全省广播电视总收入34.29亿元，其中事业收入18.18亿元，企业单位收入16.11亿元。全省广播电视实际创收收入29.62亿元，其中广告收入14.04亿元，收视费收入7.45亿元，付费数字电视收入0.94亿元，其他网络收入2.69亿元，其他创收收入4.5亿元。省本级经营收入22.7亿元。

一、把握正确导向，圆满完成各项宣传报道任务

1.建党90周年等重大宣传隆重大气，氛围浓厚。全省各级广电媒体紧紧围绕重大宣传，坚持正确导向，全力进行舆论造势。精心组织、周密部署庆祝中国共产党成立90周年宣传，开辟专栏，拍摄专题，开展特色活动，推出红色经典影视剧、广播剧等，多角度、全方位反映中国共产党90年的丰功伟绩、光辉历程，有特色、有分量、有气势，营造出喜庆热烈、团结和谐、昂扬向上的浓厚氛围。认真抓好十七届五中、六中全会、江西省第十三次党代会、江西省委十二届十四次全会、全国全省“两会”等会议宣传，做到主题鲜明，解读深入。全面做好“科学发展、进位赶超、绿色崛起”主题教育活动、发展提升年活动、创先争优活动等的宣传，收到了良好社会效果。

2.经济社会发展成就宣传亮点突出，精彩纷呈。着眼于“十二五”开局之年开好头、起好步，各级广电媒体重点报道了加快农业现代化、新型工业化和城镇化，推进重点项目、民生工程建设等重点工作的新举措、新亮点；突出宣传了鄱阳湖生态经济区上升为国家战略以来取得的新进展、新成效；集中推出了一批加快发展、加大转变经济发展方式的新典型。全面反映全省主要经济指标增速高于全国平均水平的良好态势，营造出聚精会神搞建设、一心一意谋发展的良好环境，振奋了人心，鼓舞了士气。

3.突发事件、社会热点引导积极稳妥，把握有度。针对2011年全省出现的旱涝急转情况，广电媒体准确把握，积极宣传，较好地发挥了舆论的正面引导作用。江西省委书记苏荣对江西电视台的抗洪救灾报道作出批示，充分肯定报道体现了主流媒体的价值。及时做好了突发事件的宣传，有效引导了舆论，维护了社会稳定。

4.对外宣传江西力度增强，势头良好。2011年，江西新闻上中央人民广播电台主要新闻节目337条，其中录音头条15条，列全国前10位。江西新闻上中央电视台《新闻联播》228条，其中，头条10条，上提要62条，列全国前5位。为中国国际广播电台《中国之窗》节目供稿优稿率达100%，列全国第2位。江西卫视覆盖人口达7.54亿，比2010年同期增长3000万，在全国35城市网收视排名第8位。

二、着力打造品牌，精品生产取得新突破

全省各级广电媒体精心培育一批有影响的频率频道、节目栏目和社会活动。江西电视台推出《金牌调解》节目，在全国首创让人民调解工作直接走上荧屏的社会管理新模式，成功调解矛盾纠纷200多起，得到多位省、部领导的充分肯定。江西电视台公共频道用爱心打造“红五套”品牌，开展一系列有影响的社会活动，江西省委宣传部主要领导作出批示予以肯定，省直20多家媒体集中进行报道。各级广电媒体推出的《新闻110》、《九点一刻》、《今日播报》、《特别关注》等节目进一步创新内容和形式，节目影响力稳步提升。“中国红歌会”连续第6年举办，吸引10多万红歌爱好者直接参与，收视影响不断扩大。各级广电部门推出的高考爱心车队、爱行2011、便民服务进社区、“为城运加油 为城运助跑”万人长跑等活动，社会反响热烈。一批优秀新闻作品在全国和全省获奖，受到一致好评。

影视剧、电视动画片的创作生产取得新突破。拍摄完成电视剧6部；完成电视动画片5部208集2730分钟，产量跃居全国第16位，其中，电视动画片《笛卡特警队》实现了江西自主生产原创电视动画片零的突破；拍摄完成电影10部，出品或参与拍摄的5部故事片入选广电总局推荐优秀影片目录。

三、狠抓措施落实，安全播出工作保障有力

全省广电系统认真贯彻落实总局62号令及相关实施细则，进一步落实工作责任，完善技术手段，开展技术比武，强化监督检查，有效提高了安全播出保障能力，确保了元旦、春节、全国全省“两会”、建党90周年、“十一”、七城会、江西省第十三次党代会等重要保障期的安全播出，圆满完成了广播电视安全播出保障任务。

四、完善服务体系，民生工程扎实推进

积极推进“村村通”工程。完成“十一五”“村村通”工程检查验收工作，进一步巩固了“村村通”成果；各地结合实际进行了广播“村村响”的建设，其中，宜春市70%的行政村实现了广播“村村响”。大力实施电影放映工程。全省农村公益放映电影27万多场次，超额完成全年公益放映任务；全省城市影院总数达到60家，银幕总数达到205块，平均每个月有3家影院开业，赣州、吉安市城区实现数字影院零的突破。全面推进有线电视数字化整体转换工作，全省75个市县（区）整转用户201万户，完成整转任务134%。

五、加大改革力度，发展活力不断增强

继续深化体制机制改革。江西电视剧制作有限公司改制步伐进一步加快，独立运作电视剧实现盈利。改制后的江西电影制片厂有限责任公司作为第一出品方完成了6部数字电影的出品创作并获得利润，其中1部影片被广电总局推荐为优秀影片。有线电视网络整合工作力度加大，并购整合了一批企业网、集团网和农网。

加快发展广电文化产业。全省广播影视

经营收入达到31.26亿元，同比增长18.88%，其中，省本级达到22.7亿元，同比增长20%。全省广电网络经营创收达11.08亿元，同比增长28.1%；全省城市影院票房达1.64亿元，同比增长51.2%。举办的中国中部汽车文化节、城市形象大使评选、烂漫第一季等活动，进一步拓宽了经营创收渠道。

六、强化行政管理，行业秩序得到规范

全省广电系统以发展提升年为契机，加大管理力度，提升管理质量和水平。继续强化收听收看工作，净化声频荧屏，省局收听收看工作连续第4次受到广电总局表彰；加强对播出机构、节目制作经营机构和广告播出的管理，江西卫视连续5年广告零违法受到国家有关部门表扬；强化对网络新媒体、卫星地面接收设施、电影放映活动等的监管，进一步规范了广电行业秩序。

七、加强作风建设，队伍建设呈现新面貌

积极开展“三项学习教育”、“走转改”活动，深入推进创先争优、学习型党组织建设、发展提升年等活动，扎实开展反腐倡廉工作，进一步强化了队伍职业道德和作风建设。制订人才发展工作意见，加大了人才培训培养力度，涌现出一批先进集体和个人，有力地促进了广播影视事业加快发展。

江西人民广播电台概况

一、创新广播宣传，媒体影响力进一步扩大

1.舆论引导能力有了新提高。江西电台紧紧围绕省委、省政府的中心工作，发挥广播媒体的特色和优势，做好各项新闻宣传工作，不断提高舆论引导能力，努力壮大主流舆论，为全省改革发展大局营造良好的舆论环境。

（1）全国“两会”宣传深入生动。全国“两会”期间，江西电台创新报道形式和表现手法，多角度、多侧面报道全国“两会”盛况，做到动态报道准确快速，重点报道出新出彩，对外宣传彰显江西魅力，配合报道突出地方特色，圆满完成宣传报道任务。江西电台与中部其他省份广播电台在北京设立直播室，联合中国网、腾讯网、湖南移动电视等实行跨媒体合作，多媒体联动推出“跨越发展十二五”10集大型直播访谈节目，江西省代表委员胡振鹏、陈清华、刘晓庄、郑晓燕等走进直播室参与节目，接受访谈。全国“两会”期间，江西电台在中央台《新闻与报纸摘要》和《全国新闻联播》节目中共用稿53条。

（2）主题教育活动和发展提升年活动宣传有声有色。江西电台各频率在主要新闻节目中开出专栏，在“科学发展、进位赶超、绿色崛起”主题教育活动及发展提升年活动中，及时宣传报道全省各地各部门活动进展情况、经验做法、所取得的成效以及先进典型等。在“千百十”大型采访报道中，播出江铜、新钢、萍钢和南钢的报道，多层面多角度突出了“明星企业”的特色和风采；在萍乡、宜春、抚州等市转变发展方式、加快发展系列典型等专栏中，推出系列录音专稿，让听众深切感受到3个设区市经济社会发展的巨大成就。同时运用现场报道、录音报道、连线报道等多种手段，使发展提升年活动报道内容富有感染力。

（3）庆祝建党90周年宣传厚重扎实。一是重点举办“爱在党旗下，红动中国心”江西百万干群颂党恩系列活动。该活动由省委宣传部、省文明办、省国资委、省广电局主办，江西电台综合新闻频率等单位承办，省委常委、宣传部长刘上洋担任组委会主任，被列入全省庆祝建党90周年重要活动内容。各地电台都做了连线报道，整个活动媒体报道规模大，群众参与热情高。二是联合中央台及兄弟台推出特别直播节目。5月8日至6月中旬，江西电台和陕西、广东、上海、浙江、北京、湖南等省级广播电台联合推出“红色信念——全国十二省市电台纪念建党90周年联合报道”活动。各电台选派记者组成联合报道组，从陕西出发，沿着党的发展壮大的光辉足迹，历时一个半月，开展行进式播报。5月19日和6月2日，江西电台和中央电台及地市电台联合推出特别直播节目《光辉足迹——走进南昌》和《光辉足迹——走进井冈山》，通过重访，回顾党的奋斗和成长历程，展现中国共产党的宝贵精神财富。三是推出系列报道营造强大声势。综合新闻频率在主要新闻节目中推出10集系列录音述评《信仰的力量》，充分展示我省各个时期共产党员的光辉形象；农村频率联合全国17家省级农村广播推出系列报道《咱们村里的好支书》，展示各地优秀农村党支部书记的风采；都市频率在节目中增设《双百人物》及《倾听历史的声音》板块，通过播送珍贵的历史原音，让听众在声音中回忆中国共产党90年走过的历程。

（4）全国第七届城运会的宣传报道配合紧密。2011年，全国第七届城市运动会在南昌市举行。江西电台集中精干力量，大力做好比赛前后的新闻宣传报道，加大新闻舆论引导力度，对舆论热点、难点，进行正面引导；重点宣传党和政府对发展体育事业的高度重视和举办“七城会”的重要意义，宣传“七城会”红色英雄城、绿色“七城会”主题，突出宣传市容市貌、环境整治的成效；同时，加大场馆建设、功能、亮点、特色和建筑质量水平等解读性报道的力度，让听众了解城运、支持城运、参与城运。

（5）省第十三次党代会宣传浓墨重彩。围绕会前安排、会中报道、会后宣传三个阶段，综合新闻频率推出喜迎省党代会系列报道，聚焦全省经济社会发展的巨大成就和突出亮点，策划3集访谈《党代会报告解读》，解析省第十三次党代会召开的深刻意义和深远影响；突出宣传苏荣同志在省第十三次党代会上作的报告；全省联动，充分报道党代会的热烈反响和各地各部门贯彻落实的具体举措，形成了舆论引导强势。

（6）创新创优再获佳绩。2011年，江西电台加大创新创优力度，一批集体个人和作品获得省级、国家级奖励。信息交通频率主持人蔡静荣获中国播音主持最高奖“金话筒奖”，这是江西广播界首次获得“金话筒”奖。新闻中心记者张吉昌、刘乐明采写的广播评论《新农村建设岂能让贫困农民失房又失地》获第二十一届中国新闻奖三等奖。

2.开门办广播实现新突破。信息交通频率开门办台，服务社会，连续第10年开展爱心送考活动，在全省范围组织的这一车队成为全省规模最大、参加人数最多、影响范围最广、持续时间最长的“高考爱心车队”；成功举行“感恩十年，温暖同行——安义县1054希望小学”捐赠仪式，活动现场共筹集善款40余万元；综合新闻频率成功举办2011天使乐园第二届江西省青少年器乐大赛暨朗朗2011百名琴手选拔赛，进一步扩大了新闻广播的影响力和知名度。文艺音乐频率精心策划的“低碳生活，我先行——植树节特别活动”、“地球一小时，我的环保承诺”和西岸音乐节等活动，获得广大听众的好评。3.12植树节之际，农村频率携手省绿委办组织大型植树活动吸引了近300多听众报名参加。民生频率先后开展江西省第五届文明健康艺术活动周、江西老年节活动、直播医院活动、世界结核病日活动、计划免疫周活动、世界戒烟日活动、湖光山舍“我和你的约会”春游活动等等，进一步提升了频率形象，取得了较好的经济效益和社会效益。

3.“走转改”活动取得新成效。根据省委宣传部“走转改”活动的统一部署，形成以各频率、新闻中心和记者站为纽带，辐射各采访调研联系点的活动平台，为台领导调研和新闻从业人员开展“走基层、转作风、改文风”活动，提供“根植人民、服务人民”的新闻社会实践基地。新任台长龙和南上任第一周，就带领记者到新建县乐化镇肖家村、王丘村，深入田间地头采访新农村建设。综合新闻频率在主要新闻节目中推出“走、转、改”相关活动专栏，并多次组织记者前往高安、瑞昌、安义等工农业生产一线采访。都市频率在南昌市青山湖区亿通天泽园、西湖区恒茂国际华城和东湖区西书院等社区设立联系点，在《新闻早高峰》节目中播出大量与百姓生活息息相关的内容。文艺音乐频率记者主持人深入革命老区和鄱阳湖生态经济区的乡村、厂矿、旅游风景区，大力挖掘和弘扬有江西本土特色的音乐文化。信息交通频率与省交警总队直属三支队建立基层联系点，每天早中晚三档节目中播报，并组织编辑记者开展蹲点调研活动，调查研究交通管理的新情况新变化。农村频率组织全体新闻从业人员深入农村，和农民同吃同住同劳动，在农业生产一线发回当地农民抗旱、双抢的鲜活报道。民生频率开辟“走基层、访民生”专栏，以“送健康进社区”活动、文明健康艺术活动周为依托，开展送健康进社区活动。

4.对外宣传再上新台阶。江西电台充实外宣人员、加强外宣选题策划，继续加大向中央台供稿力度，上中央台节目的数量和质量有新提升。2011年，江西电台共为国际台《中国之窗》节目供稿12篇，其中甲类稿件10篇，占全年稿件的83%，同比2010年增长11%，稿件质量在全国各省市台中位列第二，较2010年前进一位。在中央人民广播电台上稿工作继续保持领先优势，位列全国十强。全年在中央台“中国之声”共上稿337条，其中录音头条15条，比2011年增长50%，上稿数量和质量继续位列兄弟省市前列。

二、积极转变经营方式，经营创收势头进一步上升

优化广告经营结构。江西电台的品牌广告与热线的比例为6比4，广告形态优化，杜绝了涉性、低俗广告。产业经营整合基本到位，瑞迪公司营业收入同比增长30%。各频率举办的各类商业活动都能保证利润在10～20%以上。

加强广告经营管理。江西电台本着突出重点，分清层次，讲求效益的原则，对六套频率实行了统一管理、分类经营、分别核算、统分结合的经营模式。在热线节目经营上，坚持稳住价格，杜绝低价竞争，保证了款到播出，款尽即停，消灭了广告费烂尾行为；在品牌广告经营上，坚持频率自营，中心监管，做到播管有序，既调动了频率的积极性，也保证广告与节目的整体化。

三、加强覆盖和新媒体建设，事业基础进一步夯实

加快实施无线覆盖工程，扩大覆盖规模。在2010年大力实施“1号工程”的基础上，

2011年，全面扩大各套节目在全省的覆盖规模，现在全省有42个台站 、85个发射频点。覆盖总功率约为 508 KW，其中调频约225KW，中波约为283KW，覆盖规模与上年相比扩大20%。

推进新媒体平台建设。2011年，通过加强网站建设，进一步拓展了广播发展空间。根据各频率的特点，江西广播网调整了栏目设置，改进网站内容建设，使网站更具特色，页面更加符合电台官方网站的发展定位与需要。完成了网络视频直播优化升级工作，从而支持实现电台重点节目音视频同步的常态化播出。江西广播网全年共完成《正点播报》、《政风行风热线》以及《爱现场》等重点节目的视频直播200多场（次），既创新了广播传播手段，也提升了广播传播效果；对“爱在党旗下，红动中国心”、“高考爱心车队”等系列活动进行网络专题报道，形成网络宣传新优势；信息交通频率、都市频率和民生频率先后开通了网上直播互动聊天室，网民可以通过上网听广播，与主持人和在线听众实现网上交流，拓展了广播互动平台。

四、加强职业道德教育和专业培训，队伍建设进一步强化

加强职业道德建设，提高新闻媒体的权威性、公信力。根据中央的统一部署，2011年1~6月江西电台开展了为期半年的“杜绝虚假报道，增强社会责任，加强新闻职业道德建设”专项教育活动。先后组织全体采编播人员学习《中国新闻工作者职业道德准则》，开办了“杜绝虚假报道”培训班，宣传、树立恪守新闻工作者职业道德的正面典型，完善约束机制，制定台专项教育活动方案，编撰教育活动简报、开设专栏，同时邀请了北大著名教授彭吉象来江西举行艺术教育讲座，取得了良好的反响。通过一系列活动的开展，教育引导新闻从业人员增强社会责任意识，提升职业道德水平，树立正确的新闻价值观，从而提高广播媒体的权威性、公信力。

积极转变工作作风，树立良好的媒体形象。各频率一线党员把创先争优活动与“杜绝虚假报道，增强社会责任，加强新闻职业道德建设”有机结合，转变工作作风、提高采编文风、形成报道新风。同时，改革绩效考核办法，将听众满意率和收听率与节目人员收入挂钩，将解决听众问题以及与听众互动的活跃度作为评先评优的重要依据，激励节目人员将“走、转、改”落实到实际行动中，为树立媒体社会形象带来积极影响。

江西电视台概况

一、唱响主旋律，新闻宣传工作再创新水平

江西电视台坚持“新闻立台”，紧紧围绕省委、省政府中心工作，唱响主旋律，打好主动仗，为江西“十二五”良好开局营造了良好的舆论环境，获得省委主要领导及主管宣传的领导高度肯定。尤其是全国“两会”和省第十三次党代会报道、6月初全省旱涝急转中的抗洪宣传、庆祝中国共产党成立90周年、发展提升年主题活动等一系列宣传都可圈可点。江西省委书记苏荣曾4次或批示或口头表扬江西电视台的电视宣传。一是对江西电视台全国“两会”的报道给予好评。省委书记苏荣在“两会”期间，专程前往江西电视台北京演播室，表扬记者编辑们：“对中央大政方针理解深刻，对省情把握准确，而且能够做好结合的文章，新闻点抓得好。”二是对江西电视台在6月份全省旱涝急转中的抗洪宣传给予充分肯定。苏荣书记在在省委宣传部的《新闻阅评快报》专辑刊登的《省电视台派记者深入抗洪现场，忠实履行新闻工作职责》一文上批示：“省电视台的报道及时、客观，比较全面。”“这一点特别重要，这是主流媒体的职责。”三是对江西电视台关于江西省第十三次党代会的报道很满意。苏荣书记说：“党代会非常成功，电视镜头大气漂亮，省电视台做了很细致的工作，非常尽心，为大会的成功举行增色不少。”四是12月30日，苏荣书记在看望慰问江西电视台干部职工时说：“省电视台围绕省委省政府中心工作，唱响主旋律，圆满完成了鄱阳湖生态经济区建设、抗洪救灾、省第十三次党代会等一系列宣传报道战役，江西新闻上中央台《新闻联播》成绩斐然，为我省实现科学发展、进位赶超、绿色崛起营造了良好的舆论氛围。电视台为宣传党中央的方针政策，为全省改革开放、为全省的稳定发展，做出了自己的巨大努力，也对全省作出了巨大的贡献。所以说，我们表示满意是发自内心的。”

庆祝中国共产党成立90周年主题报道浓墨重彩，高潮迭起。《江西新闻联播》推出《红旗飘飘》、《庆祝中国共产党成立90周年》栏目，报道优秀共产党员、基层党组织感人的先进事迹；《社会传真》推出20集《红色故事汇》专题，选择典型的老一辈革命家和一些革命历史事件进行回顾性讲述，以小见大反映党的光辉历程。都市频道的《都市现场》推出专栏《见证》、《红歌里的故事》、《党史知识有奖竞答》、《老苏区的新党员》等系列节目；《晚间800》栏目推出“党旗别样飘扬”特别节目。国家广电总局第139期《收听收看日报》专辑刊登了《江西电视台建党90周年宣传地域特色鲜明》一文，对江西电视台建党90周年的宣传给予了充分肯定。

全省旱涝急转中的抗洪宣传反应迅速、重点突出、社会反响好。6月初，全省遭受持续暴雨袭击，发生旱涝急转。江西电视台从6月3日起，及时播发全省雨情，并随着汛情的扩大和灾情的加重，加大报道密度，增强报道分量。一是及时报道了中央和省委、省政府领导关于抗洪救灾的指示精神；二是重点报道了重灾区的抗洪抢险，同时又兼顾了全省其它地方的灾情；三是报道注重引导，突出科学防灾救灾。站在全省的高度，既突出重点，又兼顾全面，既注重舆论引导，又突出科学防灾救灾。

省第十三次党代会的报道大气恢弘，催人奋进。为了做好大会报道，江西电视台准备充分，调度有序，不仅准确、规范、及时完成了新闻、专题报道任务，还圆满完成了开幕式直播、资料片制作等任务。省委宣传部《新闻阅评快报》点评认为：报道“精心策划，彰显特色”。大会程序报道规范、严谨、及时；闭幕大会、十三届一次全会、省纪委一次全会大会选举和新一届省委领导与记者见面会等报道都是省内主要媒体首发。整个大会报道唱响了“建设富裕和谐秀美江西”最强音。

江西新闻上中央电视台再创佳绩。全年江西新闻上中央台《新闻联播》228条，其中，头条10条，上提要81条，单条76条，上中央电视台其它各档新闻800多条，上稿数量名列省级台前 5 名。

开展“走基层、转作风、改文风”活动取得良好成效。全台所有编辑记者奔赴基层一线，体验普通劳动者的艰辛工作生活，到联系点扎实调查采访社会现象，采制播出了一大批鲜活的好稿，提升了新闻节目的品质，增加了节目的贴近性、可看性和感染力。特别是都市频道首创了“记者长驻计划”，以此作为落实“走转改”的重要抓手，让 35 名记者长驻 120 多个社区村落，通过创新深入基层方式、创新联系群众办法、创新报道社情民意等手段，取得较好的宣传效果，中宣部新闻战线“三项学习教育”活动简报专辑推介其经验。

二、打造核心竞争力，品牌建设再上新台阶

2011 年，江西电视台继续加大了自办节目的研发力度，着力打造了一批创意新颖、市场竞争力强的节目、活动和电视剧，品牌建设再上新台阶，核心竞争力进一步增强，在全国的影响力进一步提升。

江西卫视覆盖总人口 7.54 亿，比 2010 年增长 3000 万。江西电视台 7 个频道在南昌市网的市场份额近 45%，在江西省网市场份额近 36%。江西卫视在全国 35 城市网收视份额排名省级卫视第 8 位，在全国 29 省网收视份额排名省级卫视第 9 位。江西电视台各频道在南昌市网的收视份额排名为江西卫视第 1 名；二套第 2 名、四套排在第 4 名，六套第 10 名，三套第 14 名；在江西省网的收视份额排名为江西卫视第 1 名、二套第 2 名、四套第 6 名、三套第 23 名，六套第 37 名。

《中国红歌会》、《传奇故事》、《经典传奇》、《都市现场》、《都市情缘》、《晚间 800》、中国中部（南昌）国际汽车文化节、《娱评天下》、《加油！好儿女》等一批品牌栏目和活动继续巩固提升，收视大幅增长，焕发出了新的活力。尤其值得一提的是：2011“中国红歌会”以“颂歌献给党”为主题，较往届在内容和形式上有了较大的创新，场面更宏大，舞美更时尚，在节目中增加 25 位大众评审环节，成为红歌会的新看点。26 场红歌盛宴，历时 5 个月，收视率持续攀升，保持在 800 多至 1200 多千人数的高水平，最高排名居同时段全国省级卫视第二；《传奇故事》的影响力和品牌号召力进一步扩大，收视率比上一年增长了 40%，年平均收视率居全国省级卫视同时段前 5 名；《杂志天下》经过 4 年多的打磨，日臻成熟，10 月份平均收视排名上升至全国省级卫视同时段第 2 名，年平均收视率居全国省级卫视同时段前 5 名；都市频道的《都市现场》年平均收视率达 5.38%，创出测量仪历史新高，《都市情缘》、《晚间 800》的年平均收视率分别为 7.59%和 7.51%，创出实施测量仪收视调查 3 年来的年平均收视率新高，3 档自办栏目全年均占据江西省网和南昌市网同时段第一。《娱评天下》在市网的收视率比 2010 年上升了 28.07%，份额上升 41.80%。《加油！好儿女》市网收视率比 2010 年上升了 54.68%，份额上升 46.79%，在省网收视率比 2010 年上升了 37.68%，份额上升 26.70%。

《金牌调解》、《地宝当家》、《爱尚生活》、《晒出我的渴望》等一批新的自办栏目、活动迅速成长。江西卫视 3 月份推出的《金牌调解》一炮打响，深受广大观众的喜爱。节目按照构建和谐社会的时代要求，在全国首创了让人民调解工作直接走上荧屏的社会管理新模式。自开播以来，已现场调解矛盾纠纷 200 多起，调解成功率达到 90%，取得了调解一案，教育一片，调解一案，化解一类矛盾的良好效果，多次受到省领导和国家有关部委领导的肯定和表扬。节目收视率也节节攀升，平均收视率居全国省级卫视同时段前 4 名，最高排名居全国第 1 位；都市频道 8 月份推出的《地宝当家》是全国首档方言生活服务娱乐类栏目，贴近性、实用性、娱乐性强，迅速吸引了观众的眼球，一开播即取得 3.29%的超高收视，跃居同时段第 1 位。开播 4 个月平均收视达 3.02%，较去年同期同时段升幅高达 239%，一举成为频道新的收视亮点。

三、强化管理，事业发展实现新跨越

江西电视台的发展基础得到进一步夯实。11 月 13 日，江西电视台与南昌市青山湖区举行了江西电视台数字电视节目制作中心项目签字仪式。这是江西电视台发展史上的一件大事，标志着江西电视台事业发展又将迈上新台阶。江西电视台数字节目制作中心项目被列入省重点项目，占地 250 多亩，计划投资 12 亿。12 月 27 日，江西电视台 2 号全高清转播车正式投入应用，该车是完全由江西电视台技术人员自行设计完成的，集中了当前最先进的理念和技术。该车的启用不仅可以缓解目前江西电视台面临的技术设备紧张的压力，而且将为江西电视台的快速发展提供更加强大的动力和技术保障。

内部改革稳步推进，管理水平进一步提升。在宣传管理上，认真贯彻落实上级相关宣传精神与要求，坚持把握正确的舆论导向，确保了全台宣传导向上没有出现任何偏差；通过完善节目评审、考核和节目购买、分配等管理办法，宣传管理效应明显提升。在行政管理上，修定和完善了公文办理、资金安全管理、公务接待、成本核算方法等管理制度，管理进一步规范；加强治安综合治理工作，确保了全台的治安和消防安全。在人事管理上，通过与 4 个频道、9 个部室签订年度目标责任书，细化考核内容，责任落实到人，有效激发了内部活力，调动了工作积极性；通过与北京大学、中国传媒大学联合举办“制片人培训班”、“播音员主持人培训班”和邀请传媒界知名专家学者到台里来进行节目创意、媒体运营等方面的公开授课，提升队伍素质。在技术管理上，组织实施了高清卫星传输车、600 高清演播室、2 号高清转播车、新闻综合业务网、老非编网技术改造等一系列工作，积极推动了江西电视台高清发展步伐；圆满完成了全台日常栏目生产任务和各种大型节目的直播、录制工作；全年实现安全优质播出，总播出时 85667.4 小时，播控中心停播率为 0.7 秒 / 百小时，比 2010 年又降低了 0.11 秒 / 百小时，远远优于国家广电总局规定的的播出标准；党群工团、纪检各部门积极开展创先争优和发展提升年活动，以庆祝中国共产党成立 90 周年为契机，举办了《党员教育大讲堂》——“党旗下的报告”大型主题活动、江西电视台首届十佳青年编辑记者评选等形式多样的活动，进一步增强了党组织的凝聚力和向心力；在全台组织开展了“反腐倡廉警示教育月”、收受“红包”自查自纠活动和“严格资金管理，防范资金风险”、“公务用车”和“庆典会、研讨会、论坛”专项治理工作，取得良好成效；开展了颂歌献给党歌咏比赛、羽毛球比赛、职工春节联欢会等一系列文娱活动，丰富了职工的文体生活，营造了良好的文化氛围。

四、大力发展相关产业，产业经营实现新进步

2011 年江西电视台经营创收继续保持稳步增长。全年创收总额达到 11.26 亿元,其中，广告收入达 8 亿元，产业经营达 3.26 亿元。全年经营创收比 2010 年增长了 1.26 亿元,超额完成局、台下达的创收任务。

广告经营人员克服重重困难，全力完成广告创收任务。2011 年，面对严峻的竞争形势，广告中心狠抓品牌引进，制定了详细的客户走访计划，通过深入细致的客户走访和沟通，促成广告投放；创新推广形式，充分利用新媒体做好内容营销，与一批知名网站保持密切合作，还开通了广告中心微博，将媒体新资源、新亮点第一时间传递出去，提升媒体的提及率和关注度。通过一系列积极有效的策略，圆满完成了全年广告经营创收任务。同时，江西电视台还在发展创收、抵制不良广告的建设中取得显著成效，江西卫视在2011年全国广告抽查中违规率为零。这是江西电视台连续第5年在全国广告抽查中违规率为零，获得国家工商总局的通报表彰。

台属各公司保持良好的运行和增长态势。电视剧制作有限公司自主独立摄制的电视剧《兄弟英雄》已在4家地面频道和4家省级卫视频道播出，该片已有700多万元的盈利。由公司独立研发的、向中国共产党建党90周年献礼的电视剧《红色黎明》摄制完成；风尚家庭购物频道不断强化内部管理，加快发展步伐，频道在实现省内整体覆盖的同时，拓展了江浙地区，还成功将信号落地东三省，并实现了面向全国的电视购物节目直播，全年完成创收2亿多元；发展总公司经过两年的艰苦努力，在2011年3月完成“红歌宾馆”产权转让给江西电视台的所有手续，还成功购得位于高新区、占地20余亩的成熟地块并取得国有土地使用证，改变了江西电视台产业用地零储备的状况；中广传播江西有限公司积极推进全省网络覆盖建设和市场渠道建设，全省网络覆盖增长到65%，公司的用户数达到9万多人；移动传媒有限公司广告经营收入350万元，提前超额完成创收任务；官方网站得到了快速发展，现在网站的微博粉丝有120多万，在江西省所有的媒体微博中排名第一，在全国省级卫视网站中排名第9位；金帛影业有限公司筹资400多万元摄制的音乐电影《红色恋歌》，已通过国家广电总局的审查并取得出版发行权，并被国家电影局推选为国产优秀影片，拍摄的MV《浓浓百姓情》在央视播出后获得好评。

江西省广播电视宣传管理工作概况

2011年，省广电局认真履行宣传管理职能，完成了各项工作任务，取得较好的成绩。

一是省局收听收看小组被评为2011年度全国收听收看先进集体，这是国家广电总局继2006年度表彰全国收听收看工作先进集体和优秀刊物后，第4次进行此项表彰，局收听收看工作连续4次受到表彰。

二是省局加大力度，做好服务，营造良好发展环境，促进江西省本土原创电视动画片的创作生产实现零的突破，电视动画片年生产量跃居全国第16位。

三是省局《江西广播电影电视年鉴》荣获全国年鉴编校质量特等奖，这是江西年鉴界的第一个全国特等奖，也是全国地方广电年鉴第一个全国特等奖。

四是省局出色完成《中国广播电视年鉴》的供稿工作，连续12年被评为全国广播电视年鉴工作先进单位。

一、坚持正确舆论导向，做好重大主题宣传、战役性宣传的策划、组织、协调工作

为做好有关宣传报道工作，省局组织江西人民广播电台、江西电视台、今视网等局属媒体，召开局宣传管理工作例会和宣传通气会，专题研究、部署宣传报道工作，按照中宣部、国家广电总局和省委宣传部的要求，积极开展全国全省“两会”、庆祝中国共产党成立90周年、十七届六中全会、省第十三届党代会、“科学发展、进位赶超、绿色崛起”主题教育活动、鄱阳湖生态经济区建设、建设学习型党组织、创先争优、发展提升年等重大活动、重要会议、重点工作的宣传。广播电视宣传有分量、有特色、有气势，重点突出，亮点不断，做到了主旋律响亮，主动仗漂亮，为江西加快发展营造了良好的舆论氛围。

省局还积极做好了全省抗旱救灾、防汛抗洪、森林防火、防治艾滋病、预防青少年违法犯罪、安全生产、人口与计划生育、防震减灾、食品安全、地方病防治、假日旅游等方面的宣传协调工作。

二、进一步加强宣传管理，促进宣传质量的提高

1.把握正确导向，确保不出偏差。

把握正确的导向，严格遵守宣传纪律，是宣传管理的主要任务。2011年，中宣部、国家广电总局和省委宣传部下发了一系列有关宣传管理的要求和提示。省局及时转发、传达，要求局属各媒体单位和各设区市广电局、台认真组织学习、贯彻有关文件精神。对于重大紧急的宣传要求，省局及时启动宣传管理应急通讯机制，立即传达，落实到位，有效地保证了广播电视新闻宣传在导向上不出偏差，宣传纪律上不出问题。

2.抵制低俗之风工作取得成效。

省局一直把抵制低俗之风、净化声频荧屏工作作为宣传管理的重要工作常抓不懈。2011年1月，省局组织全省各级广播电视行政部门和播出机构开展了抵制低俗之风专项行动，切实纠正和防止广播电视节目中出现低俗之风问题，着重抓低俗之风的苗头性、倾向性问题，有效遏制了节目中的低俗之风，抵制低俗之风工作取得了实效。5月至9月，省局组织对全省各地、省台抵制低俗之风工作进行检查，开展实地收听收看，对存在问题的节目和单位提出整改要求，并对出现违规播出问题的媒体单位负责人进行警示谈话，严肃了宣传纪律，巩固抵制低俗之风专项行动的成果。

3.加强对影视剧的播出调控和监督管理。

2011年2月，省局制订下发了《关于加强影视剧和动画片播出管理工作的通知》，建立影视剧和电视动画片播出安排调审制度，进一步规范影视剧和电视动画片播出秩序，加强影视剧和动画片的播出调控和管理。2011年，省局对省级和设区市级电视播出机构影视剧、电视动画片的播出情况发出17份调审通知，抽查播出情况。对于出现违规播出行为的电视播出机构，局下发6份警示谈话通知书，对其主要负责人、节目部门负责人进行警示谈话。4月中旬，省局召开全省电视剧工作会议，具体部署加强电视剧管理的工作任务，并对全省各播出机构开展庆祝中国共产党成立90周年影视剧展播活动提出了具体要求。5月至7月，省局对全省电视播出机构的影视剧、动画片进行调审，并实地抽查部分地市的播出情况，对抽查中发现的问题，要求播出机构及时进行整改。这些措施有效规范了全省影视剧、动画片的播出秩序。

4.着力开展广播电视节目收听收看工作。

收听收看工作是省局抓好宣传管理的一个重要抓手。2011年，省局收听收看小组继续开展对省电台、省电视台各套节目和南昌电台、电视台各套节目的收听收看工作。收听收看小组工作运行正常。省局对收听收看意见进行汇总、选编，核实内容，印发《收听收看简报》，每周1～2期；对收听收看中发现的重要情况，当即打电话提醒有关部门及时纠正。收听收看重点关注了各节目的导向问题、格调低俗的问题、主持人评点中的把握失当问题等。对《收听收看简报》提到的问题，各相关单位认真核实，查找原因，追究责任，进行处罚和整改，事后形成书面材料反馈省局。《收听收看简报》针对性强，时效性强，指出了宣传中存在的问题，质量高，反映好。2011年，编发《收听收看简报》58期，编发《收听收看工作参考》8期。

5.认真做好有关奖项的评选工作。

2011年1月，省局组织开展了2010年度省广电局宣传工作创新奖的评选。省局属各媒体单位和部门共有21个项目申报参评“2010年度省广电局宣传工作创新奖”，评出江西人民广播电台综合新闻频率的系列直播活动《科学发展，绿色崛起》等5个项目获创新奖，另有5个项目获创新鼓励奖，为广播电视节目创新创优树立了新标杆。4～6月，省局组织开展了“颂歌献给党”全省广播电视播音员主持人朗诵作品大赛，在全省广电播音员主持人队伍中掀起了热爱党、歌颂党的热潮。6月27日，省局举行了朗诵大赛颁奖仪式，为庆祝中国共产党成立90周年增添了热烈、喜庆的氛围。

6.建立地震信息发布绿色通道。

为在地震后快速、准确发布权威地震信息，保障社会公众对地震的知情权，安定民心和稳定社会秩序，省广电局与省地震局在2011年9月联合发出了《关于建立“广播电视地震信息绿色通道”机制的通知》，就建立广播电视地震信息发布的绿色通道、信息发布的内容、信息发布的程序、信息发布的传输渠道、信息传输与发布的时限以及省广电局、省地震局的职责分工，进行了明确具体的规定。

三、加强电视剧备案公示和审查工作

2011年，全省各影视制作单位经省局审核备案并向国家广电总局申报的电视剧拍摄制作备案公示6部105集，经国家广电总局批准公示的电视剧6部105集；受理并向国家广电总局备案公示的电视动画片7部4654分钟，已批准公示6部3978分钟。审查国产电视剧6部92集，审查引进境外电视剧3部60集、境外电影14部、其他境外电视节目30期，颁发《国产电视剧发行许可证》6个。审查国产电视动画片5部208集2730分钟，颁发《国产电视动画片发行许可证》5个。

四、加强行政审批的服务工作

1.国产电视剧（电视动画片）审查和发行许可实行网上审批，使电视剧（电视动画片）的审查工作更加公开、公正、透明。一直以来，在电视剧（电视动画片）审查的行政审批事项中，省局严格依法行政，严格按照规章制度、审批程序和流程办事，承办的行政审批事项均按照省政府的有关要求，办事时限全部缩短一半，并且全部在规定时限内办结。2011年，省局加大力度做好电视动画片生产的服务工作，为电视动画片制作机构营造良好的发展环境，使全省电视动画片的创作生产取得新突破。省局两次到江西笛卡传媒有限公司调研，帮助公司解决政策上的一些问题，受到该公司的好评。江西笛卡传媒有限公司制作完成《笛卡特警队》、《小虫乐事》、《汉字大作战》、《笛卡特警队之生化危机Ⅰ》等5部原创国产电视动画片。《笛卡特警队》成为我省动画制作机构创作生产的第一部原创电视动画片，实现了江西省本土原创电视动画片创作生产零的突破。

2.开展“走基层，转作风，送服务”活动，受到基层单位好评。景德镇市竞成镇影视制作中心是一家规模较小、实力较弱的民营制作机构，2011 年筹拍了一部短篇电视剧。为了支持这部剧的创作生产，省局邀请两位省内著名的编剧、导演帮助他们义务审看剧本，提出修改意见。电视剧完成拍摄进入后期制作后，省局又组织专家于 2011 年 8 月初冒着夏日酷暑，深入基层制作单位，审看初剪样片，提出具体修改意见，帮助该剧提高思想水平和艺术质量，少走弯路；同时，还把国家广电总局关于国产电视剧报审材料的新要求在现场进行了传达讲解。景德镇竟成镇影视制作中心主任周元强对省广电局“送服务上门”深表感谢，认为这样的服务贴心、实在，帮他们提高了电视剧的生产质量，而且省了钱、省了事。该剧在 2011 年 11 月荣获全国第三届新农村电视艺术节农村题材电视剧好作品奖。

江西省电影管理工作概况

一、城市数字影院建设加快，电影产业保持增长势头

省广电局进一步改进行政审批服务，规范电影市场秩序，鼓励引导各类社会资本参与，全省市县城市数字影院建设进一步加快。中影集团、星美国际传媒集团、浙江横店集团、广东大地公司、浙江时代集团、北京时代华夏公司等在赣州、南昌、九江、新余、上饶、吉安等设区市城区及鄱阳、丰城等县（市）投资的影院纷纷建成开业；九江市广电局整合自身资源、筹资建成九江长虹影城，景德镇市电影公司筹资重建了光明电影院；省内一批民营企业分别投资建成南昌天幕影城、九江南湖时代影城等；赣州、吉安等市城区实现数字影院零的突破；鄱阳县城一年内新开业 3 家多厅数字影院；上饶县城新开业的橙天嘉禾丰跃影城，7 个放映厅全部采用目前国际最先进的 4K 数字放映设备。据不完全统计，有 17 条跨省院线在江西投资或发展加盟影院。

截至 12 月底，全省运营城市影院总数达到 60 家，银幕总数达到 205 块，分布在全省 10 个设区市城区、9 个县级市、10 个县。全年票房收入达到 1.645 亿元。与 2010 年相比，2011 年新增影院 38 家，新增银幕 134 块，平均每个月有 3 家影院开业、两天多新增 1 块银幕；票房收入净增 5500 多万元，增幅 51.2%；观众人次净增 160 万，增幅 48.2%。南昌华影、南昌万达影城在全国 2000 多家影院票房收入排名分别列第 34 位、第 55 位。

二、“十二五”农村电影放映工程启动，全年公益放映任务超额完成

省政府与国家广电总局签订责任书，确定在“十二五”期间全省农村电影放映工程的目标任务及相关责任。在年初举办的江西省农村电影放映车赠车暨“十二五”农村电影放映工程启动仪式上，省委常委、宣传部部长刘上洋宣布江西省“十二五”农村电影放映工程启动。各市县广电部门与农村院线公司加强协调、配合，加大了对农村电影放映工程的组织实施及检查督促力度，2011年全省农村公益放映电影27万多场，任务完成率为102.8%，超额完成全年公益放映任务。

三、公益放映活动遍及城乡，电影文化受益面和影响力不断扩大

围绕全省重大活动和重要节日，积极组织开展全省性电影公益放映主题活动。如，春节期间组织开展“欢乐赣鄱行——万场电影城乡同映”活动；庆祝中国共产党建党90周年期间，开展了优秀国产电影展映展播活动；国庆期间，开展了“新中国电影选萃”回顾展映活动。还通过争取有关企业赞助，将一批最新的优秀影片在城镇广场、社区、厂矿、乡村进行公益放映，如，争取中国文联、中国银联赞助，在全省部分市县城镇广场开展“百花放映——红色之旅”电影公益放映活动；争取中影集团支持，在城市影院还没结束《建党伟业》上映的情况下，将《建党伟业》影片送到江西省部分农村公益放映，让农村群众与城市居民同步观赏国产大片。有效的扩大了电影公益放映的受益面和电影文化的影响力。

四、电影创作日益活跃，省产电影质量得到提高

重视加强与电影拍摄申报单位的沟通、协商，及时反馈意见，从源头把好质量关，增强制作者提高影片拍摄质量的意识，引导和保护好各方参与电影创作生产的热情。全省全年申请备案的电影剧本27件次，正式报国家电影局备案公示并发给拍摄许可证的有14件。同时，江西省出品或参与拍摄的故事片《孤岛秘密战》、《歼十出击》、《红色恋歌》、《背影》、《美丽的故事》入选国家广电总局电影局年度推荐影片片目，《歼十出击》列为建党90周年重点献礼片；抚州鸿文文化传媒有限公司出品的影片《牛敞亮还乡》、《我们村的女当家》还入选参加第20届中国金鸡百花电影节期间的国产新片展映和推介活动。省产电影的质量和影响有所增强。

五、行业管理继续加强，电影市场秩序进一步规范

借助网络工作平台，开展相关审批和行业管理工作。利用“江西院线影院QQ群”，加强对“影院投资热”的引导和日常经营规范；通过省广电局政府信息公开平台和总局的电影电子政务工作平台，对电影拍摄备案审批实行网上办理，并对全省电影放映数据统计实行网上汇总、上报。同时，指导、督促市县对一些违规的电影活动进行规范。如，一些厂商误导省内一些新建影院购买普通投影机和DVD机作为电影放映设备的活动进行了劝止，对个别影院偷漏票房被院线处罚的案例进行了通报，对个别人违规放映电影光盘的侵权行为进行了制止，还及时协调处理了一些院线发展加盟影院所产生的纠纷及影院营销中的无序竞争，对影院播放广告行为强调了国家规定和行业自律要求等。同时，加强电影业务方面的培训，组织开展全省农村数字电影流动放映业务远程培训，全省报名参加培训人员达到1500多人。

六、争取国家项目资金支持，助推全省电影发展

全年争取国家资助江西省农村电影放映工程资金2026万元，以及资助市县城市影院新建和改造资金500多万元，有力推进了全省城市影院的数字改造升级、服务档次提升。

江西省广播电视社会管理概况

一、规范播出机构和频道频率管理秩序

1.加强对播出机构的依法、依规监管工作。在2010年播出机构和频道频率换发许可证的基础上，2011年继续加强对播出机构的监管工作，强调播出机构必须掌握节目内容的策划权、编辑权、审查权、播出权，严禁非公有资本、外资及境外背景资本以任何方式投资或合作经营广播电视频道频率，也不得通过经营活动变相进入广播电视频道频率及宣传编辑业务。同时，3月份开展了为期一个月的全省范围的私人非法办台清查治理行动，经查，江西省辖区内未发现有私人非法办台行为，全省播出机构基本规范有序。

2.加强对频道频率的科学、规范管理。按照广电总局的统一部署，严把准入审批、监管检查、查处退出等关键环节，并着力推进频道频率专业化、品牌化建设，审核上报了鹰潭人民广播电台“交通音乐之声”、新余人民广播电台“故事广播”、江西人民广播电台“鄱阳湖之声”、萍乡电视台旅游频道以及南昌市电视台“历史频道”等5个专业化的频率频道。

二、遏制广告播放违规行为

1.重点做好广告播放的日常监管工作。广告播放中的问题易反复、反弹，群众反应强烈、关系民生的问题是广告监管的重点。充分发挥省局监听监看室的作用，加强对广告播放的日常监管，重点强化了对电视购物短片广告、游动字幕广告以及夸大、虚假宣传的医疗药品保健品广告等的监管工作。省局于5月、6月分别组织全省所有播出机构以及网络传输机构针对电视购物广告、游动字幕广告等问题开展全面彻底的自查自纠，加强对电视购物短片投放企业的资质审查、备案，要求杜绝游动字幕广告，夸大、虚假宣传的医疗药品保健品广告等违规广告。

2.主动做好接受社会监督工作。在广告播放管理上，积极接受社会各界的监督，对每一件广告投诉都狠抓落实。2011年，省局受理群众投诉54件次。全省共下发核查整改通知书近200件次，进行诫勉谈话2次，并下发督办函2件。参与12部门联合组织的打击虚假违法广告专项整治行动，并于11月初接受了全国交叉检查组的督导检查。

3.务求实效地开展广告播放检查行动。一是根据6月17日局机关效能建设领导小组召开的“征求社会意见，促进广电发展”座谈会上征集到涉及广告播放的意见、建议3条，在全省范围内开展了为期2个月的广告清理、检查工作，撤播了百余条涉嫌违规的广告。二是根据总局10月11日下发的《关于进一步加强广播电视广告播出管理的通知》，在全省范围开展了进一步加强广播电视广告播出管理行动，督促全省播出机构立即对《通知》加以贯彻落实，确保了江西电视台卫视频道于10月25日率先落实到位。

三、强化互联网站视听节目管理

1.着力做好互联网视听网站的准入管理与服务工作。本着严把准入关，倾力做好服务工作的原则，2011年，省局指导帮助江西广播网、上饶电视台网站、萍乡传媒网、宜春传媒网等4家网站及景德镇市电视台景视

网增项增值服务获得许可。同时，根据广电总局的统一部署，组织全省16家持证网站换领新版《信息网络传播视听节目许可证》。

2.着力做好持证网站的内容监管工作。省局严把内容监管这道关口，要求所有持证网站加强行业自律，并加强端午节假期、建党90周年等特殊敏感时期视听节目内容的监管，根据广电总局的部署，于6月20日至7月20日动员、指导全省持证网站开展庆祝中国共产党成立90周年网上视听宣传月活动，确保网络信息安全、导向正确。

3.着力做好制度建设工作，加大对网上淫秽低俗及不良有害信息的打击力度。一是组织辖区内所有持证机构加入“中国互联网视听节目服务自律联盟”，签署自律公约，加强持证网站自觉抵制有害信息的自律意识。二是建立健全了沟通协调、提醒告诫、问题公示等机制，并对违规网站进行了行政诫勉谈话。三是加大对网上淫秽低俗及不良有害信息的打击力度。于1、2月间开展了为期一个月的清查、处置利用开办性教育、性健康等视听节目栏目传播淫秽色情信息活动，同时，重点对“三月风”网站未持有《信息网络传播视听节目许可证》擅自从事互联网视听节目服务，并传播政治有害、淫秽色情节目进行了查处。

四、加强广播电视节目制作经营机构的管理和服务工作

1.认真做好业绩审核和日常监管工作。按照广电总局对影视节目制作经营机构进行业绩审核的要求，年初对全省37家节目制作经营机构进行严格核查，依法依规撤销了3家不符合要求的制作经营机构的许可证。

2.做好广播电视节目制作经营机构设立审批工作。一是按照广电总局《关于加强广播电视节目制作经营机构审批工作管理的通知》要求，严把准入关，特别是禁止境外资金以各种方式变相进入广播电视节目制作经营领域，对不符合申请条件的一律不予准入。二是努力改进审批方式，简化审批环节和手续，提高办事效率。自5月底广电总局重启对广播电视节目制作经营机构的设立审批起，共审批设立了11家广播电视节目制作经营机构。

五、巩固卫星地面接收设施管理秩序

1.做好接收境外卫星电视节目的查验和审批工作。2011年，组织各地广电行政部门会同公安、国安及文化市场综合执法机构进行联合检查，对全省100余家境外卫星电视节目许可接收单位进行检查，对4家违规接收非境外卫星电视节目监管平台信号的酒店下达了整改通知书。同时，严格按照审批条件，新批准了8家单位的接收资质。

2.加大对非法接收境外卫星电视节目的打击力度。一是根据广电总局广办发外字[2011]103号文件要求，配合610办做好对安装接收新唐人亚太电视台节目设备违法活动的专项整治工作，部署各设区市广电局以适当方式对当地未转化和不稳定“法轮功”人员使用卫星电视接收设备情况进行普查。二是积极协调部署，于2月17日起分三个阶段重点开展了全省打击非法“网络共享”网站及设备产品专项治理行动。专项治理第一、二阶段全省各地开展专项治理行动49次，出动人力1842人次，车辆320台次，收缴各类“网络共享”设备产品138件，收缴、拆除非法销售安装和使用的卫星接收设施3147件，封堵非法“网络共享”网站5个。

3.做好对境内卫星地面接收设施的管理工作。一是组织全省各地开展整治行动，全省查处非法销售窝点100余个。二是2011年初印制了第二批《江西省接收卫星传送的境内电视节目许可证》近5万份，向江西省第一批“村村通”用户免费发放。

六、加强对企业播出机构的服务管理

1.认真做好企业播出机构优秀作品评选工作。3 月，召开全省企业广播电视播出机构 2010 年度优秀作品评选会，评选出一等奖 3 件，二等奖 6 件，并选送了 5 件作品参加全省广播电视奖优秀电视节目评选，其中《陆风车队卫冕厂商杯年度总冠军》荣获二等奖，《扎根》等 3 件作品获三等奖。

2.为企业播出机构积极提供业务培训。11 月上旬，举办全省企业广播电视播出机构采编人员业务培训班，培训了全省 10 多家企业播出机构的 30 余位采编人员。

江西省广播电视事业建设概况

一、安全播出保障能力全面提高

2011 年是“十二五”的开局之年，也是广播电视快速发展的一年。

1.高质量完成全年安全播出任务。全年的安全播出工作任务繁重，保障时段多，时间跨度大。江西省广电系统扎实工作，密切配合，出色完成了“元旦”、“春节”、“两会”、“五一”、建党 90 周年、深圳大运会、“十一”和“七城会”等重等重要保障期和全年的安全播出工作。

2011 年度，全年广播播控中心播出 313919 小时，电视播控中心播出时间 678645.8 小时，卫星地球站播出 8758 小时，有线电视前端播出 7732080 小时，光缆传输干线播出 170820 小时，无线发射台播出 991567.9 小时。

2.省广电局直属有关单位完成自评估入级工作。各单位对照《广播电视安全播出管理规定》（国家广电总局令第 62 号）及各专业实施细则，重点针对供配电系统、技术系统关键设备及自台检查系统，逐项进行自查并登记记录。省广电局直属单位系统配置入级率为 93.3%，在上年 85%的基础上提高了 8.3%，其中：江西人民广播电台系统配置入级率为 90.3%，在上年 83.9%的基础上提高了 6.4%；江西电视台系统配置入级率为 100%，在上年 88.6%的基础上提高了 11.4%；江西省广播电视网络传输有限公司系统配置入级率为 83%，在上年 77%的基础上提高了 6 %；省广电局卫星地球站系统配置入级率为 100%，在上年 90.3%的基础上提高了 9.7%。江西电视台、省广电局卫星地球站实现了广电总局提出的基本达到实施细则的要求。

3.用制度建设提升安全播出保障能力。省广电局深入贯彻落实《广播电视安全播出管理规定》，通过全省各级广电系统层层签订责任状，明确目标任务，强化责任落实，健全规章制度，严格考核评比，加强检查督导，严肃事故追究，安全播出逐步由结果管理向过程管理过渡，安全播出工作在科学化、规范化管理方面取得明显进步。精心组织开展了安全播出主题实践活动，坚持每月例会制度，开展了多次安全播出检查，结合各单位实际建立健全了各项规章制度，如：省广电局监测中心的《监测机房安全播出考核评比方法》；江西人民广播电台的《定期培训制度》和《上下游衔接机制》；赣州市局的《赣州市广播电视现场直播管理办法》等。

通过各项制度的完善，使全省逐步形成了“靠制度管人、按制度办事、制度面前人人平等”的良好氛围。

4.完成了地球站第3套上行系统改造。根据总局62号令对上行链路没有单一节点的要求，省广电局投入390万元，对卫星地球站进行了全面更新改造。改造工程从立项到完工历时近一年时间，内容包括：建设第3套备播系统，建设集监控机房、功放机房、小信号机房、UPS机房和配电机房5个机房为一体的完整播出体系，对现有机房设施进行改造。目前，工程已通过了系统初验。改造后，卫星地球站机房建设和自动倒换能力得到提升，除原有的1:1上行系统外，还具备了一套独立的备播系统，达到总局62号令的要求。

二、广播电视数字化和公共服务水平得到明显提升

1.有线电视数字化整体转换工程全面推进。有线电视数字化整体转换工程是江西省广播电视网络传输有限公司面向三网融合、促进产业升级的重要举措，预计投资28.08亿元，是近年来江西省广电文化产业投入最大的一个项目。截至2011年12月底，已建成了有线电视数字整体转换系统平台、BOSS系统、CAS系统、客户服务系统等，可为全省有线电视用户提供107套数字电视节目、20套数字音频广播、阳光政务、数据广播、股票行情及互动点播等业务。全省已有75个县(市、区)分公司实施了整转，已整转198.5万户用户，发放机顶盒终端222.65万台。

2.地面数字电视工程覆盖范围逐步扩大。2011年6月，配合总局地面数字电视验收，对南昌、九江、上饶、抚州、宜春、吉安、景德镇、萍乡、新余、鹰潭共10个设区市的地面数字电视覆盖情况进行了收测。收测采用固定接收与移动接收相结合，室内室外多点采样的收测方式，收测结果基本正常。

3.台内数字化改造升级。设区市以上电台、电视台制播系统数字化改造基本完成，江西电视台新增了一台高标清卫星车，赣州电视台和景德镇电视台各新增一台移动直播车，设备的更新有效满足了宣传报道的需要。

4、农村电影流动放映工程迈上新的台阶。2011年启动实施“十二五”农村电影放映工程，全省新增农村电影流动放映车53辆，启用全省农村电影放映工程管理软件系统和数据上报平台，运用GPS与GPRS技术对全省公益放映情况进行定点实时监测管理。全年全省农村公益放映电影27万多场次的任务，任务完成率为102.8%，超额完成全年公益放映任务。

三、科技管理和队伍建设稳步推进

1.加强无线电管理。省广电局认真贯彻《广播电视无线传输覆盖网管理办法》(国家广电总局令第45号)的实施细则，依法加强对广播电视无线覆盖网特别是频率资源的管理力度，组织对全省行政区域内的收视频率频道进行了认真核对，配合国家广电总局通过网上公示等手段向社会公布所有批准使用的频率、频道信息，不断完善社会监督机制。

2.注重技术培训。在全省广电系统开展了以“争创一流团队，争创一流业绩，争创一流管理，争创一流技术”为主题的技术大比武活动。活动贯穿全年，具体有：专题知识讲座，知识答卷活动，知识竞赛活动，岗位标兵竞赛，科技创新奖评比，技术能手竞赛等，参与人数4000余人次。其中，全省广播电视科技管理培训班70余人参加，专程邀请国家广电总局领导来赣就广播电视制播和视听新媒体技术发展及应用状况和《广播电视安全播出管理规定》(国家广电总局令第62号)等内容进行了科技管理培训专题讲座。各设区市、各单位也根据各自实际开展了形式多样的知识讲座和培训。

3.组织科技成果鉴定。2011年8月17日，省广电局召开广电系统科技成果鉴定会。江西电视台完成的《基于集群与SQL发布、订阅环境下的播出数据库2+1安全架构》、《3G新闻直播系统》和江西人民广播电台完成的《江西人民广播电台南昌发射中心遥控遥测系统》三个项目通过了科技成果鉴定。

4.喜获多项荣誉。江西人民广播电台南昌发射中心和赣州人民广播电台技术部荣获“全国广播电视技术维护先进台站（集体）”三等奖。省广电局动力保障中心魏继有同志荣获“全国广播电视技术维护先进个人”一等奖，上饶市广电局斯琼同志、吉安市文广局赵敏同志荣获“全国广播电视技术维护先进个人”二等奖。

江西人民广播电台录制的《红旗颂》等两个广播节目和萍乡市广播电影电视发展中心录制的《又见映山红》荣获国家广电总局广播节目技术质量奖（金鹿奖），江西电视台录制的《心有闲云共鹤飞》等六个电视节目荣获国家广电总局电视节目技术质量奖（金帆奖），江西电视台还荣获国家广电总局电视节目技术质量奖（金帆奖）播出技术质量奖二等奖。

全省共有18人被授予2011年度“江西省广播电视（广播中心、电视中心系统）技术能手”称号。江西电视台曾广华同志和新余电视台罗蕴军同志分获全国广播电视技术能手竞赛（电视中心系统）一等奖和三等奖，江西人民广播电台戴国栋同志和抚州人民广播电台胥明俊同志获全国广播电视技术能手竞赛（广播中心系统）三等奖，4人均被授予“全国广播电视技术能手”称号。全年共评出江西省广播电视技术维护先进集体29个、先进个人53名。8个科技项目获省广电局科技创新奖。25部作品获得省广电局广播电视节目技术质量奖。

江西省广播影视文化产业发展概况

一、制定了新时期广播影视文化产业发展目标任务

以科学发展观为指导，以改革创新为动力，按照省第十三次党代会提出的“加快建设特色鲜明、影响广泛的文化大省，努力把文化产业培育成为江西省国民经济支柱产业”要求，制定新时期广播影视文化产业发展目标任务，力争到“十二五”末，基本形成与江西经济社会发展相适应的广播影视文化产业发展格局。

1.做强广告产业，增强实力。大力加强广播影视媒体平台建设，打造精品栏目，提升资源价值和品牌经营价值。进一步完善广告经营管理体制，创新广告经营管理方式，调动各方广告创收的积极性。努力创新广告营销方式，提升媒体知名度、影响力、亲和力，促进广告产业收入快速稳定增长，增强媒体实力。

2.大力扶持内容产业发展。加快发展电影、电视剧、广播剧、影视动画、纪录片等重点内容产业，着力提高质量和效益，增强核心竞争力和影响力。加强对民营影视制作

机构的政策引导和扶持力度，积极引导民营企业内容产品在江西发行上市。

3.实施重大产业项目带动战略。大力推进有线电视数字电视整体转换和多功能业务开发；抓紧实施电视购物物流基地项目；加快江西国际影视文化城和江西电视台数字电视节目制作中心工程项目建设；着手筹备505影视基地建设。通过重大产业项目的带动作用，增强广播影视产业发展的活力和后劲，推动广播影视产业上规模、上水平。

4.积极发展新媒体产业。加快发展新媒体产业，围绕推动传统媒体与新媒体融合发展，重点提升移动多媒体广播电视、手机电视、网络广播影视等新媒体发展水平；大力发展电视购物，着力把江西电视台风尚购物频道打造成能够满足用户购物、时尚、休闲、娱乐等多方面需求的服务平台，促进电视购物产业超常规发展；大力发展艺术培训、广电会展及其它相关产业的经营创收。

二、加大力度，推进广播影视文化产业经营发展

1.完善广告经营管理服务机制，促进广告创收稳步增长。在广告经营创收中，完善广告经营的管理服务机制，积极应对广电媒体广告竞争，支持广电媒体大力开拓省外市场，加大广告招商力度，推动了广告经营的平稳发展。各级电台电视台不断创新营销模式、推行广告代理等，加强广告创收。省电台依托节目搞活经营创收，积极推行广告代理制，拓宽开发产业经营途径，保持了稳步发展；省电视台加强广告招商力度，努力打造品牌栏目，狠抓内部经营管理，经营创收稳步增长。

2.大力推进广播影视内容生产。“中国红歌会”已连续举办6届，在全国刮起“红歌旋风”，成为江西一张靓丽的文化名片，《传奇故事》、《金牌调解》、《政风行风热线》等栏目多次得到各级领导和社会各界的好评。各级广电媒体开办的《新闻110》、《九点一刻》、《今日播报》、《特别关注》等节目影响力稳步提升。2011年，全省电视动画片的创作生产取得了历史性突破，全年共生产电视动画片5部208集2730分钟，产量跃居全国第16位，其中制作完成的电视动画片《笛卡特警队》，成为江西省动画制作机构创作生产的第一部原创电视动画片。

3.扎实推进重大产业项目建设。江西国际影视文化城项目建设的拆迁、环评、可研等前期工作已完成，项目已正式进入省发改委核准程序，项目的规划设计方案已正式报南昌市政府审批。有线电视数字化整体转换项目正式启动，整转用户200万户，单年整转速度居全国前列。江西电视台数字影视节目中心项目完成选址在南昌市青山湖区，项目确定了用地规划设计条件，完成了地块红线的绘制及地块的土地测量报告等工作。

4.新媒体、新业态发展势头良好。取得电视购物频道牌照的风尚电视购物频道覆盖面已扩大到全国7省1市，覆盖人口超过1亿，开播两年多来，产值连年翻番，2011年，经营规模已突破2亿元，上缴利税近2000万元，解决就业300多人；CMMB移动多媒体广播电视江西公司推进全省网络覆盖建设和市场渠道建设，全省网络覆盖由2010年的30%提高到2011年的65%，发展收费用户8万户，推广用户18万余户。今视网大力发展手机报、手机电视等业务，点击率位居全国同类网站前列；移动电视积极扩大终端覆盖面，2011年新装公交车载电视270辆，合计400多个终端，新开发50多个优质固定平台。江西电视台连续举办三届的中部汽车文化节取得圆满成功。

5.积极配合完成上级部门产业调研和政策制定工作。2011年，认真配合了省人大“深化文化体制改革加快文化事业和文化产业发展情况专题调研”、省政协“大力发展我省文化产业专题跟踪问效调研”、省委宣传部“文化体制改革和产业发展情况调研”等专题调研工作，并为省委、省政府制定出台有关文化产业发展的政策文件提供了参考。

三、深化体制机制改革，不断增强发展活力

按照中央提出的“加大力度、加快进度，推动文化体制改革在重点领域、关键环节取得突破性进展”的要求，紧紧围绕中央的路线图和时间表，结合江西省的实际情况，积极稳妥推进各项改革，不断增强广播影视文化产业发展活力。

1.深化经营性事业单位转企改制，塑造合格市场主体。市场主体是产业发展的核心，培育合格市场主体是文化体制改革的中心环节。2011年，以塑造合格市场主体为目标，加大了对转企改制单位的扶持力度，取得了明显成效。转企改制后的江西电视剧制作有限公司按照市场方式独立运作电视剧生产，实现盈利上千万元；江西电影制片厂有限公司积极参与市场竞争，以第一出品方的身份完成了6部数字电影的出品并获得利润，其中一部影片还被列入2011年度全国第四批优秀国产影片推荐目录，初步实现了市场开拓以及创收格局。

2.稳妥推进制播分离改革，提升生产力和竞争力。按照广电总局推进广播电视制播分离改革的有关要求，积极稳妥推进制播分离改革。省电台、电视台在确保编辑权、审稿权、播出权的前提下，引入市场机制，对娱乐、体育、科技等栏目节目试行制播分离，提高了节目规模化、集约化生产水平，丰富了节目内容，提升了节目的生产力和竞争力。

3.积极推进电台电视台合并，优化整合广播电视资源。2011年，电台、电视台合并工作稳步推进，全省11个设区市中，经国家广电总局批准设立广播电视台的有4个，其中2个实际运作。经国家广电总局批准设立的81个县级广播电视台，已全部完成两台合并工作。

4.推进有线网络整合和规范化管理，促进网络创收快速发展。进一步加大全省有线电视网络整合力度，截至2011年底，已整合10个设区市、80个县（市、区）的有线电视网络。省广电网络公司进一步理顺管理体制，按照现代企业制度的要求建立起公司法人治理结构，加强规范化管理，促进了经营创收快速发展。2011年，网络经营创收达到9.47亿元，同比增加2.36亿元。

四、广播影视产业经营实现新突破

1.内容产业发展取得新成效。全省共开办广播节目104套，播出时间351805小时，制作广播节目186509小时，播出电视时间632617小时，制作电视节目86268小时。积极探索电视剧的发行与投资模式，部分影视剧获得了社会效益和经济效益双丰收。

2.有线网络产业快速发展。全省有线广播电视传输网络干线总长8.22万千米，有线广播电视用户489.7万户。省广电网络公司加强业务开发，积极拓展有线网络新业务和增值业务，全年创收达到9.47亿元，同比增长33.07%。

3.广告经营收入平稳增长。全省广电广告收入14.04亿元，较上年同期增长0.19亿元，同比增长1.38%；省本级广告收入10.59亿元，较上年同期减少0.03亿元。

2011年底，全省广电系统资产总额达到78.38亿元，其中省局本级57.64亿元。全省广电系统全年创收29.62亿元，增长15.71%；其中，省本级创收22.7亿元，同比增长18%。

江西省广播电视网络概况

一、经营收入迈上新台阶

2011年，江西省广播电视网络传输有限公司围绕“抓用户，促发展”的目标，采取“网内打捞用户，建网拓展用户，购网增加用户，整合收编用户”等多种措施，多策同施，取得了较好的效果。全年累计新增用户47万户，比去年同期增长34%，全省有线电视总用户达407万户。全省广电网络经营收入大幅提高，达到9.46亿元，同比增长33%。其中有线电视基本业务收入7.48亿元，比去年增长22.36%；数字电视收入0.9亿，数据网收入0.14亿，外省节目落地收入0.49亿，其它业务收入0.45亿元。

二、全省数字电视整体转换工作取得新进展

在全省数字电视整体转换起步之年，积极争取党委政府的重视和支持，全省各级党委政府均成立了由党政领导为组长的有线电视数字化整体转换工作领导小组，按照“政府领导、广电实施、社会参与、群众认可、整体转换、市场运作”的原则，制定了《有线电视数字化整体转换实施方案》。在实施的过程中，普遍采取了“统筹规划、统一标准、先易后难、先点后面”的办法，做到了四个“精心”：精心统筹规划、精心设计标准、精心选择试点、精心组织队伍。公司上下形成合力，分批启动了10个设区市和65个县级分公司的数字电视整转工作。目前全省75个市县分公司已整转201万户，创造了令全国同行瞩目的“江西速度”，做到了领导放心、群众满意、和谐整转。

三、网络整合取得新突破

为贯彻落实省委和省政府关于“全省一张网”的文件精神，彻底实现全省网络整合，确保广播电视安全传输，公司切实加大了网络整合力度。一方面，通过积极与未整合县、区的党委、政府沟通和协调，基本达成了整合共识。另一方面，加大了对企业网、集团网和农村私网的并购整合力度，并购整合了上饶市、景德镇市、临川区、瑞金市、彭泽县、袁州区、莲花县、横峰县、德兴市、鄱阳县、上饶县、于都县、全南县等地农网近5.59万户。

四、基础建设展示新成效

2011年，启动和完成了省至各市波分复用干线扩容、宜春地区二干波分复用扩容、二干线路大修整治、补环、业务支撑专网等建设项目。进一步加大了对市县有线网络改造、用户发展、业务扩展等相关基础设施的投入。与深圳同洲电子联手进行了互动电视平台的建设和业务的运营。与多家公司联合开发了多功能数字机顶盒及高清数字电视。此外，公司还进一步加大了对各级分公司办公大楼、机房、营业厅等基础设施的投入力度，年内共投入资金2691万元，先后完成了或正在施工建设九江市、上饶市、泰和县、星子县等9个大楼建设项目，使这些分公司办公条件大为改善，面貌焕然一新。

五、企业管理有了新起色

2011年，省公司通过调查研究、工作例会、工作考评等形式，了解各地分公司经营管理情况，有针对性地出台了财务收支、工

程招投标项目审计、基建项目、日常经费下拨、人事体制和薪酬改革等管理办法，引导公司各项工作走向规范。与此同时，还强化了安全播出管理，建立健全了各项安全播出责任制，普遍实行定人定岗定责，要求各级领导亲自抓。重要节目、重大会议和重大活动期间，各分公司领导带头值班，安排安保小组对重要部位、重要地段进行巡逻监控，有力地保障了日常安全播出和重要时期的安全播出工作，未发生一起人为责任事故，圆满完成各项安全播出任务。

六、强化服务树立新形象

公司在建立健全全省广电网络服务制度、章程、操作标准和工作规定的同时，加强了培训和教育，开展全省广电网络服务质量专项整治活动，强化广大干部职工优质服务的理念，把广电网络的优质服务贯穿至建设、管理、经营的全过程，渗透到营销、维护、检修、收费各个环节。统一推出“江西有线”品牌标识，实行检修、服务人员的统一着装。通过行业作风的整顿、检查评比、评议评优等活动，全面提升了广电网络的服务水平和质量，初步在全省广大有线电视用户心中打造了“江西有线”的品牌。2011年，公司还代表省局参加了省直机关窗口服务技能竞赛暨形象大使评选活动，最终在全省36个参赛队中总分排名第五，获得优秀团队奖。

七、创先争优得到新推进

进一步推进了学习型党组织、学习型企业建设，集中组织了全国和全省“两会”、十七届六中全会和《中国共产党历史》（第二卷）等专题学习。精心组织了征集“喜迎建党 90 周年感言”和“身边党员的精彩故事”、赴陕西延安接受革命传统教育、重温入党誓词、观看献礼影片《建党伟业》等纪念建党 90 周年系列活动。突出主题，创新特色，将党建与经营业务工作有效结合，广泛开展了“三创三提”主题实践活动。省直机关“三创三提”主题实践活动现场推进会在省局召开，与会的省直各机关 150 多名会议代表参观了直属分公司营业服务大厅，对公司以“三创三提”活动为契机，以全省有线电视数字化整体转换等重点工作为着力点，有力推进网络整合和提升服务水平的做法和措施给予了充分肯定。

八、党建工作迈出了新步伐

在省局领导、公司党委的多方努力和多次协调下，多年未明确的各级分公司党组织关系隶属问题得以理顺。省委组织部明确调整各级分公司党组织关系，实行属地管理，隶属当地直属机关工委。赣州、乐平等 13 个分公司在2008年人事上收时办理的党组织关系转移手续在下半年按组织程序全部转移到位，组织关系得以理顺。认真贯彻落实《中国共产党和国家基层组织工作条例》及实施办法。重视党员发展工作，严格程序，逐步把各类技术、营销、管理骨干吸收到党员队伍中，使党员队伍的整体素质得到保障。

九、党风廉政建设工作提升新水平

2011 年，省局党委对公司领导班子进行了充实配齐，成立了公司纪委，将监察职能从原来的审计监察部划出，专门设立了监察部，并配备专门的纪检监察工作人员，和纪委合署办公。在组织全省广电网络纪检监察培训班的基础上，下发了纪检监察机构职责及设置意见，落实纪检监察人员，明确工作职责，使公司纪检监察工作得以有序展开。加强了对重大事项的监督检查，制定出台了《纪检监察部门参与招标采购工作暂行办法》，使招标采购管理与监督工作逐步制度化、规范化。认真开展了行风评议和全省广电网络服务质量专项整治活动，组织广大党员干部通过观看反腐警示片等多种方式，切实加强廉洁从业教育，筑牢各级党员干部拒腐防变的思想防线。重视信访举报工作，妥善处理投诉举报事项 58 件，做到事事有回音，件件有落实。

今视网概况

一、全年各项新闻宣传工作重点突出、效果明显、亮点不断

1.圆满完成中国共产党成立 90 周年宣传报道任务。今视网专题《红色辉煌》荣获中央对外宣传办公室、国家互联网信息办公室颁发的庆祝中国共产党成立 90 周年互联网宣传报道优秀专题奖，是江西唯一荣获表彰的网站。2011 年，今视网共发表相关新闻报道千余篇，其中原创新闻 67 篇，转载、摘录省“一报两台”报道 280 篇，转载相关新闻 500 余篇，发布视频新闻 100 多条，评论 30 篇，同时充分利用今视社区、博客、播客等与网友进行互动的板块，设置话题引导网友就“建党 90 周年”展开讨论，并开展了征文、网上知识竞赛等活动；做到了报道全面、及时、形式多样。网站先后制作了“红色辉煌·庆祝中国共产党成立 90 周年”、“‘颂歌献给党 爱我新江西’大型群众歌咏比赛”、“ 2011 中国红色旅游博览会”、“同走红色道路 共展江西儿女风貌”、“发扬革命传统 争取更大光荣——中央苏区革命传统主题展”共五个专题，气势磅礴，引人入胜，在网上形成了全面的宣传态势，在广大网民中产生了强烈反响。

2.认真做好“江西十二五开局之年”的宣传。按照上级指示，今视网在首页显著位置开辟了专题，及时转载、摘录“一报两台”的相关报道，并在论坛、社区等互动板块中进行大力宣传引导，在网上营造出“十二五开局之年加快推进鄱阳湖生态经济区建设”的浓厚氛围，取得了较好的效果。

3.认真做好了江西积极有效应对上半年旱涝急转极端气候灾害的报道工作。2011 年上半年，江西遭遇了历史罕见的旱涝急转灾害，受灾人口超过 300 万，直接经济损失高达 58 亿元。从大范围旱情到全省多地普降暴雨，今视网敏锐地捕捉到其中的新闻价值，制作了大型专题《江西旱涝急转灾情显现》，不仅及时地报道灾情、发布各类预警信息，还对大旱大涝急转背后的生态发展困境进行了尝试性的思考和探索，专题及相关报道在网上都引起了较大反响。

4.出色完成了第七届全国城市运动会的宣传报道工作。为了宣传报道好七城会，今视网制作了大型网络专题“红色英雄城 绿色七城会”，组建了一支能写稿、能拍照、能摄像的全能性采编队伍，采访报道内容涵盖了赛事各个方面。在积极做好赛事赛况报道的同时，今视网充分发挥视频和图片的特色，邀请“南昌代表队首金运动员”做客今视直播室，刊发大量高清图集，形象、直观、全方位地展示了七城会的盛况。

5.认真完成了省第十三次代表大会的宣传报道工作。为了做好大会宣传，今视网提前 3 个月进行积极策划和周密部署，集全网站之力做好各阶段宣传报道工作。网站先后组织了“赣鄱来风”、“崛起动力”两个主题宣传活动。“赣鄱来风”以不同领域为划分，分别从“发展民生”、“城市建设”、“教育事业”、“对外开放”、“社会稳定”等8个方面全景式地展现了十二次党代会五年来江西社会经济发展的所取得的各项成就和主要经验，成为网上宣传省第十三次党代会的亮点之一。

6.认真做好了鄱阳湖生态经济区上升为国家战略两周年相关宣传报道工作。鄱阳湖生态经济区上升为国家战略两周年到来之际，今视网制作了网络专题“腾飞路·鄱湖情”，并策划了大型网络视频访谈节目《鄱湖论道》，从文化创业产业和生态农业两个角度入手，请各方面人士纵论鄱阳湖生态经济区建设历程，探求发展经验，回顾感人事迹，在互联网上唱响了科学发展、进位赶超、绿色崛起的主旋律。

7.发挥网络新闻媒体“社会净化器”的功能，对热点社会问题进行了积极报道和正确引导。今视网积极发挥网络媒体“社会净化器”的功能，充分利用网络专题、视频访谈、视频专题等多种手段，对医疗改革、城市建设、物价上涨等民生热点问题进行关注报道，直面问题，正面引导，积极掌控舆论主导权，在网上形成了主流声音和主流意识，其中部分报道还在全国范围内形成了一定影响，对促进问题解决、提供发展思路产生了积极地影响，得到了广大网友和有关部门的一致认可。

二、线下活动实现突破，网站特色进一步得到强化

1.成功举办了第二届网络电视主持人大赛。本届大赛共设七大赛区，吸引了来自全国各地的报名选手8000余名，累计直播时长超过100小时，长城网、国际在线、华声在线、荆楚网、齐鲁网、西部网、华商网等众多网络媒体同步直播，并联合腾讯微博与网友全程互动。大赛发布各类视频近1000个，原创稿件近200篇，被刊发、转载相关报道180余篇(次)，相关视频近400条。视频直播期间，视频点击超两百万。本届大赛有两大显著特点，一是走出江西，开设河北赛区让网络电视主持人大赛这一活动变成了一项全国参与的活动，进一步提高了今视网和赛事本身的知名度、影响力；二是充分结合微博，网络特点凸显无疑。据统计，“谁来做主”腾讯官方微博原创数量2700条，话题相关转发和评论数量更是超过一千万条。网络电视主持人大赛真正变成了一场网络盛宴。

2.成功完成了第七届泛珠三角区域合作与发展论坛暨经贸洽谈会的网络视频直播任务。今视网作为第七届泛珠大会唯一网络直播平台，对大会开幕式和高层论坛进行了视频、图文直播，并向泛珠各成员单位提供高质量的网络视频信号和图文内容，赢得了与会者和各级领导的一致好评。

三、手机新媒体发展迅速，增值业务稳步提升

全年增值业务部短信业务在全省的合作媒体扩展至23家，今视网与江西联通合作的“今视手机报”收费用户数，与江西移动合作的“无线城市”收费用户数均实现稳步上升，与江西移动、中共省委农工部合作的“江西农村手机报”也即将进入全省推广阶段。

四、网站技术研发有序推进，机房改造等大项目顺利完成

2011年，今视网技术研发团队根据广电局及网站领导指示，与其他部门协同合作，进行了手机集成播控平台和机房设备项目改造工作，对网站的设备进行部分的更新改造，并重新开发编写了多项程序，有力保障了网站新闻采编工作。

南昌市广播影视概况

2011年，南昌市共有广播电视台7座，节目17套，其中广播节目9套，电视节目8套，全年自制节目33787小时，总播出时间44426小时;全市有线广播电视传输干线网络总长5050公里，广播人口覆盖率97%，电视人口覆盖率98%，有线电视用户57万余户，其中数字电视用户40万余户；全市广播电视从业人员1600人。

一、着眼一流，突出抓好新闻主题宣传，助推南昌大发展

1.市局组织局属各媒体单位，围绕“创建办会”、建党90周年、啄木鸟在行动、党代会、人大政协会、第七届城市运动会、第二届世界低碳与生态经济大会等南昌市政治经济社会等领域的重大活动、事件展开系列主题宣传报道，并对南昌电视台新闻综合频道进行了全面改版，大幅提升了其在本土的竞争力与影响力。为大力宣传南昌市的城市形象，充分展现南昌市为创建文明城市、筹办第七界城市运动会做出的不懈努力和取得的显著成果，市局还策划拍摄了多部城市宣传片和电视专题片，成为了推介南昌的亮丽名片。与此同时，市局进一步加大宣传管理力度，通过开展“杜绝虚假报道 增加社会责任意识 加强新闻队伍职业道德建设”、“走基层、转作风、改文风”、“抵制低俗之风、净化声频荧屏”专项行动和广播电视节目评奖等系列工作，不断加强局属新闻队伍职业操守和业务水平建设。

2.对外宣传继续位居全省各设区市前列

截至11月，南昌电台在中央人民广播电台《新闻和报纸摘要》上稿57条，列全省设区市第一；截至10月在省电台《新闻和报纸摘要》发稿1002条，名列全省设区市第一，夺得上中央台稿件“九连冠”，上省台稿件“四连冠”的好成绩。

南昌电视台2011年组织稿件上江西卫视《江西新闻联播》工作取得新突破、新成绩。1到11月，在《江西新闻联播》上稿537条，单条326条，头条35条，上稿总量、单条数量、头条数量为历年来同期最高值；在中央电视台《新闻联播》发稿52条，其中头条2条，继续名列全省各设区市上稿量之首，实现组织稿件上央视“八连冠”的工作目标。

3.坚持自创之路，打造精品节目

南昌电台先后创作录制完成了《扬眉剑出鞘》系列反腐题材小说12部共计766集，得到了省、市有关方面领导、专家、听众的高度评价和热情赞扬。省内外已经有5个兄弟地市媒体购买了该系列广播剧，下一步的媒体合作正在进一步联系之中。另外，南昌电台还推出了红色题材小说《毛泽东传》、《长征》、《解放战争》共504集。

广播剧《大法官梅汝璈》是南昌电台自创广播剧的杰出代表，曾荣获2010年中国广播剧专家评析金奖第一名。2011年该剧梅开二度，获中国广播影视大奖（政府奖）优秀广播剧一等奖，全国省会城市台仅此一家获此殊荣，也是江西省在本届节目奖评选中唯一获奖的作品。

为积极配合南昌市“创建办会”的中心工作，市局先后制作完成了《鄱湖明珠，中国水都》、《2011——春天的故事》、《文明的追求》、《红色英雄城 绿色七城会》、《七城会反兴奋剂公益广告》等城市宣传片和电视专题片。

受“七城会”执委会反兴奋剂中心的委托，市局精心制作了专题片《红色英雄城 绿色七城会》电视专题片和公益广告片《七城会反兴奋剂公益广告》。该片作为南昌市“七城会”主题片在北京“七城会”倒计时一个月的新闻发布会上播放，并作为礼品赠送给各参赛城市。

4.文艺活动大气恢宏

2011年，市局成功策划主办、承办了多次大型主题文艺活动，如2011年南昌市迎新春文艺晚会、“童心向党”2011年南昌市庆六一少儿文艺晚会、南昌市第三届全民创业“三个十大标兵”颁奖典礼等，还参与策划举办了中央电视台“激情广场”南昌特别节目，并携手东方卫视，举办了5场中国达人秀江西招募活动。为做好七城会的宣传工作，市局还成功举办了七城会大学生健身风采展、七城会圣火采集仪式暨誓师动员大会、“为城运加油，为城运助跑”的万人长跑活动，以及“七城会”的“城运之星 礼仪天使”的选拔活动等。

二、事业建设和产业发展

1.大力发展有线电视网络，稳步推进双向网建设

2011年，南昌广电网络不断健全、创新科学管理机制，以发展新用户为中心，以增值业务为突破口，进一步加大促力度，深入挖掘市场潜能，在网用户数突破47万。

南昌广电网络完成并启用了由中广电研发的工程项目管理系统软件，彻底弃用了以往从设计到施工建设的纸质审批流程，并使之与仓库管理系统相结合。该系统软件的使用加强了跨部门间的沟通与协调，优化了资源共享与配置，减少有效避免了计划拖延，降低了运营成本。另外，南昌广电基本还完成了机顶盒中间件软件的升级和高清节目转码平台的建设，网络运营实力进一步加强。

在双向网络建设方面，在国务院加快推进三网融合、广电总局主导发展下一代广播电视网（NGB）的大背景下，南昌广电合理安排网络改造的资金投入，组织公司内外网络规划专家，就网络现状、中长期整网改造规划和业务部署进行了多次探讨、研究，与中广电广播电影电视设计院共同拟订完成了《南昌市有线电视整网总体规划技术方案》，并经过专家认证讨论，基本明确了全网改造的整体规划技术方案，为今后5年的网络改造工作奠定了基础。

2.一如既往地做好广播电视的安全播出工作

在“七城会”期间，市局技术保障及安全播出人员全力以赴，为各场馆的传输播出设施以及中央五套等频道各场大型直播、录播及新闻节目提供了高质量的安全技术保障，得到了央视及诸多媒体的高度评价。2011年度，市局下属有线电视传输中心安全播出摸拟电视51套,数字电视120余套,3套高清节目,20套数字广播,圆满完成2011年元旦、春节、两会、五一和国庆等重要时期安全播出任务，全年前端机房没有发生一起停播事件，杜绝了重大以及较大的播出故障。南昌电视台技术中心全年安全播出6套节目累计52560小时，无线发射2套节目13871小时，完成南昌电视台电视制作、播出、发射以及几十场各类直播、录播电视节目任务。

3.城市院线蓬勃发展 电影下乡工程有序推进

全市共有城市多厅影院6家、银幕（即影厅）51块。全市各县区农村放映18084场电影，超额完成了一个行政村一个月放映一

场电影的工作目标。按市政府民生工程实施要求，为完成民生工程电影放映任务，市电影公司抽调多名电影放映骨干，增加多套流动放映设备，成立10个放映小组，送电影进西湖区、青云谱区、高新开发区、经开区、红谷滩新区、桑海区等区的乡村。另外为了丰富城区业余文化活动，市电影公司采取商业运作模式，在大中专院校、工矿企事业单位礼堂、社区文化广场共播放电影360场。

南昌市电影公司组建成立了一条自主管理、自主经营、集公益性与市场运作相结合的“广电校园数字电影院线”，以送电影进校园、进社区的形式，填补了南昌市义务教育阶段中小学校没有电影教育平台的空白。该院线于10月底前完成筹备工作，并在年底前实现省委、省政府提出的“义务制教育阶段中小学生每年看4场以上爱教题材电影”的总要求。

九江市广播影视概况

九江市共有广播电视台14座，其中市级广播电台、电视台各1座。市广播电台、电视台均自办3套节目，每天播出时间均为18小时和19小时。中波发射台1座，千瓦以上调频发射台、电视发射台各3座。全市广播影视从业人员1654人。

一、实现“四个新突破”，推动了广电事业产业发展迈上新台阶

1.对内宣传围绕中心，实现了质量提升的新突破。

广电媒体紧紧抓住全市中心工作，先后推出了“决战工业6000亿”、"回眸项目建设，再增赶超信心”、市党代会、市两会等40多个专栏，并策划了“走进工业园区”、“重点工业项目”等系列报道，为全市的奋起赶超提供了强有力的舆论支持。重点宣传报道了建党90周年的各项重大活动，营造了浓厚的氛围。特别是市第十次党代会和市两会的宣传报道，精心策划，集中力量，全力以赴，报道的范围广，角度多，层次深，将市第十次党代会和市两会的盛况传入了千家万户。市县媒体新闻质量明显提升，在2010年度江西广播电视奖评选中，有38件作品获奖，其中一等奖4件（其中报刊1件）、二等奖10件、三等奖24件。九江电视台的消息《把学习交给学生 把快乐还给孩子》和纪录片《蛇鸟大战》获江西广播电视奖——优秀电视节目一等奖。

2.对外宣传突出重点，实现了上单条头条的新突破。

2011年，九江电台在中央电台发稿78条，其中《新闻和报纸摘要》发稿32条，单条头条1条，《全国新闻联播》发稿7条，综合头条2条，在省电台发稿874条，其中头条31条；上稿总量全省排名第三，头条排名第二。九江电视台在中央台《新闻联播》发稿30条，其中单条头条1条，《焦点访谈》正面报道3期，在省台《江西新闻联播》发稿609条，《新闻夜航》发稿124条，头条共62条，各项全省排名第一。

3.以内容产业为主导，实现了创收增长的新突破。

2011年全市广电系统各项经营收入8802.5万元，其中市本级5095.9万，实现了突破5000万元的目标，同比增长20.3%，迈上了新台阶。

4.以重点工程为抓手，实现了资产增值的新突破。

广电演播中心已完成工程建设，九江市首届电视春晚在1000平方米演播大厅成功举行；九江长虹电影城已投入运营。九江数字广播电视枢纽基站已完成主体工程验收，这两大工程的建成不仅盘活了停工多年的演播中心和闲置多年的土地，还使广电系统增加了近2亿的资产，也为减轻历史包袱探索出了一条新路。

二、实现“四个转变”，增强了广电事业产业科学发展的新动力

1.节目创新实现了向民生和本土化的转变，有力地提升了广电媒体的核心竞争力。

一是以抓民生为切入点，提升了媒体公信力。九江电台在《九江新闻联播》中加大社会、民生新闻在节目中的比例，报道老百姓的身边事，回应民生诉求；《政风行风热线》对老百姓的问题及时报道，及时解答，充分发挥了新闻舆论和群众的监督作用。九江电视台《社会广角》的回音壁和“爱暖秋冬”系列报道，把舆论监督和新闻服务的触角伸向了九江的每个角落；《特别关注》围绕市委政府中心工作，以民生问题为切入点进行深度解读，为百姓和政府搭建了沟通平台。二是以本土化为着力点，提高了媒体收视（听）率。九江电台交通频率新增《大家帮大家》等4个信息服务类节目，推出了冰雪特别直播节目和长江大桥堵车特别直播节目。九江电视台的《九江达人》展示了老百姓身边不寻常的九江人；《东西南北九江人》展示一个个九江人在外地奋斗的故事，树立了九江的良好形象。旅游频道新栏目《老地名的故事》讲述了九江地区老地名背后的故事，可看性强。九江影视艺术中心制作的中华老字号梁义隆非遗申报片、庐山西海宣传片等，受到客户好评。

2.广告经营实现了由恢复性增长到进入上升通道的转变，为创收总量增长奠定了坚实基础。

一是坚持“活动带动收视、活动拉动创收”的经营思路。各媒体开展了一系列贴近百姓、贴近生活的大型活动，如2011年九江名特优地方农产品展播暨评选活动、第二届九江市道德模范评选活动、星光大道九江赛区选拔赛等一大批活动，扩大了媒体的社会影响力，拓宽了媒体的创收渠道。二是加强广告经营管理。九江电视台严把广告审查播出关，对明星代言、病患现身说理等违规形式的广告进行了删除，对一些问题广告进行了整改，制作播出了一批市民喜闻乐见的公益广告，提升了媒体形象。九江电台进一步完善分行业广告代理工作，积极调整广告价格，加强广告规范管理，做到了内部不互相压价、不互相拆台，狠抓广告按期入账。

3.产业发展实现了以内容产业为支柱的单一型向多元化的转变，为广电产业发展开辟了新领域。

一是大力发展电影产业。2011年全市新增银幕13块，其中九江长虹影视城建有6个影厅，全部数字化放映，1000平方米的演播厅可以做到双机3D放映，是全省最大的一块银幕。二是创建九江传媒网（www.jjcmw.cn）。网站突出广电特色，以打造九江第一视听综合门户网站为目标，有效整合了广电媒体资源，为下一步建立网络广播电视台打好了基础。三是打造手机电视“睛彩频道”。已经和省公司合作运营，将在手机电视平台上打造九江自己的手机电视频道，以新闻、信息、购物等为主打。四是充分挖掘演播中心的综合功能。把广电演播中心打造成一座融电视制作、电影放映、演艺演出、大型活动的综合平台，实现保值增值。

4.广电职能实现了由工程建设向公共服务体系建设的转变，推动广电事业持续健康发展。

（1）民生工程扎实推进。广播电视村村通工程通过了“十一五”验收，7 个县市区工程建设质量被评为优秀；农村电影放映工程顺利推进，市电影公司放映队全年放映电影 34748 场次，超额完成放映任务，进一步丰富了城乡群众的文化生活。

（2）安全播出安全生产保障有力。全市各级播出传输机构认真落实《广播电视安全播出管理规定》（总局 62 号令），确保了春节、十一、建党 90 周年、七城会、市第十次党代会等重要保障期的安全播出。全系统安全生产常抓不懈，未发生一起安全生产事故，被评为2011 年度九江市综合治理先进单位和全市消防安全先进单位。

（3）技术维护科技创新取得新成绩。各级台站加大设备设施更新改造力度，九江县文广大楼已完成验收装修，都昌县建成启用了 285 平方米的演播厅，彭泽县、星子县、湖口县、共青城市购置更新了一批采编设备，提高了节目制作质量。九江电台购置了广播直播车，实现了赣北之声在庐山发射。庐山电视台恢复了庐山台无线覆盖，2011 年度被评为全省技术维护先进单位和全省高山台站综合评比一等奖。九江实验台落实专项资金建设二路供电系统，保证了供电安全。

（4）新闻导向和依法行政管理得到加强。全系统广泛开展“走基层、转作风、改文风”活动，把“三贴近”落到了实处；深入开展了“杜绝虚假报道，增强社会责任，加强新闻职业道德建设”专项教育活动，确保了舆论导向正确。在全市范围内联合开展了“打击非法‘网络共享’网站及设备产品专项治理行动”等专项治理，重点强化了广告播放管理，确保了广播影视事业健康发展。

（5）队伍作风建设有了新变化。全系统积极开展发展提升年活动，切实加强和改进了机关和风，提高了行政效率，促进了干部队伍素质的整体提高。庆祝建党 90 周年开展了一系列教育活动，在全市“凝心聚力促赶超”演讲比赛中，获一等奖 1 名，在全市庆祝建党 90 周年文艺调演活动中获优秀组织奖，2011 年被评为市直单位党建目标考评先进基层党组织。

景德镇市广播影视概况

景德镇市广播电视台有 3 个电视频道，2 个广播频率，1 座电视发射台，1 座中波发射台，1 个网站和 1 张广播电视报。广播电视全天播出 108 小时，广播人口覆盖率 98.4%，电视人口覆盖率 98.6%。

一、宣传报道取得新佳绩

1.精心组织宣传战役。围绕全市的中心工作和群众关心的大事、要事，市局精心组织宣传报道，并在《景德镇新闻》、《今日播报》和《昌南对话》节目中，拿出重要位置、充足时段，开播了专栏、专题、系列报道、连续报道取得了良好的效果。

（1）打好“科学发展、进位赶超、绿色崛起”主题教育活动宣传战役。制定详细的宣传方案，在《景德镇新闻》节目及时开辟“科学发展，进位赶超，绿色崛起”专栏，推出了“景德镇筑巢引凤加速招商引企”等系列重点报道，播出新闻70多篇。

（2）打好庆祝建党90周年宣传战役。策划、组织、拍摄、制作建党九十周年“七一”电视文艺晚会；《景德镇新闻》、《今日播报》先后策划了“红色精神永相传”、“红色经典”、“红色记忆”、“我为党旗添光彩”、“百姓身边的好党员”、“红色收藏”等6个栏目，从不同侧面宣传讴歌了党的光辉历史、丰功伟绩，身边共产党员风采、先进模范典型等，以及广大党员干部和群众喜迎建党90周年的各类活动；购置和储备优秀电视剧100多集，从6月开始一套黄金时间开展“优秀革命题材电视剧展播”。新闻广播、交通广播也辟出专栏、专题以及公益广告等形式歌颂党的丰功伟绩、辉煌成就，为建党90周年营造出浓厚喜庆氛围。

（3）打好“十一五”时期发展成果和“十二五”规划的宣传战役。推出“回眸‘十一五’、展望‘十二五’关注民生”系列访谈，邀请卫生、人保、教育等部门的领导做客演播室，围绕百姓关心的话题进行交流。推出“大力发展战略新兴产业，加快资源转型”等大型报道，从不同的侧面回顾了过去五年全市各条战线上取得的辉煌业绩，以及未来5年的发展方面和宏伟目标。

（4）打好学习贯彻十七大六中全会及省、市党代会精神宣传战役。在《景德镇新闻》开辟了“贯彻落实省、市党代会”、“借鉴先进地市经验，加快瓷都经济发展”等系列专栏，使“建设繁荣和谐魅力瓷都”成为时代的最强音。

（5）打好开展“转作风、提效能、促发展”主题活动的宣传战役。市广电台率全市媒体之先开办了专栏，在新闻中增设“曝光栏”，并请有关部门走进演播室直面受众公开承诺，解决问题；在《昌南对话》中开辟“局长访谈录”专栏，围绕抓好重点大项目、加大招商引资、主攻园区建设等方面，邀请有关方面的领导做客演播室，介绍典型做法，畅谈具体举措。在品牌栏目《今日播报》开辟了市民话“转作风、提效能、促发展”主题活动大家谈系列报道，制作“转、提、促”主题专题片。

（6）打好打击“两违”行动的宣传战役。组建了打击“两违”宣传报道组，派出7路记者，全程参与打击“两违”领导小组行动，展开“两违”新闻、专题拍摄制作；在《景德镇新闻》、《今日播报》节目中开辟了“依法依规严厉打击”两违行为和打击“两违大家谈专栏，播出打击“两违”新闻80余篇。

2.精心策划外宣报道。

全年中央电视台上稿 54 条，其中央视《新闻联播》11条，特别值得一提的是2011年6月14日至19日有关景德镇市抗洪抢险的报道在央视新闻频道发稿达20余条，其中《新闻联播》发稿2条，新闻现场直播5次。在短短几天，央视新闻高密度、全方位、多视角、立体式报道景德镇市抗洪救灾情况尚属首次。在中央人民广播电台上稿11条。在江西卫视上稿430条，其中在《江西新闻联播》发稿390条，同比增加41条，其中头条40条，同比增加15条。广播方面：全年上稿累计完成省台发稿积分1200分，中央人民广播电台报摘上稿11条，圆满完成年初制定的宣传任务，实现在全省排名前移。

3.精心组织全市广播电视节目评选。

2010年度全市优秀广播电视节目评选，经过精心组织，评选委员会对各级广播电视台选送的49件作品进行细致认真的分类评选，获奖节目有34篇，其中广播类10篇，电视类24篇。在获奖节目中选出12篇送省参加全省优秀广播电视节目评选，其中2件获三等奖；广播类1件获一等奖，1件获三等奖。

二、事业产业建设有新进展

1.扎实推进广播电视“村村通”工程。根据国家广电总局和省局的安排，景德镇市2011年度需完成238个已通电20户以下自然村的“村村通”建设任务，238个盲点村任务全都安排在乐平市。目前，已完成了全市“村村通”工程建设的勘测、设计、规划、建设方案。

2.夯实事业基础，确保节目生产和安全播出。上半年投入近百万元资金，对中心编辑机房进行数字化改造升级，搭建全台制播一体数字化网络，实现了编播数字一体化；更新了部分电视外录设备，增设硬盘播出系统备份。下半年耗资300多万元购置一台4+2讯道电视转播车，大大提升市台电视节目制作能力。新闻综合广播改造完善了数字自动播出系统，更换了一台音频慢录站。

3.进一步完善宣传管理制度。为了更好地推进抵制低俗之风专项行动，按照上级文件精神，结合景德镇市广播电视系统的实际，制定《景德镇市文化和广播电影电视局关于抵制低俗之风管理规定的通知》，以加强宣传工作领导、加强宣传制度建设、加强节目播出管理、加强宣传从业人员管理，建立抵制低俗之风的长效机制，净化荧屏声频。

4.认真做好开展打击非法“网络共享”网站及设备产品专项治理工作。市局积极会同质监、工信、公安、国安、工商、商务、海关等部门对“网络共享”设备产品进行认证检测，整治非法生产、销售、安装和使用卫星电视广播地面接收设施，与成员单位联合行动5次，出动人力100多人次，车辆20多台次，收缴各类“网络共享”设备产品（电视棒）28件，封堵非法网络共享网站3个。

5.抓好卫星地面接收设施及境外卫星电视管理工作。2011年10月中旬在市政法委牵头下，市局积极会同工商、公安、国安和市文化市场综合执法支队等部门，开展了一次针对非法卫星电视广播地面接收设施的整治行动，检查擅自销售卫星电视广播地面接收设备的商店4家，收缴了卫星电视地面接收设备18件(台)。对全市企、事业单位和宾馆酒店的境外卫星电视监控平台进行了检查并对已经到期的13家许可证及时地换发。

6.大力推进电影事业建设。2011年，省政府下达景德镇市农村送电影下乡总任务7766场，各地区电影行政主管部门和放映单位认真落实省政府提出的“一村一月放一场电影”公益放映目标，全市已超额完成省政府下达的放映任务。

为了营造建党90周年的喜庆氛围，从5月起至11月底在全市开展以建党90周年为主题的百场优秀国产电影进社区、企业、学校活动，受到广大居民的欢迎。

三、创新机制，推动文广事业科学发展

1.实施文化市场综合执法改革。将市文化市场稽查支队、市广播电视稽查支队和出版物市场稽查支队等部门的职责，整合划入市文化市场综合执法支队，为市局管理的副县级建制事业单位，统一行使全市文化市场、广播影视、文物等综合执法工作。通过改革，管理更加规范，责任更加明确。

2.做好“十二五”规划研究。组织编写了公共文化服务体系建设新目标等思路对策的“十二五”文广发展规划。

3.深化“发展提升年”、“ 转作风、提效能、促发展”主题活动建设，提升办事效能和服务水平。认真查找并切实解决文广系统机关效能和服务中存在的突出问题，进一步巩固机关效能年和创业服务年活动成果，进一步提升机关办事效能和服务水平。

四、反腐倡廉，廉洁自律，提高责任意识

一是认真开展述职述廉活动，利用监督电话、举报箱、文化网站公告等，充分发挥基层群众、社会舆论和信访监督的作用。二是以风险岗位廉能管理工作和惩防体系基本框架建设为抓手，组织开展资金核查和“小金库”专项治理工作。三是完善光明电影院等重点工程建设项目监督机制，上报了专题报告和项目登记表等材料，努力打造“阳光工程”。四是抓好干部素质能力建设。以“创先争优”、发展提升年、“转作风、提效能、促发展”主题活动为契机，学习先进找差距、剖析案例寻启示，不断提高宗旨意识和服务意识。

萍乡市广播影视概况

2011年，萍乡市有市级广播电台、电视台各1座。市级广播电视发射台2座，中波试验台1座，广播电视网站1个，广播电视报社1家；县级广播电视台5座，县级广播电视发射台2座。市级广播节目2套，市级电视节目 3 套。全市广播综合人口覆盖率98.66%，电视综合人口覆盖率99.50%。全市广电从业人员近900人。

一、宣传报道有声有色

1.舆论引导能力进一步增强。全市广电各媒体紧紧围绕“坚持科学发展，推进城市转型，实现率先崛起”的战略目标，大力做好城市转型、民生工程、“四城同创”、“走基层、转作风、抓项目、促发展”等重大主题、中心工作和重大活动的宣传，精心组织了《萍乡城市转型回顾与展望》、《百姓看创建》等一批有深度、有影响的系列报道和专题专栏，播发了《为百姓撑起“平安伞”》、《多措并举，让城市转型插上新的翅膀》、《天涯海角有个贴心党员》、《“乡村判官”杨斌圣》等一批重点稿件，形成了舆论强势。全市广电各媒体还在黄金时段推出了“红色经典电视剧展播”，在重要栏目制作推出了《党旗飘扬》、《足迹》、《光辉历程·建党九十周年》、《为党旗增辉》、《红色七月芦溪红》等特色专栏，及时报道全市各地举办的重大庆祝活动。2011年，市电视台制作的反映道德模范先进事迹的电视系列报道《肖玉玲舍己救人》荣获全省广电优秀作品一等奖，电视栏目《绿风》荣获江西省第一届关注森林奖。

2.品牌栏目进一步优化。全市广电各媒体认真贯彻“三贴近”，深入践行“走、转、改”，不断创新宣传形式，积极整合人力资源、节目资源和技术资源，培育和打造精品频道频率、名牌节目栏目。市电视台《九点一刻》继续推陈出新，从节目构架、栏目设计、新闻采编、主持人风格等方面入手，以平民视角，听民声，说民话，解民忧，办民事，对于群众反映的诉求，不仅做到有登记，有报道,更有反馈。如《无证运输千元木材 被开三千白条罚单》、《松香拔毛再次现身菜市场》、《萍乡火车站抽奖诈骗陷阱终被取缔》等节目在《九点一刻》播出后,立即引起了相关部门重视,使问题得到圆满解决。栏目组还通过设置《观众留言》、《创建曝光台》,加强与观众互动,拓展了民生渠道。市电台《清流在线——萍乡市党风政风行风聚焦》以“倾听群众呼声,帮助百姓解难,密切党群关系,接受社会监督”为宗旨,积极创新栏目形式,切实为群众排忧解难。全年《清流在线》共播出 234 期,收接群众热线电话 455 个,相关短信 243 条,解决群众投诉、举报 612 个,问题办结率达 90%以上,基本做到事事有回音,件件有落实。

市电视台、电台、广电报同时还立足自身特色,不断在栏目包装、内容、形式上创新,先后推出了《博客部落》、《老茂说装修》、《交广有约——肖凡会客室》、《我帮你青春工作室》等栏目,对《品萍乡》、《七色光》、《乐居萍乡》等老牌栏目重新改版包装,使节目定位更加准确、特色更加鲜明、品牌更加响亮。电台交通文艺频率首次在室外增设了“看得见的交通广播直播间”,极大地扩充了有车族的路况信息,开辟了新的宣传窗口和阵地。

3.媒体活动影响进一步扩大。全市广电各媒体推出了一系列贴近社会、服务群众的媒体活动,如“萍乡市首届车模电视选拔赛”、“萍乡市少儿才艺电视大赛”、“相约春天·共植希望”建设爱心公益林、上栗“中国红·红上栗”经典红歌大合唱比赛、2011 魅力安源新年交响音乐会等等。为庆祝中国共产党成立九十周年,市、县、区举办了一系列纪念建党 90 周年文艺活动。市局精心组织策划了庆祝建党九十周年“颂歌献给党”诗歌朗诵汇演,以朗诵、歌曲、舞蹈等形式,全面展示了全市经济社会建设中党员干部敢于奉献、求新求实、锐意进取的光辉形象并全程撒直播。从 2011 年 9 月开始配合春晚宣传,启动“春晚大舞台”选秀活动,吸引了市内外两百多位选手参赛,东方卫视《中国达人秀》栏目导演专程来萍挑选演员和节目。

4.外宣工作可喜进位。2011 年,市电台在全省各设区市排名第五。市电视台在中央、省级媒体新闻栏目发稿 390 条。其中,在央视新闻栏目上稿 46 条,在江西卫视新闻上稿 344 条。

各县区电视台通过与市电视台合作,先后在赣西频道开辟了《工业瓷都——湘东》、《开发区之窗》、《烟花爆竹之乡——上栗》、《映日莲花》、《电瓷之城,绿色之都》五档新闻专栏,为市委、市政府领导和全市人民及时了解掌握县区经济社会发展动态和各县区交流经验提供了难得的平台,成为展示各县区精神风貌的一个重要窗口。

二、事业建设亮点纷呈

1.广电民生工程扎实有效。深入开展了“十二五”期间 20 户以下自然村盲村摸底调查工作,切实把“村村通”工程作为重要的德政工程、民心工程来抓好抓实,为如期完成新一轮“村村通”工作奠定了扎实基础。市局通过了省局“十一五”“村村通”工作验收,获得高分和好评,局主要负责人荣获全国“村村通”先进个人荣誉称号。2011 年,全市已放映农村公益性电影 11000 余场,完成全年放映任务的 118%。市电影公司荣获全省 2011 年度农村数字电影放映工程一等奖。

2.安全播出成效显著。全系统深入贯彻落实广电总局《广播电视安全播出管理规定》,认真做好了监听监看、技术维护、应急处置等工作。市两台供配电系统、主要安全播出技术系统、机房环境、维护工具、应急播出手段、监测系统等都已达到总局规定的三级保障标准。2011 年，市局荣获了全省广播电视技术维护管理一等奖，长丰发射台荣获了省局 1 千瓦发射台管理工作一等奖，805 台荣获了全省电视技术维护先进台站。

3.行业管理规范有序。进一步加强了广播影视行业自律，集中开展了净化声频荧屏、抵制低俗之风、境外卫星电视传播秩序、网上播放视听节目等专项整治活动。2011 年，共处理群众广告类投诉 38 件，关闭了 3 家不合格网站的视听节目，对 3 家暂未获得视听节目许可证网站的视听节目加大了监管力度，有效规范了广播电视播出秩序。

4.基础设施建设力度加大。顺利完成了凤形山基站中央无线数字地面电视系统的设备安装调试，保障了中央人民广播电台信号的正常播出。投资近 20 万元完成了长丰发射台上山路面硬化。805 台、长丰台均安装监控设备。投资 30 余万购置了广播直播导播车。

5.市区有线电视数字化整体转换圆满完成。采取“集中小区，逐步扩展，区别区域，分步实施”的策略，稳步推进有线数字电视整体平移。2011 年，全市整转用户达 95767 户，完成全年整转任务的 119.7%，基本完成了市区数字整体转换工作。

三、产业发展基础夯实

1.经营创收任务基本完成。基本完成了经营收入任务，其中，市电台城市之声频率同比增长 14.03%，市电台交通文艺频率同比增长 22.15%，市电影公司同比增长 47.67%。安源、湘东等县区广告经营也保持了较好的发展势头。

2.电影产业实力壮大。市电影公司以改革发展为重点，投资近 200 万元对影城三楼进行改造，增设了 3 个豪华数字电影放映厅，4 个数字电影点播厅。改造升级后，影城共拥有 5 个国际化高清全数字电影放映厅。2011 年，电影公司荣获市第 12 届文明单位称号。安源区与江苏一德文化产业发展有限公司合作，建立了网尚世界安源数字视听馆，成为引进高端文化的一个亮点。

四、队伍建设成效彰显

1.以活动促建设，着力推进队伍作风转变。市广电通过组织中层以上党员干部赴广东增城、西柏坡等地学习考察、开展“进农村访民情、进农户解民忧、进企业谋发展、与群众同吃、同住、同劳动”民情家访等活动，进一步加强员工理想信念教育，加强党性修养、弘扬优良作风、促进科学发展。通过岗位练兵、外出学习等方式，先后组织了 60 多个业务人员参加各类培训。

2.廉洁自律，不断强化党风廉政建设。贯彻落实党风廉政建设责任制，下发了《萍乡市广播电影电视发展中心风险岗位廉能管理工作实施方案》、《萍乡市广播电影电视发展中心工程建设项目、设备采购管理暂行办法》、《萍乡市广播电影电视发展中心党员“百分制”年度考核实施意见》等制度。对可能滋生腐败的风险点进行了全面排查。

新余市广播影视概况

新余市现有市级广播电台 1 座，电视台 1 座，实验台 1 座；县级广播电视台 2 座；

企业广播电视站3座。市级广播节目3套，电视节目3套；县级广播节目1套，电视节目2套；企业站电视节目1套。市级广播每天自制节目33小时，电视每天自制节目3小时；县级广播每天自制节目16小时，电视每天自制节目2小时；企业站每天自制节目15分钟。市级广播全年播出21170小时，电视全年播出18800小时；县级广播全年播出5475小时，电视全年播出11132.5小时；企业站电视全年播出2555小时。全市广播综合人口覆盖率99.13%，电视综合人口覆盖率99.15%。市级广播发射台1座，电视发射台1座；县级广播发射台2座，电视发射台2座。全市有线电视光缆干线226公里，有线电视用户207787户。全年共放映农村电影6033场，城市广场、社区、学校公益放映电影462场。全市广播影视从业人员682人，全市广播影视经营创收5864万元。

一、宣传质量有新提高

1.主题宣传浓墨重彩、配合有力。全市广电系统紧紧围绕市委、市政府中心工作，牢牢把握正确舆论导向，着力提高舆论引导能力，先后推出了“回顾十一五，展望十二五”、“两会直通车”、“新春走基层”、“新年心愿”、“搞好百日整治，共建美好家园”、“开展社会治安综合治理，推动和谐平安新余建设”、“创新社会管理”和“喜迎党代会，发展谱新篇”、“新余人创业东莞”、“红色足迹”和“先锋颂”等近40个专题专栏，播出系列报道近20个，为全市科学发展、进位赶超、绿色崛起形成了舆论强势，营造了良好氛围。此外，市电台、市电视台还加大了对典型人物的宣传报道，其中市电台配合省台“红动中国心”、“善行天下”人物评选活动，积极做好了全市候选人的推介工作。

2.频率频道注重定位、注重实效。2011年是电台电视台实行新体制新机制运行的第一年，新体制新机制带来新气象。市电台新闻广播频率将原时长15分钟的《新余新闻》扩充到时长20分钟的《新广新闻》，实行板块式结构，内设《记者观察》、《新闻调查》、《新广时评》、《身边故事》、《百姓说新闻》等内容，涵盖了时政新闻、民生新闻、财经新闻、影视新闻等各类新闻及资讯，新设置的《与法同行》、《整点新闻》和《早安新闻》等多个类别的新闻类节目，为听众提供了及时、快捷的新闻资讯，受到听众好评；交通广播频率保留了原有品牌节目《交广前沿》、《味出新闻》，新开设了《喋喋二人秀》和《快乐三人行》两档娱乐文艺节目，增强了节目的互动效果；故事广播频率新开设了《对话900》和《900点歌台》两档直播节目，频率主打的《山西煤老板》、《重庆打黑》等反腐故事，广受听众喜爱。市电视台新闻综合频道以时政报道为主，突出主题报道，兼顾民生新闻，推出了新闻栏目《新余新闻》，时长由12分钟扩充到15分钟，增设了《新闻坐标》子栏目，下半年《新余新闻》又由时长15分钟扩容到20分钟，增加了民生新闻的份量，信息量更大，可看性更强；公共频道突出“以人为本，服务公众”的频道理念，全新推出了《公共视线》、《警方在线》、《公共观察》3个自办栏目；科教文化频道在对《科普大篷车》进行重新包装的同时，推出了《畅游天下》旅游栏目，受到广大观众好评。

3.节目栏目创新务实、贴近群众。市电台连续6年开办的《政风行风效能热线》节目，对群众咨询或反映问题的答复率达95%以上，帮助解决了不少群众关心关注的热点难点问题，取得了良好的社会效果。市电视台策划的4集系列报道《新余赶超发展》在《江西新闻联播》播出，其中两集在头条播出；推出的7集系列报道《科技创新“六个一”》在《江西新闻联播》播出，其中有3集在头条位置播出，节目播出后在全省引起较大反响。

4.文艺专题紧扣时代、丰富多彩。市电台先后与有关部门联合举办了“政风行风效能热线下基层”、“无烟中国，无烟城市”、新余市汽车文化节、第八届高考爱心车队、“走遍全国，爱我江西，亲近自然”自驾游、“‘平安新余，血浓于水’大型献血”等多项活动，听众参与积极、反响热烈。市电视台先后摄制了申报省级生态园林城市专题片《生态新余，园林城市》、全省造林绿化“一大四小”现场会汇报片、2011年市情片《江西·新余》、蒋国珍汇报片等专题汇报片15部；录制了新余市2011春晚、“七·一”歌咏大赛、如梦如歌演唱会、新余市城市形象大使电视大赛等实况40余场次，取得了较好的社会效果。

5.外宣上稿、作品创优取得佳绩。全市广播电视在省电台。电视台用稿1133条（其中头条54条），在中央人民广播电台、中央电视台用稿35条（其中《新闻和报纸摘要》10条，《新闻联播》6条），为宣传新余作出了贡献。节目生产取得佳绩。全市广播影视作品获省级以上奖31个（其中江西新闻奖5个，江西广播电视奖20个）。尤其值得一提的是，市局与有关部门联合创作的广播剧《老镜子》，在中国广播影视大奖广播电视节目奖评选中，荣获广播剧提名奖（等同于中国广播电视奖二等奖）。

二、事业建设有新成效

新广电中心建设工程已于7月28日破土动工，预计在2012年年底完成土建工程。采用光缆联网方式开通188个自然村的有线电视信号（其中分宜县局新开通38个自然村，改造19个自然村；渝水区局新开通131个自然村）；全年在农村放映公益电影6033场次，完成省目标率113%，超出全省平均完成率十个百分点，列全省第一。市、县区在全省首先开展了有线电视数字化整体转换工作，其中市主城区整体转换8.2万户，基本完成了整转任务。各广电媒体都更新改造了部分设备，其中市电台新购置的广播直播车投入使用；开通地面数字电视，进一步改进了覆盖效果。

三、拓展空间，激发活力，产业发展速度进一步加快

广告创收稳中有升，网络经济蓬勃发展，电影市场方兴未艾，相关产业风起云涌，初步形成了广告、收视费、电影票房三大创收来源，市直广电系统全年经营创收总量达3968万元，较上年增长15%。

四、管理职责落实到位，确保了广播影视安全播出

积极组织开展了境外卫星电视传播秩序专项整治，广播电视播出机构的全面自查和重点排查，城市影院自查和换证登记，以及监听监视评议工作，取得实效；切实加强设施设备的维护、保护和日常运行质量的监督管理，确保了广播影视安全播出；扎实开展了“发展提升年”以及新闻行业“杜绝虚假报道，增强社会责任，加强新闻职业道德建设”三项教育等活动，加强了广播影视队伍建设。

鹰潭市广播影视概况

2011年，鹰潭市有市级广播电台1座，八〇七实验台1座，电视台1座，电视发射台1座，广播电视报1家，市级广播节目2套，电视节目2套。县级有线广播电视台2座，有线电视节目2套；企业有线电视台3座，企业电视节目3套。

市级广播每天自制节目16小时18分钟；电视每天自制节目2小时08分钟，2套节目全年播出2128小时。全市人口综合覆盖率93.68%，电视人口综合覆盖率96.18%。全市有线广播电视传输网络干线1268.9公里，有线电视用户12685户。广播电视从业人员398人（含江西广电网络鹰潭分公司66人），其中市级273人，县级501人。

一、围绕大局，服务中心，广播电视宣传亮点频出

全市广播电视宣传工作紧紧围绕市委、市政府中心工作，先后推出了《“市外媒体聚焦鹰潭”系列报道》、《贯彻苏荣书记指示精神、推广余江超常发展经验》、《十一五重大项目巡礼》、《红色记忆》、《走基层》、《向胡生贵同志学习》、《聚焦小街小巷改造工作》等10多个新闻专栏，精心组织策划了一批有影响、有份量的系列报道和专题报道，为全市凝聚工作合力营造了良好氛围。

二、创新形式，切实加强广播电视行业管理

1.坚决查处了辖区内违规开展ITV电视业务行为，确保了全市数字电视平移工作顺利进行。

全省数字电视整体平移以来，电信部门在全市范围内违规开展ITV电视业务行为，严重干扰了数字电视整体平移工作。为进一步规范广播电视传输秩序，市局和市文化市场综合执法支队对此进行了立案调查，在全面掌握了电信部门开展ITV电视传输电视节目的套数、传输方式、宣传推广广告传单等证据后，向市电信部门发出了《关于责令停止开展ITV业务的函》（鹰文广新字〔2011〕78号）。电信部门及时向其下属单位下发关于停止开展ITV业务的文件，有效制止了辖区内违规ITV业务的发展势头。针对电信部门个别单位还在隐蔽性地发展用户这一现象，市文化综合执法支队及时向电信部门开出行政处罚通知书。

2.开展了集中整治违规截留和传输使用有线电视信号并私设“小前端”行动。2011年下半年，随着鹰潭市有线电视数字化整体转换工作的全面铺开，部分宾馆为了隐瞒有线电视终端数量，私自设立“小前端”对数字电视信号进行非法截传，严重干扰和破坏了广播电视传输秩序。市局立即责成市文化综合稽查大队对上述行为进行集中整治和查处，先后取缔了辖区内华侨饭店等10多家宾馆的“小前端”，清理被隐瞒电视终端1285个，有效规范了广播电视行业秩序。

3.不断创新广播电视广告管理方式。5月份，市局召开了全市市、县广播电视台负责人和广告营运人员座谈会，并邀请市效能办、工商、卫生、药监等部门负责同志莅会指导。会上，全市广播电视播出单位讨论并签署了

《广播电视广告播放自律公约》，要求全市各广播电视各播出单位自觉遵守总局、省局广告播出有关规定，对广告播出进行自查自纠。同时，在全市范围内开展了广播电视违法违规广告集中整治活动，对群众举报的违规广告播放情况，及时核实处理，得到了省、市效能办的充分肯定。

4.进一步强化广播电视安全播出管理。一年来，市局始终把广播电视安全播出工作放在突出位置，切实抓紧抓好，组织开展了全市广播电视安全知识答卷活动，进一步提高安全播出知识水平。在全省安全播出知识竞赛中，有一人获得个人二等奖。全年进行了多次全市安全播出检查，督促市广播电视有关播出单位和县（市）广播电视部门做好广播电视安全播出工作，实现了辖区内安全播出无责任事故。

三、狠抓落实，全市广播影视公共服务水平不断提高

1.广播电视村村通工作成效明显。强化对全市“村村通”工程建设进度的督促检查，积极向市财政争取村村通经费，并及时下拨到位，全面完成了省局下达的 124 个广播电视村村通建设任务。与此同时，全年共对 520 个自然村实施了有线电视村村通建设。其中，余江县创新“村村通”建设管理体制，通过招商引资，引进浙江企业惠民公司，投资 5000 多万元，对余江县农村实施有线电视“村村通”网络建设实现了村村通跨越式发展，全年对 336 个自然村实施了村村通有线电视建设，免初装费，全县共发展农村有线电视用户 3.5 万户，入户达 80%以上。

2.扎实推进全市有线电视数字化整体平移工作。年初召开了全市有线电视整体平移动员大会，以市政府文件转发了《鹰潭市有线电视整体平移工作实施方案》，同时科学规划，周密部署，加强协调，顺利完成了鹰潭市区有线电视整体平移任务。

3.认真做好电影放映管理工作。对鹰潭市电影放映单位进行了检查，对放映许可证进行了年审。督促县（市）电影放映单位实施好送电影下乡工作，全面完成了全年 5599 场次送电影下乡任务。

四、改革创新，全市广播影视产业快速发展

市局和南昌三鼎文化传播有限公司联合摄制了江西省首部反映畲族文化的电影《大天地》。该片紧扣时代脉搏，以当代新农村建设为背景，反映了新农村一代新人热爱家乡、创造美好生活的精神风貌。与此同时，争取到国内知名导演于立清在鹰潭市成立了“龙虎山水影视制作传播有限公司”，并在鹰潭龙虎山拍摄了电视连续剧《锁侠》。

赣州市广播影视概况

2011 年，赣州市有市级广播电台 1 座，电视台 1 座；中波广播发射台 4 座，电视、调频发射台 1 座，县级广播电视台 18 座，电视调频转播台 18 座，1 千瓦以上广播电视转播台 6 座，中波、调频、电视发射机 76 部，总功率 197.85 千瓦，分别转播中央、省、市广播电视节目，全年市级广播电视播出时数146256小时。全年自办广播节目22套（其中市级广播节目4套），市级广播节目播出时数20440小时，其中自制节目9307.5小时；自办电视节目22套（其中市级电视节目4套），市级电视节目播出时数31575小时，其中自制节目1825小时。广播综合覆盖率达98.5%；电视综合覆盖率达99.4%。全市广播电视传输网络长1万多公里，283个乡镇和2456个行政村通了有线广播电视，分别占全市乡镇数和行政村数100%和70.98%，2011年底赣州市有线电视数字化整体转换完成，节目信号质量明显提高、画面更清晰，有线电视用户达71.7万户，广播电视人口综合覆盖率均超过95%。初步构建起了广播与电视并重、有线与无线并举、数字与模拟共存、卫星接收与地面网络同步等广播电视发展的新格局。2011年组织下乡放映电影54258场次，观众达298万人次。2011年全市广播电视经营创收5923万元。

一、新闻宣传再创佳绩

新闻宣传引导有力。一是积极开展坚持加快发展、推动转型发展的主题新闻报道。二是深入开展了建党90周年、苏维埃成立80周年主题宣传报道。三是认真开展了重大主题宣传报道，特别是在市县乡换届选举工作、“三送”、治脏治乱治堵、治庸治懒治散活动的过程中，充分发挥媒体的舆论引导监督作用。四是着力加强重大典型宣传。对平民英雄张学森、胡智龙舍身救人等重大典型事迹进行大力宣传，取得了很好的效果。

宣传模式不断创新。赣州人民广播电台创新管理机制，整合全台新闻资源，建立新闻资源共享平台，实现新闻资源利用的最大化，2011年《赣州新闻联播》播发消息、特写、评论等稿件7500余篇，《今日关注》播发新闻专题150余期，电话连线新闻1700多条，大大增强了广播新闻的感染力和可听性。赣州电视台进行全面改版，强化新闻宣传和策划，把重要时政栏目《赣南新闻联播》正式更名为《赣州新闻联播》，时长也由过去的15分钟延长至18分钟；增设以舆论监督为主的专题类栏目《今日聚焦》和晚间新闻栏目《今日新闻》。还开设了首档服务于残疾人观众的手语新闻节目《一周新闻日历》，推出大型“旅游+文化”杂志类节目《赣州天下游》和大型文化风情栏目《章江贡水》。

外宣工作有新突破。2011年赣州电视台上中央电视台稿件92条，其中《新闻联播》25条，上省台稿件570条，其中《江西新闻联播》520条；赣州人民广播电台在中央人民广播电台《新闻和报纸摘要》、《全国新闻联播》等节目中播出稿件58条，其中《报摘》完成21条；在江西人民广播电台《全省新闻联播》节目中用稿975条，其中头条类新闻86条，列全省设区市用稿量第1名。

二、品牌创新取得新成效

2011年，赣州人民广播电台按听众需求进行节目创新和优化设置，推进品牌建设，如每天1档的《阳光热线》、《乡村纵横》、《畅行中国，文明交通大家谈》、《文明交通在行动》等节目，开设自办栏目27个，每天自办节目播出超过1530分钟，全天播音76小时，使广播节目让人民群众想听、爱听，取得了较好的社会效益和经济效益，节目创优取得历史新突破，在全省广播优秀节目评选，获得3个一等奖、5个二等奖、4个三等奖，成为获奖数量最多、奖次最高的设区市电台。

2011年赣州电视台坚持走频道专业化道路，各个频道已形成不同的定位，特色鲜明。新闻综合频道坚持时政报道和新闻宣传，提供大量公共服务；经济民生频道以经济生活类宣传报道为主，依托车展、年度经济人物评选、唱红歌活动平台，提供房产、车市、财经、民生等方面信息及娱乐互动；科教农业频道则坚持为“三农”服务，说农民话，报农民事，演农民戏，唱农民歌，深受农民欢迎；中心城区频道实行制播分离，大力办好综艺类栏目，全年开设自办栏目14个，每天自办电视节目超过299分钟，全天播出超过70小时。2011年分别举办了“未来新主播”主持人大赛、“唱红赣州”红歌赛、“赣州经济生活大调查”、“五一”“十一”大型车展、“2011赣州年度经济人物评选”活动、首届“红孩子”少儿艺术节、幸福放歌乡村红歌赛、2011第五届中国橙乡·魅力天使电视大赛、2011年春节联欢晚会等大型活动。分别获全国二等奖1件、省级一等奖3件、二等奖8件、三等奖10件。赣南广播电视报在全国和省级广电报优稿评选中，获一等奖2个，二等奖3个。

三、事业建设再上新台阶

1.2010年11月国家广电总局在兴国、龙南、瑞金、宁都、石城、会昌、安远、定南、全南、崇义等10个县市进行地面数字电视规划布点建设，2011年5月通过验收，赣州市10个县（市）地面数字电视（高清）全面开通，广大观众可通过无线数字机顶盒或电视一体机即可收看高清数字电视，使赣州市在全国率先建成县级地面数字电视覆盖网，标志着赣州市各县市级发射台提前5年进入了“模数同播”时代。

2.赣州电视台投资2000万元建成800㎡演播厅，在2011年1月正式投入使用，该演播厅功能齐全、技术一流，具有先进的灯光、音响、LED显示屏等设备和可伸缩座椅及可拼接舞台，可以进行各类访谈节目、各类综艺节目和市委市政府大型活动的直播录播；演播厅内配有专业的影视舞台灯光、电脑灯，可满足各种类型活动和演出的灯光效果，还配有广播级现场拾音系统和专业的现场立体扩声系统，50㎡ P7.62 LED大屏幕，70㎡ P20LED彩幕，还配备了多种舞台特技效果设备。同时筹集了280多万元，添置了5台高标清兼容摄像机、16台小型摄像机 、一套美国占美12M摄像摇臂、一套MONARCH Virtuoso 300虚拟演播室系统、3套光端机、11个摄像脚架、3支演播室专用广播级播音麦、12支采访话筒、60个演播室LED灯和30多台工作电脑。投资30万元对网站进行了升级改造。顺利完成了市第四次党代会、市“两会”、中央电视台“心连心”艺术团慰问演出等13场直播，确保了元旦、春节、“五一”、“十一”、建党90周年、市第三届运动会等重要保障期的安全播出。

3.赣州人民广播电台破解发展难题，筹措资金140多万元，完成本台音频工作站系统的更新改造。争取政府资金188万元，购入奔驰广播直播车，该车功能齐全、设备先进、操作灵活，具备了现场录制、移动直播、转播、现场扩声、应急救援等功能，2011年利用该广播直播车进行了15场现场直播，取得了较好的效果。

4.为配合国家地面数字电视覆盖网项目工程建设，国家广电总局无线广播电视数字化项目60米圆钢铁塔在江西省707电视台顺利建成，通过国家广电总局验收，44CH国标高清数字电视在江西省707电视台（赣州峰山）开通。

5.认真贯彻落实《广播电视安全播出管理规定》（62号令），结合广电科技发展和安全防范重点，加强安全播出管理，开拓创新，着力构建安全播出保障体系，全面地完成了全年的安全播出工作任务，实现了无政治事故、无责任事故、无技术事故、无设备事故的安全播出目标，全市的广播、电视人口综合覆盖率分别达到了98.5%和99.4%，市本级广播电视节目覆盖率为70%。

四、产业经营取得新成果

2011年赣州市18个县（市、区）广播电视经营创收达到1754万元；赣州电视台实现收入3366.68万元，同比增长11.8%；赣州人民广播电台主业广告和活动创收突破520万，增长20%；赣南广播电视报发行量4.6万份，各项经营创收283万元。

宜春市广播影视概况

2011年，宜春市有设区市广播电台1座，电视台1座，中短波转播发射台1座，电视转播台1座，电视微波中继站1个，市级广播电视报社1家，宜春传媒网1家。全市有县级广播电视台9座，县级广播节目9套，县级电视节目10套（其中袁州区的电视节目由宜春电视台第三套节目代为播出）。设区市广播全年制作节目2737小时，设区市电视全年制作节目1204小时。县级广播全年制作节目3094小时，县级电视全年制作节目3761小时。全年设区市广播播出6387小时30分，全年设区市电视播出11245小时35分。县级广播全年播出19946小时35分，县级电视全年播出43958小时20分。全市广播人口综合覆盖率为98.03%，电视人口综合覆盖率为98.05%。全市有线广播电视传播干线网总长为11241.95千米，其中设区市市级干线网总长为804.68千米。县级及县级以下干线网总长10437.27千米。全市2011年有线广播电视用户达61.16万户，广播电视电影从业人员1042人，其中市级345人，县级697人。2011年，全市广播电视行政事业单位总收入5875.14万元，全市广播影视企业单位总收入1019.67万元，其中市本级广播电视电影企业总收入为42.21万元，县级广播电影电视企业单位总收入977.46万元。

一、广播电视宣传精彩纷呈

1.“三会”报道圆满成功。做好2011年年初“两会”和9月份市第三次党代会和人大、政协换届报道，全市广播电视台高度重视、精心安排、上下配合，开辟专题专栏，报道内容全面准确、及时生动，充分发挥广播电视特点和优势，做到了创新突破，亮点频现。

2.建党90周年报道浓墨重彩。宜春市广播电视台在《宜春新闻》节目中开辟《崛起之路》特别报道，连续播出专题片20多期，得到各级领导和广大群众广泛好评，取得了良好的社会反响。同时，各电视台集中安排播放了一批歌颂党的电影和电视剧。

3.抗旱抗洪报道反应迅速。5至6月，宜春市遭遇春旱，广播电视台及时安排记者深入基层，高密度、全方位进行采访，报道了各地抗旱救灾的感人局面。6月6日开始，宜春市各地旱涝急转。宜春的记者深入一线，报道受灾情况，反映抗灾成效，很多消息及时在中央台和省台播出。

4.全国模特电视大赛和竹文化节报道出新出彩。6月1日至7月4日，第十一届CCTV全国模特电视大赛总决赛在宜春举行。宜春市广播电视台提前做好计划，制定科学翔实的报道方案，共播出大赛新闻105条。10月中旬，第六届中国竹文化节在宜春举行，市广播电视台在《宜春新闻》中开辟《竹文化节专题报道》栏目，制作播出专题片7部，全面深入报道了活动盛况。同时及时上送外宣稿件，在中央电视台用稿1条，在江西电视台用稿6条。

5.主题宣传声势浩大。从10月份开始，宜春市在市、县、乡三级领导班子和直属机关中组织开展以“十要十戒”为主题的思想作风教育活动，深入开展了“三同四民”活动。全市广电媒体迅速反应，开辟了《落实“十要十戒”，建设幸福宜春》《扎实开展“三同四民”活动》等专栏，广大新闻记者结合“走基层、转作风、改文风”活动，采写了大量鲜活稿件，每天都推出系列报道，形成了强大宣传声势。

6.民生新闻反响良好。2011年以来，各地广播电视台都特别注重加大民生新闻报道力度，更加注意倾听群众心声，反映社情民意。市广播电视台加大《民生直通车》“民生热线”版块的分量，及时反映市民生活中遇到的热点、难事，对一些播出过的热线新闻进行追踪报道，有效提升了栏目在群众中的地位，产生了良好社会反响，通过栏目帮助群众解决问题30多个，有效发挥了为政府分忧为市民解难的作用。

在搞好内宣的同时，宜春市广播电视外宣上稿取得了一定的成绩，2011年在中央电视台上稿74条，其中《新闻联播》6条，《焦点访谈》正面报道3条。在中央人民广播电台上稿23条，其中《新闻和报纸摘要》7条，《全国新闻联播》2条。在江西电视台上稿581条，其中《江西新闻联播》5496条，头条45条，位列各设区市台第4名。在江西人民广播电台上稿849条，其中市台用稿408条，头条17条。

7.节目评优在全省获奖创历史新高。在江西广播电视奖评奖中，宜春市共有35件作品获奖，其中一等奖4件，二等奖11件，获奖数量和质量均创历史最好成绩。值得一提的是，获得一等奖的作品既有广播节目《高墙里的妈妈》，也有电视节目《“喊话”交警李自成》，还有报刊作品《英雄翁婿大爱无疆》和《董卿：魅力主持魅力宜春》，这在宜春市是从来没有过的。宜春广播电视报2011年送评的10件作品全都获奖，其中一等奖2件，二等奖5件。

二、广电民生工程扎实推进

1.继续推进广播“村村响”工程。8月底，宜丰县完成全县16个乡镇203个行政村广播安装工作，成为全市继铜鼓之后第二个全面完成“村村响”任务的县；丰城市在已完成广播安装任务的乡镇都建立了乡镇广播站，成立了采编播队伍，建立了一套行之有效的“建、管、用”长效机制；靖安县局全面完成剩下的27个村的广播“村村响”任务。2011年，全市完成666个村广播“村村响”工程，占市政府下达任务的103%。

2.做好20户以下已通电自然村“村村通”工程的实施准备。

宜春市局为此进行了调查摸底工作，按照省局分配的指标，按时按量完成了任务。

3.精心组织农村数字电影放映工程。全市共完成农村电影放映34553场，占全年放映任务的107.4%，超额完成全年放映任务。

4.启动数字影院建设改造工程。2011年，宜春市各地加大了数字影院建设改造步伐，高安、樟树、上高都建起了数字影院，宜春中心城区两家数字影院在加紧建设。

5.“时尚879”音乐广播开播。6月6日，宜春市广播电视台第二套广播节目“时尚879”音乐广播正式开播。该套节目使用调频87.9兆赫，发射功率500瓦，立体声覆盖宜春中心城区及周边县市，全天播音17小时。

三、广电行业管理有条不紊

1.严格宣传管理，抵制低俗之风。宜春市局成立了领导小组，下发了文件，深入开展了抵制低俗之风专项行动。

2.加强播出机构管理。2011 年是使用新换发的广播电视播出机构许可证和频道许可证的头一年，宜春采取下到各县市明察暗访的形式，收听收看各播出机构的节目，对照两证的内容逐一审查，发现有违规、表里不一的播出情况，立即责令其进行整改。

3.规范广告播放管理。按照新的《广播电视广告播出管理办法》，宜春市局要求各播出机构及时调整修改广告播放内容，制定相应的管理措施，做好自查整改工作，确保广告播放健康有序。以角标广告形式出现的联系电话和联系地址、剧中乱插播广告现象、黄金时段广告超时超量播放现象基本得到遏制，尤其是对卫生部门未批准的医疗药品广告、低俗媚俗广告、具有欺骗性质的虚假广告全部杜绝，形成露头就打的高压态势。

4.加强安全播出管理。深入贯彻落实《广播电视安全播出规定》和实施细则，完善预警、应急处置机制和制度建设，不断强化责任意识。坚持安全播出例会制度，重大播出期领导带班和多人值班，确保了元旦、春节、全国“两会”、“七一”、国庆节以及其它重要播出期间，全市广播电视安全播出不出问题。

上饶市广播影视概况

一、坚持服务党政中心，宣传水平大幅提升

上饶电视台在省卫视用稿总量 633 条，其中在卫视联播用稿 549，头条 59 条，均位居全省前列。在中央台用稿 72 条，其中《新闻联播》12 条。此外，新闻评论类栏目《天天看点》在省卫视《社会传真》栏目用稿 32 期，也位居全省设区市台前列。上饶人民广播电台上省台 416 条，头条 11 条，上中央台稿件 55 条，同比都有增长。

全市广播电视媒体紧紧围绕各级党委、政府的中心工作积极开展宣传。一是大力开展了“十二五”规划的宣传。上饶电视台开辟了《辉煌十一五》、《我这五年》、《解读十二五规划》等栏目，积极报道该市“十一五”期间各条战线取得的突出成绩和巨大变化，积极解读市十二五规划。二是及时做好了抗洪抢险宣传。6 月中旬，广电媒体全面深入地报道各地、各部门抗洪救灾的动人场面。上饶电视台在省卫视联播播出新闻 25 条（其中综合 3 条、单条 5 条），并在中央台滚动新闻中播出 11 条。三是着力做好经济工作宣传。先后开辟了《加快融入鄱阳湖生态经济区建设》、《推进重点项目》等专栏达 31 个之多。四是围绕加强党的建设和廉政建设开设了《创先争优》和《查不足、找问题、解矛盾、保稳定》等栏目。五是配合市委、市政府做好了市情片《上饶十年》的拍摄制片工作。

2011 年喜逢中国共产党成立 90 周年，上饶电视台《时政要闻》栏目先后开辟《红色记忆》、《永远的党旗》、《庆祝中国共产党成立 90 周年》等专栏，保持了每天 2–3 条的宣传量，起到了良好的效果。上饶电台举办了“庆祝中国共产党成立 90 周年——上饶市首届十佳红歌手大奖赛”，吸引了全市数千名选手参赛，并举办了盛大的颁奖典礼。上饶广电报推出《红色记忆》栏目，采访老同志、老战士，倾听他们的红色故事，以他们个人的经历，见证我党数十年的风雨历程和辉煌成就。6 月 26 日，上饶电视台与省电视台联机直播全市万人“深情颂党恩，永远跟党走”大合唱，在全省、全市形成了良好的氛围和影响。

二、坚持推进重大工程，事业建设快速发展

总投资约 1.8 亿元的上饶广电中心项目荣获江西省十佳优秀建筑奖，成为上饶的地标建筑。投资 1200 万元新建的上饶 821 台，机房播出设备全部采用全固态发射机，中波发射天线是全省第一家使用双锥中小型发射天线，其设施设备在全省均属一流。

该市共扫除 20 户以上广播电视盲村 838 个。2011 年 2 月份，省局检查组对上饶县、玉山县、广丰县、鄱阳县和婺源县广播电视“村村通”工程进行验收，全部认定为优质工程。至此，上饶市已全面完成 20 户以上村村通建设任务。

上饶市局强化对各县（市、区）农村电影放映工作的管理，全市共完成农村电影放映任务 41119 场，占全年总任务 37937 的 108.7%。

市、县两级广电网络公司完成 23.6 万用户的数字化整体转换。信州区、上饶县、德兴市、广丰县、铅山县、万年县等 6 个县（市、区）完成了城区的整转工作。

2011 年“元旦”、“春节”、全国“两会”等重要保障期的均实现了广播电视安全播出，未发生任何安全播出责任事故，确保了全年的广播电视安全播出。

三、坚持依法行政，行业管理规范有序

在由上饶市委宣传部、市综治办等 10 部门组成的打击非法“网络共享”网站及设备产品专项治理行动中，把非法设置卫星电视接收设施作为治理的重点，联合公安、国家安全等部门多次开展联合行动，全市共出动人员 160 余人次，检查相关单位 50 余个，收缴卫星电视接收设施 260 余套（件）、查处一起擅自接收境外卫星电视案，并取缔其播出前端。

上饶市局组织从事行业管理和（稽查）工作的人员参加市法制办举办的执法培训班，经考核全部申领了《江西省行政执法证》。2011 年的行政执法活动主要有：一是对电信部门违规开展的 IP 电视业务进行检查处理。市稽查队在收集资料，摸清情况的基础上数次到市电信部门宣传政策，责令整改。弋阳、余干等局也对当地电信部门的违规行为进行了查处。二是与局电影科一起对电影放映市场进行了多次检查，规范了全市的电影放映秩序。

对县级台统一供片，可以有效地防范“宣传”事故的发生，为此，市局要求局供片站在尽可能组织好优质片源的同时，也要为各县（市）台提供优质服务，做到片优价廉。统一供片工作多年受到省局的肯定和表扬。

四、坚持事业产业并举，经营创收迅猛增长

全年广电系统共实现创收 16055.69 万元（不含电影放映收入），比 2010 年增长了 17.18 %。其中市本级实现创收 5251.09 万元，较 2010 年增长 27.31%。全市新增影院 7 个，银幕 32 块，票房收入达 1160 万，增长 414.3%。为策应上饶市委提出的把上饶建设成为宜居宜业宜游的现代化区域中心城市的战略，市局编创了一台文化旅游大戏《印象上饶》。

吉安市广播影视概况

2011年，吉安市共有市级广播电台、电视台各1座，县级广播电视台11座，中短波转播发射台2座，调频转播发射台87座，电视转播发射台91座。广播电视农村直播卫星用户数9130户。全年开办市级广播、电视节目各2套，县级广播、电视节目各11套。市、县两级共播出广播节目31516小时45分钟，其中自制节目12496小时30分钟；电视节目74358小时，其中自制节目4615小时59分钟。全市广播人口综合覆盖率 94.7%，电视人口综合覆盖率 96.7%。全市广播电视从业人员1458人，其中市级353人，县级1105人。

一、宣传活动迈上新台阶

1.主题宣传有声有色。圆满完成学习贯彻胡总书记“七一”讲话精神、建党90周年、市第三次党代会、市“两会”、吉安加快发展系列报道、十二五规划解读等重大宣传任务，开展“百名记者下基层”“感动吉安”“红色耀中国”等大型采访活动，电视新闻在央视联播发稿21条；在江西卫视上稿451条，头条26条。广播新闻在央广《新闻和报纸摘要》发稿45条，《红色文化引领井冈老区经济大发展》单发头条；在省电台发稿749条，头条29条。组织播音员主持人朗诵大赛和短新闻竞赛，开展优秀广播影视剧展播展映活动，中视影视、长城影视、浙江影视等公司向吉安市捐赠红色革命题材电视剧 22部640多集。

2.重大活动异彩纷呈。举办“颂歌献给党，爱我新吉安”大型歌舞直播晚会，邀请《中国红歌会》《星光大道》冠军精英以及央视综艺频道舞蹈团队演出。历时半年的第二届“红色经典诵读”电视大奖赛和广告达人喜乐汇、“艺举成名”电视情歌大赛，吸引上万群众参与。

3.节目创优硕果累累。电视专题《我的奶奶叫曾志》荣获全国首届历史题材广电节目评析暨创新论坛一等奖，电视评论《花钱美化池塘，小心清水变臭水》获2009—2011年度中国广播影视大奖提名奖，电视形象片《印象吉安》成为吉安市第三次党代会干部群众聚神提气的视听盛宴。64件作品获得江西新闻奖、江西广播电视奖等省级以上奖项，其中一等奖5件，播音主持、电视朗诵、广播评论均为首次全省夺冠。

二、事业发展迈上新台阶

1.市委市政府对文广建设重视程度前所未有。吉安市第三次党代会首次把文化兴市上升到战略高度，去年底吉安市召开推进现代服务业暨文化产业发展大会，出台《关于加强文化事业建设和加快文化产业发展的意见》，制定一系列优惠扶持政策。从今年开始，市财政每年安排 100万元，设立市文化产业发展专项资金，支持文广企业发展；市财政对本级文广事业单位从事文广经营的收益（如广告收入）调控部分，专项用于本单位的产业发展；市财政每年安排60万元宣传文艺专项资金，用于扶持全市重大宣传文化活动；市财政每年安排40万元专项资金，对新闻等作出突出贡献的人给予奖励。

2.重大项目稳步推进。吉安文化艺术中心荣获“第一届江西十佳建筑”。投资 1.2

亿元的市文广传媒中心项目去年底开工，目前正在开挖地下层。

3.民生工程实施有力。开展“三民活动新春行—电影进农家”活动，农村数字电影放映完成 40226 场，占任务 102%。遂川县 1337 个 20 户以下已通电自然村广播电视“村村通”工程前期工作已完成。

4.产业发展势头良好。“广东大地数字影院”落户吉州区，成为吉安中心城区第一家数字连锁院线电影公司；北京九洲院线在永新县开业。今年 2 月，吉安市被中宣部、文化部、国家广电总局、新闻出版总署联合表彰为“全国文化体制改革先进地区”。

三、社会管理迈上新台阶

1.整治规范广电市场。开展抵制低俗之风专项行动，市两台医疗药品广告大幅减少，地产、汽车、饮食、通讯、保险、旅游、副食品等品牌广告增长较快，公益广告播出量加大。开展非法经营卫星地面接收设施的专项整治行动。全市取缔非法销售点 26 个，收缴拆除卫星地面接收设施 600 多套。开展打击非法“网络共享”网站及社会产品专项治理行动。

2.安全播出工作走向常态化。建设集监控、报警、处置“三位一体”的城区安全播出防范体系，开展技术大比武活动，荣获全省技术维护先进集体，一名同志荣获全国技术维护先进个人。

抚州市广播影视概况

抚州市共有市级电视台 1 座，市级广播电台 1 座，县（区）广播电视台 10 座；调频转播发射台 148 座（其中：市 2 座、县区 146 座），总发射功率 37.8KW；电视转播发射台 12 座（其中：市 2 座，县区 10 座），总发射功率 44.6KW。抚州电视台有一套和二套两套节目，每天播出总量为 34 小时，自制有《抚州新闻联播》、《今日现场》、《今日关注》等节目。抚州人民广播电台有新闻综合频率和交通音乐频率两套节目，每天播出总量为 36 小时，自制有《抚州新闻》、《政风行风热线》、《倾情夜话》、《955 交通在线》等节目。全市全年放映城市和农村电影共 29742 场。广播综合覆盖率 97.5%,电视综合覆盖率 99%,全市有线广播电视传输干线网络总长 5194.25 公里,有线电视总用户数 30.6 万户。全市共有广播电视从业人员 1190 人，其中专业技术人员 261 人。

一、紧紧围绕市委、市政府中心工作，坚持正确导向，广播影视宣传有声势

一是弘扬主旋律，唱响正气歌。在《抚州新闻联播》节目中，开辟了《喜迎市第三次党代会》、《贯彻落实市第三次党代会精神》、《打好三大战役 建设幸福抚州》等专栏，为建设殷实、文明、和谐的幸福抚州擂鼓助威，当好喉舌，营造氛围。二是对外宣传有新的起色。电视上《江西新闻联播》427 条，其中头条 33 条，上中央电视台《新闻联播》9 条。广播上省台《全省新闻联播》栏目稿件 372 条，其中头条 14 条。积极争取省电视台和省广播电台的支持，组织实施了“再看抚州”的系列报道，围绕抚州发展的特色和亮点，在江西卫视《江西新闻联播》播发了3期系列报道，其中，有两条作为头条播出。三是服务大局有作为。策划摄制了《建廉勤抚州 促赶超发展》等20多部专题汇报片，得到了市领导和相关部门的肯定与好评。在完成各类资料片摄制的同时，还制作了10多部电视LED，在各类晚会作为舞台背景，为晚会增色不少。四是有一批影视作品获得各方面的好评。电影《牛敞亮还乡》和《我们村的女当家》参加了第二十届中国电影金鸡奖的新片推介展映，江西省首部微静电影《依依》反响热烈。有两件作品获第八届中国电视戏曲“兰花奖”二等奖，采茶戏《牡丹亭》由中央电视台戏曲频道录制和播出。

二、有线电视数字化整体转换工程有序推进

市广电网络分公司组织员工，深入市城区的各个小区集中现场演示，免费上门调试，加快推进了有线电视数字化整体转换工作，全市发展数字电视用户8.32万户，其中市本级发展数字电视用户1.6万多户。

三、新一轮20户以下的广播电视村村通工程建设顺利启动

2011年有任务的县区提前开展了人员培训等前期准备工作，265个村点的建设任务在省里配发的设备到位后完成。在2011年2月14日至15日，全省“十一五”广播电视村村通工程验收现场会在金溪县召开，对全市“十一五”期间的村村通工作特别是直播卫星接收设备安装给予了充分肯定。

四、农村电影放映工程进展顺利，民生工程的规范化管理得到加强

全年农村电影放映28341场次，占年任务数的109.6%。积极争取上级支持，各县区均统一配备了农村电影放映车，全市普及了数字电影放映机，启用了中国电影统计网络平台。市电影公司筹资近40万元完成了市影都电影院的升级改造，目前该电影院所有硬件均上了一个新台阶。

五、加强事业建设，夯实了事业发展的基础

抚州八三一台搬迁重建项目取得新的进展，完成了新机房的地基浇筑和发射铁塔的设计招投标，职工值班用房的装修改造全面启动，已支付工程建设和土地购置款1600万元。投入资金近110万元，完成了市电视台硬盘播出机房和播控系统的升级改造。

六、《抚州广播电视周报》开拓进取，在克服困难中取得了新的成效

该报从原来的20个版面扩展到24个版面，通过设立“市民热线”栏目，及时为广大读者解疑释惑，成为广电报的又一亮点。2011年该报实现创收130万元，发行量超过3万份。

七、行业依法管理继续得到加强

全年共开展卫星电视地面接收设施集中整治活动4次，查获非法销售点4个，共清理拆除非法安装使用地面接收设施403套，制定了《抚州市非法卫星电视接收设施整治工作考评方案》，推进了整治工作的经常化、规范化建设。

八、全市广播影视产业逐步做大，经济实力不断增强

全市广播电视广告业务实现收入1358.7万元，较上年同期增长15.8%。市县区广电网络分公司通过巩固和提升主业，积极开发增值业务，全面实现了增收目标，其中市网络分公司实现经营收入1194万元，较上年同期增长98万元。特别是南丰县网络分公司在上年经营收入突破1000万元，获全省县级分公司目标考评一等奖的基础上，2011年该分公司实现经营收入1020万元，再创历史新高。

九、创先争优活动内容丰富，形式多样，效果显著

按照市委的统一部署，在全系统广泛开展了“鼓士气，顺民心，树新风”主题教育活动，举办了“建设幸福抚州从我做起”演讲活动，邀请市委党校教授举办“增强自身修养，提高思想境界—为建设幸福抚州尽职尽责”专题讲座。结合单位实际，评选表彰了第三届全市广电“十佳工作者”。2011 年抚州选送的广播影视作品获得第十八届江西新闻奖一等奖 2 件，三等奖 7 件，同时还有 6 件作品获江西广播电视奖一等奖，获奖数量之多、等次之高是多年少有的。抚州广播电台胥明俊在全省广播电视技术能手竞赛活动中获一等奖，并在全国广播电视技术能手竞赛中获得三等奖，被授予全国广电系统技术能手称号。

大事记

2011 年江西省广播影视大事记

综合记事

1 月

6 日

△省广电局召开 2010 年度“宣传工作创新奖”评审会，评选出省广电局宣传工作创新奖。省广电局确定省电台综合新闻频率的系列直播活动《科学发展，绿色崛起》、省电台文艺音乐频率的节目《爱现场》、省电台农村频率的节目《惠农直播室》、省电视台的活动《中国山水情歌会》、省电视台都市频道的《都市星主播》新闻评论主播抢位赛等 5 个项目获“省广电局宣传工作创新奖”，另有 5 个项目获“省广电局宣传工作创新鼓励奖”。

△赣州电视台新建成的 800 ㎡演播大厅正式投入使用。

11 日

△吉安市吉州区委书记李建国到区广电局调研。

11～13 日

△省广电局在抚州市召开 2010 年度全省广播电影电视年鉴工作会。省广电局副局长梁勇出席会议并讲话。

14 日

△省广播电视网络传输有限公司樟树分公司正式挂牌成立。省广电局纪委书记刘玉东出席揭牌仪式。

21 日

△省广电局召开收听收看工作会议，总结 2010 年的收听收看工作情况，对 2011 年的收听收看工作进行了部署。

25 日

△婺源县县长贺瑞虎到县广电局看望工作在一线的工作人员。

27 日

△全省广播影视工作会议在南昌召开。会议传达贯彻全省宣传部长会议和全国广播影视工作会议精神，总结 2010 年和“十一五”广播影视工作，谋划“十二五”、部署 2011 年工作任务。会议还表彰了广播影视工作先进单位。

△全省农村电影放映车赠车暨“十二五”农村电影放映工程启动仪式在南昌举行。省委常委、省委宣传部部长刘上洋为获赠流动电影放映车的代表颁发车钥匙、授旗。副省长孙刚出席仪式。作为全省强力推进的重点民生工程，“十一五”期间，全省农村公益电影放映达到了 120 多万场，观众超过 2.67 亿

人次，超额完成国家和省委省政府下达的公益放映任务。

△萍乡市副市长崔传鹏到长丰发射台看望慰问坚守工作岗位的广播电视工作者。

28日

△省广电局召开全局创业服务年活动总结暨发展提升年活动动员会议，总结2010年创业服务年活动，部署今年开展发展提升年活动的工作。

30日

△省广电局召开2010年度全局处级领导干部述职述廉大会。会上，局机关各处室、局属各单位主要负责人就本人2010年度履行职责、贯彻落实省广电局2010年党风廉政建设责任状等情况作了述职述廉报告。

△鹰潭市有线电视数字化整体转换动员大会召开。会议要求，2012年全市县级以上城市全面实现有线电视数字化整体转换，2015年全市农村全部实现有线电视数字化，停止播出模拟信号电视节目。市政府副市长史可出席会议并讲话。

△大余县委书记李伟平一行到县广电新闻中心考察，慰问一线新闻工作者。

31日

△会昌县委书记廖成铭到县文广局考察，看望慰问广电干部职工。

△宜春市袁州区区长金三元深入区广播电视站走访慰问。

本月中旬

△吉安文化艺术中心正式投入使用。

本月

△省广电局召开“杜绝虚假新闻，增强社会责任，加强新闻职业道德建设”专项教育活动自查自纠座谈会，深入分析虚假新闻存在的风险点，重点研讨防控虚假新闻的举措。

△由江西人民广播电台主办、江西人民广播电台信息交通频率承办的“文明出行”大型公益系列活动正式推出。

△宜春市首届广播电视栏目创新奖和第三届农民自制电视节目评奖揭晓。

△国家广电总局副局长张丕民到分宜县参加庆祝建党90周年献礼故事片《吴运铎》开拍仪式，并到拍摄现场看望演职人员。

2月

14～16日

△全省“十一五”广播电视村村通工程验收现场会在金溪县召开。

18日

△省电台信息交通频率与省交通厅应急指挥中心举行合作签约仪式，双方将建立覆盖全省及周边省份的交通运输信息传播服务网络，进一步提升江西省道路交通信息服务水平，提高交通运输行业安全保障和突发公共事件处置能力。

24日

△省广电局在南昌召开全省广播影视党风廉政建设工作会议，省广电局党委书记、局长黄晔明，省纪委常委、省监察厅副厅长刘卫平出席会议并讲话，省广电局纪委书记刘玉东作工作报告，省广电局领导梁勇、杨玲玲、杨松、陈峰，各设区市局纪检组长（纪委书记）、监察室主任，省广电局机关各处室、局属各单位副处级以上干部等共140多人出席会议。

△抚州市召开全市广播影视工作会议，市委常委、宣传部长黄晓波，副市长刘菊娇，市政协副主席周琪出席会议。

25日

△宜春市召开全市广播影视工作会议，传达贯彻全省广播影视工作会议精神，总结2010年工作，表彰先进，研究部署2011年工作任务。

28 日

△上饶市局召开全市广播电影电视工作会议，总结 2010 年和“十一五”期间全市广播影视工作，对“十二五”和 2011 年的工作任务进行谋划和部署。市委常委、宣传部长程建平，副市长汪霞出席会议并讲话。

本月

△全省各级广电部门和农村院线公司春节期间开展了以“欢乐赣鄱行——万场电影城乡同映”为主题的电影公益放映活动，丰富了城乡群众的节日文化生活。

3 月

1 日

△江西广播电视学校更名为江西广播电影电视学校。3 月 1 日，学校举行新校名揭牌仪式。省广电局局长黄晔明、局纪委书记刘玉东出席仪式并为新校牌揭牌。江西广播电视学校创办于 1994 年。17 年来，学校依托广电媒体优势，走行业办学、特色办学之路，先后开办了电视节目制作、广播电视发送技术、播音主持、影视广告、幼儿艺术教育等专业，成为全省 4 所特色中等专业学校之一，为江西广播电视事业发展做出了积极贡献。学校更名后，特色专业将涵盖广播、电影、电视等主要传媒文化领域。

2 日

△萍乡市广播电影电视工作会暨市广电创先争优“五名十佳”表彰会举行。市委常委、宣传部长黄芝乡，市人大常委会副主任王开贵，副市长崔传鹏，市政协副主席邓斌、陈朝清出席会议。

3 日

△省委常委、省纪委书记尚勇在《江西省广播电影电视局2011年反腐倡廉宣传报道工作方案》上作出重要批示：“广电部门对反腐倡廉宣传教育工作一贯高度重视，给予了大力支持，取得很好的社会成效。这一文件是贯彻省纪委十二届八次全会，特别是苏书记讲话精神的具体举措，对推动我省党风廉政特别是惩防体系建设有重要作用。感谢广电部门的重视和支持”。

△抚州市政协主席王晓媛和副主席周琪、陈云斐、黄德宪、廖建辉、郑友清、黄耀波一行考察市广电系统工作。

7 日

△省政府副省长朱虹率省政府副秘书长蔡玉峰，省发改委副主任熊毅，省广电局局长黄晔明，副局长、江西电视台台长杨玲玲，副局长杨文英等，拜会了国家广电总局副局长张海涛。总局办公厅、规划财务司等司局负责同志出席。

9 日

△吉安市文化广播电影电视工作会议召开。市委常委、宣传部长李文彩和副市长左继生、市政协副主席肖斌出席会议。

12 日

△省委书记苏荣，省长吴新雄，省委常委陈达恒、赵智勇一行，亲切看望了江西省参加全国“两会”报道的随团广播电视新闻工作者，对他们的“两会”报道工作给予了充分肯定。苏荣说，新闻媒体是重要的生产力，江西走向全国，全国认识江西，江西走向世界，世界认识江西，都离不开新闻媒体。苏荣指出，“两会”开得好，离不开新闻工作者的辛勤劳动。你们准确把握中央大政方针，把握江西省情，捕捉新闻亮点，把江西代表团代表共议国是的情况及时传回江西，为全省人民了解全国“两会”架起了沟通的桥梁和纽带。苏荣勉励大家为宣传江西、发展江西、繁荣江西，实现绿色崛起作出新的更大的贡献。

14 日

△新余市局召开全市广播影视工作会议，贯彻落实全省广播影视工作会议和全市宣传思想工作会议精神，总结 2010 年和“十一五”广播影视工作，谋划“十二五”、部署 2011 年工作任务。市委常委、宣传部长廖兰芳，副市长万筱明出席会议并讲话。

15 日

△九江市召开全市广电局长会议。市委常委、宣传部长冯静和副市长吴锦萍出席了会议。

21 日

△江西卫视在黄金时段推出新栏目《金牌调解》。《金牌调解》是一档以调解为主线，以调解成功为目的，以创造人与人之间的关系和谐为最终目标的电视栏目。每期节目邀请一对（或多个）有矛盾的当事人进入演播室，主持人和人民调解员现场为当事人排忧解难，通过节目告诉观众面对纠纷的智慧和解决矛盾的艺术，将真实事件和综艺手段完美交融，给更多普通民众提供不一样的情感诉求平台。

△江西电视台公共频道民生新闻栏目《第五社区》更名为《新闻晚高峰》，即日起每天 17:50 至 19:30 播出，播出方式改为直播。

22 日

△宜春市副市长王亚联到市广电局就广播影视工作进行调研。

23 日

△省广电局黄晔明局长到江西电视台风尚购物频道考察。

△景德镇市广播电视台根据工作需要，按照人事制度改革的精神和干部选择任用的有关规定和要求，在台内通过竞争选拔的方式，选拔了 19 名中层干部（即正科 5 名，副科 14 名）。

25 日

△省广电局召开2010年综治安全保卫工作总结表彰暨 2011 年工作部署大会。局长黄晔明出席会议并讲话，副局长梁勇主持会议，副局长杨松宣读表彰通报，副巡视员陈峰作工作报告。

27 日

△总投资 2500 万元、总面积 1 万平方米的分宜县广播电影电视中心正式投入使用。

28 日

△我国首部反映畲族文化的电影《大天地》在鹰潭开机拍摄。鹰潭市委常委、市委宣传部部长徐琳琳，省国资委纪委书记杨华英出席开机仪式。

30 日

△省广电局召开全省广播影视科技工作会议。省广电局副局长杨文英出席会议并讲话。

本月

△都市频道首创了“记者长驻计划”，让 35 名记者长驻 120 多个社区村落，在全省观众中形成了很高的品牌认知度，中宣部新闻战线“三项学习教育”活动简报专辑推介其经验。

4月

1 日起

△武宁县电影公司推出城区电影放映公益活动，放映点安排在县文化广场、社区、厂矿、军营、学校等地。

6 日

△鹰潭市文化广电新闻出版工作会议召开。鹰潭市委常委、市委宣传部部长徐琳琳出席会议并讲话。

9 日

△鹰潭市举行有线电视数字化整体转换

工作启动仪式。

11 日

△浙江省嘉兴市、江西省吉安市、贵州省遵义市、陕西省延安市、河北省石家庄市五地市委主办，五地电视台共同承办“红色耀中国”大型新闻采访活动启动。

19 日

△萍乡市召开有线电视数字化整体转换工作动员会，

20 日

△全省电视剧工作会议在南昌召开。省广电局局长黄晔明主持会议并讲话，副局长梁勇作工作报告。

△景德镇市广播电视台机关党委成立。

21 日

△省电视台召开 2011 年工作会议。省广电局局长黄晔明出席会议并讲话，省广电局副局长、省电视台台长杨玲玲作工作报告。

24 日

△由省委组织部、省电视台主办的“党员大讲堂——党旗下的报告”大型主题活动在南昌正式启动。中共中央党史研究室副主任，著名党史研究专家章百家首开演讲。省委常委、组织部部长莫建成出席报告会并讲话。活动共设 6 场高端报告会,内容涵盖党史、经济、军事、科技、外交、文化 6 大领域。省电视台将把 6 场报告会精编成 6 期电视节目，在江西卫视黄金时段连续播出。

27 日

△南昌市广电局举行了德国纪录片《伽利略行动》全国发行首播礼，全国 25 家电视台台长齐聚广电中心大楼，共同探讨国内纪录片的发展。

29 日

△万安县县长王四华等县领导到县广电局调研。

30 日～5 月 3 日

△由南昌市政府、省广电局主办，省电视台等承办的 2011（第三届）中国中部（南昌）国际汽车文化节在南昌国际展览中心举行。本届汽车文化节展会共有 80 多个汽车主流品牌参展，室内展馆面积超过 5 万平米，室外展区及活动区超过 9 万平米，刷新了江西车展的历史纪录。4 天时间观展人次突破 15 万，销售新车超过 5 千辆，销售金额近 5.5 亿元。

本月

△由江西电视台红色经典频道承办的全国电影频道联盟2011年度论坛研讨会在南昌召开。

5月

3～4 日

△省人大常委会委员、教科文卫委副主任程水凤，省人大代表、原教科文卫委副主任李国强率调研组一行 5 人到省广电局，就深化文化体制改革、加快文化事业和文化产业发展情况开展专题调研。

6 日

△省直各新闻媒体对省电视台公共频道（江西五套）进行了集中采访，并浓墨重彩推出相关报道，充分展示了江西五套人孜孜以求的艰苦创业足迹和以爱心赋予新闻生命与灵魂的心路历程。此前，省委宣传部刘上洋部长专门作出批示：“江西五套这几年进步迅速，不断创造佳绩，可喜可贺，其经验值得很好的总结和宣传。”

△由江西省委宣传部、江西省文明办、江西省广电局、江西省国资委主办，江西人民广播电台、江西省残联、江西省邮政公司和江西省残疾人福利基金会承办的“爱在党旗下，红动中国心”——江西百万干群颂党

恩系列活动在南昌启动。

7日

△省广电局副局长梁勇到江西笛卡传媒有限公司考察电视动画片创作生产情况。

8日

△江西人民广播电台和陕西、广东、上海等全国十二家省级广播电台联合推出“红色信念——全国十二省市电台纪念建党90周年”联合报道活动。

9日

△新余市委常委、宣传部长廖兰芳到分宜县广播电影电视中心考察。

12日

△由省委组织部、省电视台共同主办的《党员教育大讲堂——党旗下的报告·文化篇》在南昌举行，副省长朱虹作为主讲嘉宾，为300多名党员干部作了一场生动的报告。

△“发展中国家广播电视记者研修班”一行到江西人民广播电台、江西电视台参观访问。广电总局培训中心主任李革华，省广电局副局长杨松、副巡视员陈峰等陪同参观并参加座谈。

16日

△由全国人大常委会副委员长、民进中央主席严隽琪，全国政协副主席、民进中央常务副主席罗富和，以及统战部、教育部等领导组成的民进中央考察团一行30人，到江西广播电视艺术幼儿园进行专题调研。省广电局局长黄晔明陪同考察。

△由省电台农村广播承办的中国农村广播联盟第四届总监论坛在南昌举行。省委宣传部副部长罗勇兵出席论坛开幕式，省广电局副局长梁勇出席论坛并讲话。

16～19日

△省广电局在共青城市举办全省广播电视科技管理培训班。省广电局副局长杨文英看望了培训班学员。

27日

△分宜县广播电视台与宜春学院共同建立的教学实践基地举行挂牌仪式。

31日

△中央电视台中视影视制作有限公司向吉安电视台捐赠了16部共407集电视剧。

本月

△萍乡市副市长崔传鹏到凤形山发射台站走访调研。

△南昌电视台推出《啄木鸟在行动》栏目，重点播出反映在城市建设、城市管理等方面的突出问题和现象。

6月

1日

△德安县委书记叶心林等县领导到县广播电视台调研。

2日

△由中央人民广播电台中国之声、江西人民广播电台新闻频率、鄱阳湖之声、吉安人民广播电台联合推出的庆祝中国共产党成立90周年特别节目《光辉足迹——走上井冈山》大型直播节目来到吉安。直播间设在吉安人民广播电台直播室内，节目以原声特效、专家访谈、记者连线等方式，4个频率通过中国之声同步向全国直播。

3日

△江西交通广播高考爱心车队出发仪式在南昌举行，省人大常委会副主任胡振鹏出席启动仪式为爱心车队授旗并宣布发车。省委宣传部常务副部长陈东有，省文明办主任张天清出席，省广电局党委书记、局长黄晔明讲话，副局长梁勇主持启动仪式。

△“爱在党旗下，红动中国心”大型系列活动组委会在南昌举行“同走红色道路”活动授旗出发仪式。省委宣传部常务副部长陈东

有讲话，省广电局党委书记、局长黄晔明主持出发仪式。

△萍乡电台交通文艺广播大型公益活动“爱心送考”启动仪式在市广电传媒大厦举行。2011年共有700余辆爱心送考车加入送考公益活动。

△由吉安交通广播、吉安交警支队联合组织的“免费接送考生——爱心送考”大型公益活动在市中心人民广场举行爱心车队启动仪式。2011年的高考爱心车队共有300多辆车，600位车友报名参加。

16日

△鹰潭市局召开全市广播电视广告管理座谈会。

17日

△省广电局召开“征求社会意见、促进广电发展”座谈会，邀请省效能办领导和30多位社会各界代表出席。

△全省加扰卫星电视管理工作会议在南昌市召开。

19～21日

△省广电局在井冈山举办机关党组织负责人“深入开展创先争优活动”学习班。

20日

△分宜县委书记姚灵目来到刚投入使用的县广播电影电视中心，考察县文化广电新闻出版事业发展情况。

20～24日

△省广电局在新余市举办全省广播影视系统综治保卫工作骨干培训班。

22日

△省委宣传部第218期《新闻阅评快报》专辑刊登了《省电视台派记者深入抗洪现场忠实履行新闻工作者职责》的稿子，省委书记苏荣在这期专辑上做了批示：“省电视台的报道及时、客观，比较全面。”苏荣还在文章最后一段“报道注重舆论引导，突出科学防灾救灾。省电视台在报道内容上不拘泥于单纯报道灾情，而是突出报道如何防止地质灾害、如何及时安全转移群众、如何安置灾民生活、如何搞好灾后生产自救，把灾害损失降到最低等，起到良好舆论引导作用。”下划线并批示“这一点非常重要，这是主流媒体的职责。”

27日

△省广电局隆重举行庆祝中国共产党成立90周年暨表彰大会。省广电局党委书记、局长黄晔明讲话，副局长梁勇主持大会，副局长、省电视台台长杨玲玲宣读《关于表彰2010年度先进基层党组织、优秀共产党员、优秀党务工作者的通报》，局领导杨松、刘玉东出席大会。

△“颂歌献给党”全省广播电视播音员主持人朗诵作品大赛颁奖仪式在南昌举行。省广电局领导黄晔明、梁勇、杨玲玲、刘玉东等出席颁奖仪式。

30日

△万安县委副书记、代县长刘军芳等到县文广局调研。

本月

△副省长朱虹在一份关于省电视台《金牌调解》节目的专题报告上作出批示：《金牌调解》创造了厅台合作的新范例。希望继续加强司法部门与电视台的合作，把《金牌调解》打造成中国电视新的品牌栏目，作为人民调解工作的新帮手。

7月

8日

△江西省影视创作研究会成立大会在南昌举行。省委常委、省委宣传部部长刘上洋为研究会揭牌。

△遂川县委书记张平亮等到县文广局调研。

11日

△婺源县委书记周遐光到县文广局就文化和广播影视工作进行专题调研。

12日

△阿尔及利亚、伊拉克、巴勒斯坦、黎巴嫩、也门、毛里塔尼亚等西亚北非六国13个政党干部一行19人访问江西赣州人民广播电台、赣州电视台。

13日

△“爱在党旗下，红动中国心”江西百万干群颂党恩大型系列活动总结表彰会在南昌举行。

△省广电局副局长杨文英到省电视台红色经典频道和江西电影制片厂调研。

15日

△彭泽县委书记孙金森等到县文广局调研。

17日

△江西电视台与中国传媒大学合作开办的首届研究生班工程硕士学位授予仪式在北京举行，江西电视台台长杨玲玲和中国传媒大学副校长廖祥忠一起向江西电视台16名学员颁发了电子与信息工程硕士学位证书。

18日

△在中共江西省委十二届十七次全体会议上，省委书记苏荣对广电部门的多项工作予以肯定。苏荣在全面回顾上半年工作时指出，全省宣传思想工作坚持“两个突出”，即：突出弘扬主旋律、打好主动仗，突出文化事业、文化产业协调发展，其中多次提到广播影视工作。他指出，全省宣传战线紧紧抓住迎接、庆祝中国共产党成立90周年这件大事，精心组织策划了一系列活动和宣传报道，制作了一批影视作品，在全社会大力弘扬共产党好、社会主义好、改革开放好、伟大祖国好、各族人民好的时代主旋律；公共服务体系建设取得新进展，全省新建改建了一批影院，广播电视覆盖了20户以上已通电的所有自然村；文化体制改革取得重要进展，文化产业加快发展，江西电台、江西电视台分别成立了具有法人资格的经营实体，省广电网络公司建立了省、市、县三级架构，形成了统一完整、全程全网的全省有线电视网络运营管理体系。

27～29日

△萍乡市广电发展中心召开半年工作总结会议。

28日

△总面积4.65万平方米，主体建筑23层，预计总投资3亿元的新余市广电中心正式开工建设。

29日

△省广电局纪委书记刘玉东到江西广播电影电视学校和省广电网络公司96123客服中心进行调研。

8月

5日

△省直机关工委在省广电局召开全省推进“三创三提”主题实践活动现场会。省直机关工委书记陈永华等工委领导，省广电局党委书记、局长黄晔明，副局长、局直属机关党委书记梁勇出席现场会。省直各单位机关党委专职副书记150多人参加会议。

6日

△总投资2亿元的上饶国际电影城项目完成土地竞拍。

10日

△省广电局宣传管理处在景德镇市昌江区竟成镇影视制作中心开展“走基层，转作风，送服务”活动，送服务上门，把行政审批政策咨询服务、电视剧创作生产服务送到基层一线，受到好评。

15 日

△江西电视台都市频道推出方言服务类栏目《地宝当家》。

17 日

△省广电局在南昌组织召开2011年度省广电局直属单位推荐申报省科技创新奖项目的科技成果鉴定会。

19 日

△新余市委副书记、市长魏旋君，副市长万筱明到分宜县文广新局考察指导文化广电工作。

24 日

△由江西笛卡传媒有限公司制作的国产电视动画片《笛卡特警队》通过省广电局审查。该片共 52 集，每集 13 分钟，是江西省第一部由省内动画制作机构原创的国产电视动画片，实现了江西省原创电视动画片创作生产零的突破。

25 日

△省广电局在南昌召开全省广播影视局长座谈会，学习贯彻胡锦涛总书记“七一”重要讲话、全省宣传部长会议和全国广播影视局长座谈会精神，总结部署广电工作。省广电局党委书记、局长黄晔明出席会议并讲话，副局长梁勇主持会议，局领导杨玲玲、刘玉东、陈峰出席会议。全省各设区市局局长，省广电局机关各处室、直属各单位负责人参加会议。

28 日

△江西卫视2011年中国红歌会冠军赛在南昌上演，蒙古族歌手刘少峰问鼎 2011 中国红歌会年度总冠军。省委常委、省委宣传部部长刘上洋观看比赛并为冠军颁奖。

30 日

△宜春市局在高安市召开全市广播电视宣传暨理论研讨会。

△宜丰县农村广播“村村响”工程全面竣工，全县 16 个乡镇（场）全部完成 203 个行政村的广播安装任务，共安装音柱喇叭 559 只，每个村设立了 4 至 5 个广播点，实现了农村无线调频广播收听覆盖率达到 100%。

31 日

△江西电视台开展“走转改”活动，组织编辑记者奔赴基层一线，江西电视台《江西新闻联播》推出《走基层 看变化》喜迎党代会系列报道。之前 3 月，江西电视台都市频道首创“记者长驻计划”，让 35 名记者长驻 120 多个社区村落。中宣部新闻战线“三项学习教育”活动简报专辑推介其经验。

△萍乡市广电发展中心召开全市县区广电局长座谈会，传达全省广电局长座谈会议精神，部署今后 4 个月各项工作。

△副省长朱虹到省电视台《金牌调解》栏目调研。朱虹高度评价了《金牌调解》栏目，认为该栏目在全国首开调解类栏目先河，在人民调解法刚刚推出之际便在黄金时段推出一档日播的调解类节目，是扩大人民调解影响的一大尝试，其创新精神值得肯定和学习。

本月

△副省长孙刚、国家广电总局副局长张丕民分别代表江西省政府、国家广电总局签署了《农村电影放映工程建设目标责任书》，明确了省政府和国家广电总局在实施农村电影放映工程中所承担的任务和责任，进一步确保“十二五”期间我省农村电影数字放映工程的顺利实施。

△中共江西省委决定龙和南同志任江西省广播电影电视局党委委员、江西人民广播电台台长。

△省电视台引进两台具有国际水准的高标清数字卫星转播车。卫星车车体为福特 E-350，车顶搭载碳纤维制成的 1.8 米口径天线，具备自动展开和收藏、自动和应急手动

寻星功能。

△万载县县长陈虹到县广电局考察指导工作。

9月

2日

△宜春市局在宜丰县召开全市广播影视局长座谈会，传达贯彻全省广播影视局长座谈会精神，总结上半年工作，部署今后任务。

7日

△省政协副主席汤建人到省广电局就文化产业发展进行专题跟踪问效调研。省广电局局长黄晔明、副局长王朝新陪同调研。

10日

△省广电局副局长王朝新到省广播电视实业总公司调研。

14日

△在全国电影专项资金管理工作会议上，江西省电影专项资金管委会被评为“2010年度国家电影专项资金管理工作二等奖”。

20日

△省广电局发出《关于进一步加强电视剧文字质量管理的通知》。

△萍乡市机构编制委员会正式批复同意萍乡市广电中心增挂萍乡市广播电影电视局的牌子，实行两块牌子、一套人员管理。

21日

△第七届泛珠三角区域合作与发展论坛暨经贸洽谈会在南昌开幕，江西人民广播电台联合泛珠其他十省区（特别行政区）广播电台在开幕式现场对大会开幕式盛况进行了联合直播，推出了长达90分钟的直播节目《手牵手，更幸福——站在9+2最前沿》。

25日

△抚州市委常委、市委宣传部长、市委秘书长王仁辉受市委书记龚建华委托，到市广电局考察工作。

30日

△省广电局与省地震局联合下发《关于建立“广播电视地震信息绿色通道”机制的通知》。通知要求，省内发生3级以上地震、省外发生明显波及影响江西省的地震事件时，即立刻启用“广播电视地震信息绿色通道”。

本月

△彭建亚任新余市广播电影电视局党组副书记、局长，万晓明任新余市广播电影电视局党组书记。

10月

10日

△九江市副市长廖奇志一行到市广电局考察调研。

10～11日

△全国广播影视行风建设暨纪检监察工作座谈会在南昌召开。

10～13日

△省广电局在井冈山茨坪举办2011年全省中波台中波发射技术培训班。

11日

△景德镇市广播电视台直播2011年度景德镇市警察节活动。这是该台筹资300多万购买的4+2频道电视转播车首次投入使用。

12～15日

△全国电视文化节目交流协作网2011年会在景德镇市召开。

13日

△省广电局副巡视员陈峰一行到上高县调研广播影视工作。

△萍乡市委常委、市委宣传部部长彭艳萍一行到市广电调研指导工作。

△新余市副市长史可到市广电局调研广播影视工作。

14日

△上饶市副市长饶爱京一行到市广电局调研。

18日

△国家广电总局办公厅副主任黄炜一行3人到井冈山市夏坪镇开展为期1个月的基层调研蹲点活动，重点调研广播电视“村村通”、直播卫星“户户通”和农村电影放映等广播影视公共服务情况。

△省电台台长龙和南带领省电台记者来到南昌市新建县乐化镇采访，深入基层一线，开展“走基层、转作风、改文风”活动。

19～20日

△省广电局纪委书记刘玉东一行深入上高县督导有线电视数字化整体转换工作，并出席了由上高县委、县政府主持召开的全县有线电视数字化整体转换工作动员大会。

23日

△吉安市举行全市“百名记者走基层、访举措、看亮点”新闻宣传战役启动仪式。

28日

△九江市委常委、市委宣传部部长潘熙宁来九江市广电局调研。

本月

△江西人民广播电台文艺音乐频率两次举办“南昌红谷滩西岸音乐节”，将音乐、美食、娱乐融合在一起，邀请到华语乐坛著名歌手以及国内超过40支知名摇滚乐队鼎力加盟，参与规模合计突破5万人次。

△新余市委副书记、市长魏旋君到分宜县考察广电工作，副市长万筱明陪同考察。

△由中国广播电视协会组织的首届全国历史题材广播电视节目评比活动揭晓，吉安电视台选送的专题纪录片《我的奶奶叫曾志》荣获一等奖。

△新干县举办农村广播“村村响”工程建设政府奖补资金发放仪式。20个已安装了农村广播的行政村支部书记分别领取了5000元奖补资金。

11月

1日

△全南县委书记、县人大常委会主任薛强到县文广局调研文化广电事业发展工作。

2日

△萍乡市副市长亓丕华到市广电局检查指导工作。

△宜春市袁州区区委书记郑声宝到区广电局就贯彻落实好党的十七届六中全会精神，加快广播影视事业发展进行调研。

2～4日

△2011年度全省广播电影电视年鉴工作会在新余市召开。省广电局副局长梁勇出席会议并讲话。

3日

△省广电局副局长王朝新到七O二台调研。

3～4日

△省广电局副局长、省电视台台长杨玲玲到鄱阳县进行“走基层，转作风，改文风”采访活动。

5日

△鹰潭市广电系统召开学习贯彻十七届六中全会精神座谈会。副市长辜清到会并讲话。

7日

△江西电台、广东电台《政风行风热线》类节目交流会在南昌举行。

7～11日

△省广电局举办全省广播影视系统纪检监察干部培训班。

8日

△九江传媒网开通。该网站由九江市委

宣传部主管，九江市广电局主办，是九江地区唯一一家新闻视听综合门户网站。

△鹰潭市委常委、市委宣传部部长周世敏到市广电局等新闻单位，慰问工作在一线的新闻工作者。

9日

△省广电局副局长王朝新到省广电局监测中心就全省广播电视监测网工程建设项目进行调研。

13日

△省电视台与南昌市青山湖区举行江西电视台数字电视节目制作中心项目签字仪式。该项目被列入省重点项目，占地250多亩，计划投资12亿。省委宣传部部长刘上洋出席仪式并讲话。

14日

△吉安市委任命刘少之为吉安市文化广播电影电视局党委书记；免去鲍建军的吉安市文化广播电影电视局党委书记职务；免去曾富善的吉安市文化广播电影电视局党委副书记职务，改任调研员。

17日

△省委宣传部副部长马玉玲在上饶市委常委、市委秘书长、市委宣传部部长汪霞的陪同下，到上饶市广电局就文化产业进行调研。

18日

△涂宗勤任南昌市广播电影电视局党委书记、局长。

21日

△省委宣传部副部长马玉玲到省广电局就文化体制改革和产业发展情况进行调研。

22日

△新余市委常委、市委宣传部部长李绪先一行到市广电局，现场督导市广电系统宣传工作情况。

29日

△抚州市委书记龚建华到市广电局、市广播电视台和市广电网络公司，调研指导工作。

30日

△省广电局副局长王朝新到江西广播电影电视学校进行专题调研。

本月

△上饶广电中心项目荣获江西省十佳优秀建筑奖。

12月

1日

△景德镇市委书记邓保生到市广播电视台考察调研。

1～2日

△省广电局在南昌举办全省市县（区）广播电视台台长培训班。培训班邀请了国家广电总局法规司司长才华、广电总局广科院院长邹峰、广电总局监管中心副主任金文雄等专家领导进行授课。省广电局副局长梁勇、杨松出席开班仪式并讲话。

2日

△彭培述任吉安市文化广播电影电视局局长。

7日

△新余市市长魏旋君到市广电局，就全年工作完成情况和明年工作思路进行调研。

8日

△吉安市委书记王萍在市委常委、市委宣传部部长李庐琦等陪同下，在新干县考察广播电视等工作。

△《景德镇故事》龙年系列栏目剧开拍。

13日

△上饶市人大常委会组织部分省、市人大代表考察市广电中心。上饶市人大常委会主任尧希平，副主任裴建勤、赵小忠，市政

协副主席叶礼茂，市人大巡视员周华北、副巡视员徐水花参加考察。

14～15 日

△由省广电局主办、上饶市广电局承办的第十四届江西省广电系统乒乓球赛在上饶举行。

19～20 日

△由江西电视专业委员会主办的2011年度江西电视技术交流会在九江举行。

22～24 日

△由省广播电视协会学术部、《声屏世界》杂志社共同主办的 2011 年"声屏世界论坛"在南昌举行，论坛以"加强创意研发，提高新闻宣传有效性"为主题，共收到论文 87 篇。省局副局长、省广播电视协会常务副会长梁勇出席会议并讲话。

27 日

△江西电视台 2 号全高清转播车正式投入应用，该车完全由江西电视台技术人员自行设计完成。

28 日

△省局在南昌召开了全省广播电视社会管理科长座谈会。

29 日

△抚州市委书记龚建华到市广电系统调研。

△新余市委书记李安泽来到市广电局，就贯彻落实党的十七届六中全会精神及文化体制改革情况进行专题调研，新余市委常委、宣传部部长李绪先陪同调研。

30 日

△省委书记苏荣走访慰问省广电局和省电台、省电视台，看望奋战在采编第一线的新闻工作者。

△省国家安全领导小组召开2011年度工作总结暨表彰大会，省局被省国家安全领导小组评为 2011 年度国家安全"先进单位"，已是连续 3 年获此殊荣。

月底

△丰城市局全面完成年度农村广播"村村响"安装任务。自 2009 年以来，已完成全市 20 个乡镇 364 个行政村（点）的广播安装任务，全市 70%以上的行政村通了广播。

△吉安文化艺术中心、萍乡安源影视城被评为"第一届江西十佳建筑"。宜春文化艺术中心、上饶创意产业中心被评为"第一届江西十佳建筑入选奖"。

本月

△国家广电总局下发《关于推荐 2011 年度第三批优秀国产动画片的通知》，由江西笛卡传媒有限公司制作的 52 集三维动画片《笛卡特警队》、52 集二维动画片《小虫乐事》成为江西省首批获国家广电总局推荐的优秀国产动画片。

△鹰潭市文化广电新闻出版局荣获全国"扫黄打非"先进单位。

△丰城市全面完成年度农村广播"村村响"安装任务，即安装 160 个行政村（点）的年度目标任务。至 2011 年底，已完成全市 20 个乡镇 364 个行政村（点）的广播安装任务，全市 70%以上的行政村通了广播。

△上饶县文化艺术活动中心大楼全面竣工，局、台顺利搬迁。

本年

△江西省采取多种有效措施，扎实推进农村电影放映工作，全年共放映农村公益电影27万多场次，超额完成全年公益放映任务，任务完成率为 102.8%。

△萍乡市广播电影电视局投资1000多万元，装修了 600 平米的专业影视演播厅。

专题记事

全省广播影视工作会议在南昌召开

1月27日，全省广播影视工作会议在南昌召开。会议传达贯彻全省宣传部长会议和全国广播影视工作会议精神，总结2010年和“十一五”广播影视工作，谋划“十二五”、部署2011年工作任务。会议还表彰了广播影视工作先进单位。

省委常委、省委宣传部部长刘上洋出席会议并讲话，副省长孙刚，省政府副秘书长叶磊，省委宣传部常务副部长陈东有出席会议。省广电局党委书记、局长黄晔明作工作报告，局领导梁勇、杨玲玲、杨松、刘玉东、龚邦国、杨文英、陈峰等出席会议。

刘上洋在讲话中充分肯定了“十一五”时期全省广播影视工作取得的成绩。他说，“十一五”时期，全省广播影视系统以提升总体实力和竞争力为目标，真抓实干，开拓创新，在营造加快发展的舆论强势上取得了新成绩，在抓好对外宣传工作上实现了新突破，在争创品牌、推出精品上打造了新亮点，在构建广播影视公共服务体系上取得了新成效，在推进文化体制改革、加快文化产业发展上迈出了新步伐，在构建传播新格局上实现了新发展，在安全播出上夺取了新胜利，圆满完成了“十一五”规划的各项工作任务，为促进全省经济发展和文化繁荣付出了辛勤努力，作出了重要贡献。

刘上洋说，2011年是实施“十二五”规划的第一年，开好局、起好步，非常重要，非常关键。全省广播影视部门要牢牢把握正确导向，努力形成促进全省经济社会又好又快发展的强势舆论；要抓好加快转变经济发展方式的宣传，不断创新宣传创新品牌，努力推出更多有全国影响的广播影视文化精品；要深化文化体制改革，努力推动广播影视文化产业发展取得新突破；要加强人才培养，努力造就一支高素质的广播影视队伍，不断开创我省广播影视工作的新局面，为江西科学发展、进位赶超、绿色崛起做出新的更大的贡献。

黄晔明在报告中回顾了2010年及“十一五”时期全省广播影视工作，就正确把握大势大局、积极应对广播影视发展变化和战略转型提出了明确要求，对2011年广播影视工作进行了部署。他强调，2011年要重点做好八个方面的工作：一是要坚持围绕中心，积极营造科学发展的浓厚氛围；二是要坚持监管并重，切实保证广播影视播出安全；三是要坚持精品战略，努力繁荣发展内容生产；四是要坚持统筹兼顾，不断加快广电公共服务体系建设；五是要坚持面向市场，大力推动广电文化产业快速发展；六是要坚持正确方向，进一步深化广播影视体制机制改革；七是要坚持依职履权，切实提高管理服务水平；八是要坚持以人为本，着力提高人员素质和推进队伍建设。

全省电视剧工作会议在南昌召开

4月20日，省广电局在南昌召开全省电视剧工作会议，传达全国电视剧工作会议精神，总结回顾近几年来江西省电视剧创作生产、播出情况以及管理工作，研究部署繁荣江西省电视剧创作生产以及庆祝中国共产党成立90周年电视剧展播展映活动。全省各设区市广电局主管局领导、省市电视播出机构有关负责人、部分电视剧制作机构负责人、省广电局电视剧审查小组成员及省广电局机关有关处室负责人参加了会议。省广电局局长黄晔明主持会议并讲话，副局长梁勇作工作报告。

黄晔明要求各单位牢固树立政治意识，加强对电视剧创作生产的引导，坚持社会主义核心价值体系，用正确的世界观、价值观、人生观反映社会生活；要研究出台鼓励电视剧创作生产的政策、措施和奖励办法，鼓励社会力量参与电视剧创作生产，建立一整套符合电视艺术创作规律和电视剧市场规律的电视剧创作项目运作机制，形成较大的电视剧产业规模；要加强队伍建设，优化队伍结构，大胆引进既懂电视剧创作艺术、又善于经营管理的复合型人才，培养一批电视剧创作人才，造就一支具有正确政治立场、知识面宽广、专业水平高的创作队伍。

梁勇充分肯定了江西省电视剧发展取得的成绩。他指出，各级广电部门要进一步解放思想，提高认识，明确电视剧发展的重要性和紧迫性；要加强领导，精心创作，多元发展，促进江西省电视剧事业繁荣发展；要加强管理，确保电视剧播出导向正确、秩序正常。

2011年全国广播影视行风建设暨纪检监察工作座谈会在南昌召开

10月10~11日，全国广播影视行风建设暨纪检监察工作座谈会在南昌召开。国家广电总局党组成员、纪检组组长王莉莉出席会议并讲话，副省长朱虹和省纪委常务副书记、省监察厅厅长汪毓华致辞，广电总局监察局局长范玉刚主持会议。省广电局领导黄晔明、梁勇、杨玲玲、杨松、王朝新、刘玉东、陈峰参加会议。

王莉莉在讲话中对做好广播影视行风建设暨纪检监察工作提出了三点要求：一要加大行风建设力度，重点整治群众反映强烈的突出问题，努力引领一个健康、向上、积极的社会风尚。二要加强廉政风险防控机制建设，不断健全完善各单位的管理制度，规范和控制权力的运行，保证中央的路线方针政策的贯彻执行，保证各项工作目标、工作任务的实现。三要努力做好纪检监察具体工作，充分发挥案件查办的治本功能，注重总结教训、完善制度、堵塞漏洞。

朱虹在致辞中说，近年来，江西广播影视系统紧紧围绕科学发展、绿色崛起、进位赶超的强省目标，扎实推进广播影视各项工作，舆论引导水平、精品生产能力、民生工程建设、文化产业发展、广电系统改革等都取得了显著成绩。

广电总局有关领导，各省、自治区、直辖市、计划单列市、新疆生产建设兵团广播影视行政管理和播出机构纪检监察负责同志，总局部分直属单位纪检监察负责同志等共150余人参加会议。会上，江西局纪委、中央电台纪检组、四川局纪检组等单位发了言。与会代表还就在新形势下，总结研究广播影视行风建设和反腐倡廉建设的新情况新问题，探索做好纪检监察工作的新思路新举措进行了交流。

苏荣走访慰问省广电局，看望广电工作者

2011年12月30日，省委书记苏荣走访慰问省广电局和省电台、省电视台，看望奋战在采编第一线的新闻工作者。他说，省电台、省电视台围绕省委省政府中心工作，唱响主旋律，圆满完成了一系列宣传报道战役，为宣传党中央的方针政策，为全省改革开放，为全省的稳定发展，做出了自己的巨大努力，也对全省作出了巨大的贡献。我们表示满意是发自内心的。省委常委、省委秘书长赵智勇，省委宣传部部长刘上洋随同走访慰问。

在省电视台，苏荣察看了装备先进的演播车和演播大厅，了解电视节目制作和播出情况。在参观了《金牌调解》栏目后，苏荣说，我们省电视台能办出这样有特色的节目是下了工夫和力量的。节目内容贴近百姓、贴近生活，在基层百姓中有很大的影响力。节目不仅仅具有文艺的观赏性，更重要的还要有良好的社会效果。近年来，省电视台以打造全国一流电视媒体为战略目标，在全国的影响力、竞争力和美誉度不断增强。新的一年，希望你们不断提高硬件设备和节目采编制作水平，满足人民群众不断增长的文化和信息需求,为促进社会和谐稳定、推动文化大繁荣大发展作出更大贡献。

在省电台，苏荣详细了解广播事业的发展情况，参观了广播节目播出机房、正在直播的节目制作过程和新闻中心，并通过民生广播《民生 365》网络视频节目与正在省人民医院接受尿毒症免费透析治疗的患者黄淑琴进行了连线。在新闻广播新闻中心，苏荣向编辑记者们送上新年的祝福，高度评价广播人默默无闻的奉献精神。苏荣说，我经常收听广播节目。广播具有传播快速、收听便捷、覆盖广泛的独特优势，是宣传群众、动员群众、服务群众的重要阵地。现在全省收听广播的群众数量是相当大的，希望广播战线的同志再接再厉，充分发挥广播优势、突出广播特色，打造一批集思想性、艺术性、知识性、趣味性于一身的精品栏目和广播节目，更好地把党和政府声音传到千家万户。

苏荣希望全省广电战线要始终围绕中心，在服务大局中进一步增强舆论引导能力，在提高舆论引导能力中更好地服务大局。要继续发扬认真负责、深入细致的工作作风，把镜头、话筒多对准基层、对准百姓，多用群众的鲜活语言，多用群众身边的生动事例，多用群众喜闻乐见的方式，努力满足人民群众多层次、多样化、多方面的精神文化需求，为建设富裕和谐秀美江西提供强有力的思想保证、精神动力和舆论支持。

文件选载

江西省广播电影电视局关于庆祝中国共产党成立90周年的宣传工作方案

2011年，是中国共产党成立90周年，是“十二五”规划开局之年。为做好中国共产党成立90周年纪念活动的宣传，省广电局组织江西人民广播电台、江西电视台、今视网、江西广播电视报等各媒体单位，发挥广播、电视、网络、报纸等媒体的特点和优势，从4月份开始启动中国共产党成立90周年宣传活动，引导广大干部群众加深对党的历史、党的知识、党的理论和路线方针政策的了解和理解，为“十二五”规划开好局、起好步提供强大的思想保证、精神动力和舆论支持。

一、指导思想

以邓小平理论、“三个代表”重要思想为指导，深入贯彻落实科学发展观，全面贯彻落实党的十七大、十七届三中、四中、五中全会精神，按照高举旗帜、围绕大局、服务人民、改革创新的总要求，坚持贴近实际、贴近生活、贴近群众，解放思想、实事求是、与时俱进，紧紧围绕科学发展这个主题和加快转变经济发展方式这条主线，坚持团结稳定鼓劲、正面宣传为主的方针，把握正确舆论导向，着力营造庆祝中国共产党成立90周年的浓厚氛围，为推动我省科学发展、进位赶超、绿色崛起作出应有贡献。

二、宣传重点

大力宣传中国共产党领导中国人民进行革命、建设和改革的辉煌历程。大力宣传中国共产党为国家为民族建立的丰功伟绩。大力宣传中国共产党在长期奋斗中形成的优良传统和宝贵经验。大力宣传马克思主义中国化的历史进程和毛泽东思想、中国特色社会主义两大理论体系成果。大力宣传中央和省委表彰的全国、全省先进基层党组织、优秀共产党员、优秀党务工作者，充分反映我省基层党组织和党员开展创先争优活动的进展、经验、成效，广泛宣传我省各级党组织做好新形势下群众工作的生动实践。大力宣传各个历史时期为党的事业作出突出贡献的“双百”人物中的共产党员的先进事迹。精心做好中央和我省庆祝中国共产党成立90周年大会的宣传报道。大力宣传江西“十一五”和进入“十二五”以来的显著变化，宣传江西经济社会发展的新成就、新风貌。大力宣传近年来江西推进鄱阳湖生态经济区建设取得的重大进展和发生的巨大变化。结合中华苏维埃共和国成立80周年，大力宣传伟大的井冈山精神和伟大的苏区精神。

三、宣传安排

局属各媒体单位围绕重大庆祝、纪念活动，推出一批宣传我省先进基层党组织和优秀共产党员先进事迹的报道和专题、专栏，组织创作生产和播映一批反映中国共产党伟大历程、辉煌成就、宝贵经验的优秀影视剧、纪录片、系列片，精心组织我省庆祝中国共产党成立90周年各项活动的宣传，精心组织各项有关宣传活动。

1.江西人民广播电台、江西电视台、今视网和广电报社要积极组织宣传战役，切实做好宣传报道。

江西人民广播电台《江广早班车》、《全省新闻联播》和江西电视台《江西新闻联播》等重点新闻节目栏目要开辟庆祝中国共产党成立90周年的专栏，重点关注奋战在各行各业各条战线的基层优秀共产党员的先进事迹，及时报道全省各级党组织加强自身建设、带领群众共建和谐社会的好经验、好做法，深入全省寻访革命先烈足迹和老党员的英雄事迹，宣传他们的丰功伟绩，及时报道各地关心、走访、慰问老党员、老劳模的活动；及时报道、转播中央和我省各项重大纪念活动。江西人民广播电台将联合陕西、湖北、贵州等全国12家省市广播电台开展"红色信念——全国12省市电台纪念建党90周年"联合采访报道活动，报道中国共产党发展历程中鲜为人知的人物及事件，反映各地在中国共产党的领导下，旧貌换新颜的沧桑巨变，讲述新时期共产党员模范践行党的宗旨、全心全意为人民服务的感人故事；与中央人民广播电台及相关地市台联合推出特别直播节目《光辉足迹》，重访与中国共产党成立90周年历史密切关联的城市，回顾党的奋斗和成长历程，追思不同时期优秀的共产党员，展现中国共产党留下的宝贵精神财富。今视网要发挥网络媒体的特点，策划制作庆祝中国共产党成立90周年专题，再现江西人民在中国共产党领导下走过的辉煌历程，展示江西革命、建设与改革开放所取得的伟大成就；要及时刊载中央和省主要媒体刊播的有关中国共产党成立90周年的稿件。江西广播电视报要推出庆祝中国共产党成立90周年专栏，回顾、展现中国共产党领导中国人民走过的光辉历程；及时做好中央和省举办的重大庆祝晚会的报道，做好"七一"庆祝中国共产党成立90周年庆祝大会的宣传。江西人民广播电台、江西电视台其它各频率频道要根据频道特色和栏目定位，从不同的角度、不同的侧面、不同的层次，采用多样的形式、手段，做好中国共产党成立 90 周年的宣传报道工作。

2.组织摄制大型系列片。江西电视台要组织摄制完成大型党员教育系列片《红色故事汇》，6月下旬播出。江西电视台公共频道组织开展红色起点万里行大型活动，邀请将帅后代，寻找红色起点，制作完成年度大型策划系列采访报道《红色的起点》。

3.组织创作生产一批庆祝中国共产党成立90周年的数字电影和电视剧。江西人民广播电台要制作完成数字电影《赣南1934》，江西电视台要制作完成数字电影《红色恋歌》和电视剧《红色黎明》，向中国共产党成立90周年献礼。

4.开展庆祝中国共产党成立90周年优秀广播影视剧展映展播活动。5月至7月，江西人民广播电台、江西电视台要精心遴选生动塑造老一辈无产阶级革命家光辉形象，深刻反映党领导全国各族人民在革命历史进程中的重大事件，全面展示改革开放、现代化建设的伟大成就和祖国城乡发生的巨大变化，热情讴歌人民群众创造美好幸福生活的精神风貌的优秀电影、电视剧、广播剧，开展展播活动，全省各级电视播出机构都要安排播出一批主旋律题材的影视剧；6月至7月，全省城市各主要电影院线要举办"庆祝中国共产党成立90周年优秀电影展映"活动，全省农村地区要广泛开展“庆祝中国共产党成立 90 周年优秀国产影片献映”活动，江西电视台红色经典频道举办“庆祝中国共产党成立 90 周年优秀国产影视展播”活动，每天在黄金时间播出一部红色经典影片和电视电影，为庆祝中国共产党成立 90 周年营造良好文化氛围。

5.局属各有关单位、部门要策划组织一批庆祝中国共产党成立 90 周年的主题宣传活动。

（1）举办“中国红歌会”大型活动。今年的“中国红歌会”要围绕“歌唱伟大的中国共产党、歌唱伟大的祖国”这一主题，通过在全国范围内唱响红歌，选拔优秀红歌手，表达全国各族人民对中国共产党和伟大祖国的热爱、对美好生活的赞美之情，进一步激发人民群众的爱国情怀，增强人民群众的民族自豪感。

（2）与省委宣传部、省委组织部、省直机关工委、省文化厅等单位联合举办“颂歌献给党，爱我新江西”全省大型群众歌咏比赛活动，通过采用合唱、组唱、独唱、对唱等多种形式的表现手法，歌颂中国共产党，赞美美丽江西。

（3）举办“唱响中国——群众最喜爱的新创作歌曲”获奖歌曲展播活动。江西人民广播电台、江西电视台要开展《可爱的家乡》、《茶香中国》等“唱响中国——群众最喜爱的新创作歌曲”和江西音乐“映山红”奖优秀创作歌曲获奖作品的展播活动。

（4）举办“颂歌献给党”全省广播电视播音员主持人朗诵作品大赛，通过广播、电视、网络媒体展播优秀作品，为庆祝中国共产党成立 90 周年营造浓厚氛围。

（5）举办庆祝中国共产党成立 90 周年征文比赛，回顾中国共产党的光辉历程，展示共产党员的优秀品质，揭示只有中国共产党才能救中国，只有中国共产党才能发展中国的真理。

四、宣传要求

1.高度重视，精心策划。组织开展纪念中国共产党成立 90 周年活动，是党和国家政治生活中的一件大事。各媒体单位要高度重视，紧紧围绕庆祝中国共产党成立 90 周年，突出思想教育内涵，做好宣传安排，营造浓厚氛围。要综合运用各种形式和手段，广泛开展党史军史和我党我军优良传统的宣传，积极建设社会主义核心价值体系。要把开展庆祝中国共产党成立 90 周年的宣传作为一个重要宣传战役，同加强党的执政能力建设的宣传结合起来，同弘扬民族精神、时代精神的宣传结合起来，同“十一五”成就和“十二五”规划的宣传结合起来，切实组织好，实施好，取得良好的宣传效果。

2.坚持“三贴近”，增强吸引力和感染力。新闻记者要坚持“三贴近”原则，深入实际、深入基层、深入生活，将话筒伸向基层、对准群众，多宣传群众的生动实践，多反映群众的切身感受，多报道得人心、暖人心、鼓人心的事情；要捕捉新亮点、发现兴奋点、挖掘新典型、总结新经验，以新的视角发现新的变化，以新的形式展示新的成就，采写一批有思想深度和浓郁时代气息的高质量报道。

3.发挥优势，突出特色。各媒体单位要相互配合，各展所长，形成合力。要紧紧围绕中央和省委的指示精神，精心策划和周密组织各项宣传，大力弘扬主旋律，努力营造科学发展、共建和谐的浓厚氛围。各新闻节目、专题节目、文艺类节目等，要结合各自特点，立足于节目的定位，找准切入点，用足特长、特点，创新宣传手段和形式，提升宣传效果。要注重标识（片头、片花、小标志、字幕）、音乐、色彩等的包装，注重形式与内容的统一，增强系统性和整体性，形成特色，升华主题。

4.把握基调，遵守纪律。庆祝中国共产党成立90周年的宣传，政治性、政策性很强。各媒体单位要严格按照中央和省委的统一部署和要求组织开展宣传，严格遵守宣传纪律，严格把握宣传口径，对重大事件和重要人物的评价要符合中央精神，防止否定和歪曲党的历史、新中国历史和改革开放的错误倾向。对一些敏感问题，一般不要涉及。点评性质的新闻（包括编后话、连线等），用语用词一定要准确、恰当。要制定切实有效措施，确保安全播出。

（赣广宣字〔2011〕27号）

江西广播影视“十二五”人才发展工作意见

为贯彻落实人才强省战略和《江西省中长期人才发展规划纲要（2010—2020）》、《广电总局广播影视“十二五”人才发展规划》精神，大力推进我省广播影视人才发展，为推动我省广播影视大发展大繁荣提供强有力的人才保证和智力支持，结合我省广播影视工作实际，提出如下广播影视“十二五”人才发展工作意见。

一、指导思想和基本原则

（一）指导思想

高举中国特色社会主义伟大旗帜，以邓小平理论和“三个代表” 重要思想为指导，深入贯彻落实科学发展观，遵循广播影视发展规律和人才成长规律，以提升广播影视人才自主创新能力为主线，以开发广播影视高层次人才和急需紧缺人才为重点，以创新广播影视人才体制机制为动力，以优化广播影视人才发展环境为保障，努力培养造就政治强、业务精、作风正、纪律严的高素质广播影视人才队伍。

（二）基本原则

1.坚持党管人才原则。把握正确用人导向，树立和落实科学的人才发展观。

2.坚持人才优先原则。做到人才资源优先开发、人才结构优先调整、人才投资优先保证、人才制度优先创新，以人才优先发展促进广播影视又好又快发展；

3.坚持以用为本原则。重视实践锻炼，积极为各类人才的健康成长和发挥才能提供机会和条件，使人才价值在使用中得到体现、得到回报、得到提升；

4.坚持改革创新原则。努力构建与广播影视改革发展相适应的人才工作体制机制，激发人才创新潜能和创造活力；

5.坚持高端引领和整体开发原则。以各专业领军人才、拔尖人才为重点，突出培养急需紧缺的复合型人才、创新型人才，充分发挥高层次人才的示范带动作用。统筹抓好各类人才队伍建设，重视基层广播影视人才队伍建设，重视青年创新人才的培养锻炼，实现人才队伍协调发展。

二、总体要求和主要任务

（一）总体要求

到2015年，培养造就规模适宜、素质优良、结构合理的人才队伍，为广播影视改革发展提供坚强的思想政治保证、人才保证和智力支持。人才队伍的规模不断壮大，人才的增长幅度与广播影视的发展速度相协调，确保满足事业产业发展需求。人才素质显著提高，人才队伍的年龄结构、知识结构、专业结构更加合理，创新型、复合型人才比例逐步提高，人才布局与广播影视事业产业布局相适应、相协调。人才竞争比较优势明显增强，在党政管理、新闻宣传、艺术创作、经营管理、科技研发、新媒体新业态、理论研究等方面培养一批优秀人才。人才工作体制机制更加完善，人才培养、管理、服务体系更加健全，形成育才、引才、聚才、用才的良好环境。

（二）主要任务

1.加强广播影视党政管理人才队伍建设。按照深化干部人事制度改革的要求，以提高领导水平和执政能力为核心，努力建设一支政治坚定、勇于创新、善于推动广播影视科学发展的高素质党政管理人才队伍。把思想政治建设作为首要任务，不断提高各级广播影视管理部门、事企业单位领导班子和领导干部政治意识、大局意识、责任意识，确保广播影视的领导权牢牢掌握在忠于党和人民的人手中。加大竞争性选拔干部力度，逐步做到竞争上岗工作常态化、制度化。注重从基层选拔干部，不断优化领导班子结构，增强整体功能。加大干部实践锻炼力度，把多岗位锻炼、交流任职、挂职等作为实践锻炼的主要方式，不断提高干部的实际工作能力。逐步建立健全干部岗位职责规范及其能力素质标准，形成较为完善的体现不同类型、不同层次干部特点的考核评价体系。

2.加强广播电视新闻宣传人才队伍建设。适应建设全省一流媒体的要求，以提高广播电视舆论引导能力为核心，努力建设一支政治坚定、素质优良、作风过硬的新闻宣传人才队伍。加大名编辑、名记者、名播音员、名主持人培养力度，加快培养复合型专家型编辑记者和播音员主持人等人才。进一步深入开展“三项学习教育活动”，加强中国特色社会主义理论体系、马克思主义新闻观、职业精神职业道德学习教育，提高广播电视新闻从业人员思想政治素质，增强把握导向、引导舆论的能力。切实加强广播电视编辑记者、播音员主持人资格管理，进一步完善准入退出机制。

3.加强广播影视艺术人才队伍建设。适应推进文化艺术大繁荣大发展，多出精品、多出效益、多出人才的要求，以提高艺术创作、创意、创新能力为核心，建设一支思想进步、社会责任感较强、业务精湛的优秀艺术人才队伍。加强高层次人才培养，加大资助扶持力度，促进广播影视剧创作、文艺栏目节目晚会等方面的广播影视名家的不断涌现。完善扶持青年编剧、青年导演的资助培养机制，加强年轻人才培养。引导广播影视艺术工作者坚持“二为”方向和“双百”方针，坚持深入实际、深入生活、深入群众，从社会生活中汲取营养、激发灵感，推动文艺创作的繁荣。

4.加强广播影视经营管理人才队伍建设。适应广播影视产业发展的要求，以高级经营管理人才为重点，着力培养造就一支讲政治、懂业务、会经营、善管理的广播影视经营管理人才队伍。以推动产业发展和经营性事业单位转企改制为契机，打造广播影视骨干企业，进一步加强高层次复合型经营管理人才培养，加大广播影视业务、现代企业经营管理业务培训力度，提高其综合素质。积极培养和引进企业管理、新媒体经营、市场营销、资本运作等高层次人才，努力提高开拓国内市场的能力。

5.加强广播影视科技人才队伍建设。适应广播影视高新技术发展的需要，以提高研发运用和高技能操作能力为核心，建设一支掌握现代高新技术、善于运用科技手段推动广播影视发展的科技人才队伍。结合广播影视重点工程，加大数字技术、网络技术、广播影视制作、播出、放映技术等人才培养力度。加强领军人才、核心技术研发人才培养和创新团队建设，切实发挥高新科技在广播影视科学发展中的引领、支撑、保障和推动作用。

6.加强广播影视新媒体新业态人才队伍建设。适应新媒体新业态快速发展、传统媒体新兴媒体深度融合的趋势，以抢占舆论制高点、掌握发展主动权为目标，培养造就一支创新能力强的视听新媒体人才队伍。适应互联网视听节目服务、互联网电视、IPTV、手机电视、视频点播、公共视听载体等新业态的发展需要，加强网络文化、新媒体运营、视听新媒体人才的培养培训。

7.加强广播影视基层人才队伍建设。按照分级管理、分工负责的原则，充分利用广播影视远程培训网络等手段，加大对基层广播影视各类人才的培训力度，促进基层广播影视人才队伍的发展。

三、重点人才工程

在落实国家和省里组织实施的文化名家工程、“四个一批”人才培养工程、宣传思想文化系统优秀拔尖人才工程等重点人才工程的基础上，结合我省广电实际，着力分层次实施两大人才工程，即广播影视名家培养工程和广播影视青年创新人才工程。

（一）广播影视名家培养工程

用 5 年时间，分类分层次选拔培养一批广播影视名家，包括专家型新闻宣传人才、创新型科技人才、创意型艺术人才、复合型经营管理人才、专业型网络视听新媒体人才。从全省广播影视名家人选中择优推荐一定名额人选参加全国广播影视名家人选的选拔。通过实施广播影视名家培养工程，使其充分发挥广播影视行业各层次专业领域领军人物和学术带头人的作用。

（二）广播影视青年创新人才工程

用 5 年时间，分类分层次选拔培养一批青年创新人才，覆盖新闻宣传、科技、艺术、经营管理、网络视听新媒体等专业领域。从全省广播影视青年创新人才人选中择优推荐一定名额人选参加全国广播影视青年创新人才人选的选拔。通过实施青年创新人才工程，使有发展潜力的优秀青年人才在工作岗位尽快成长，成为广播影视系统各个方面各个层次的业务骨干和中坚力量。

四、保障措施

（一）建立健全人才投入保障机制

实行人才投资优先保证，健全政府、社会、用人单位和个人多元人才投入机制，加大对人才发展的投入，提高人才投资效益。各级广播影视部门和单位须设立人才发展专项资金，确保重点人才工作项目、重大人才工程、重要人才培养计划的顺利实施。继续加大教育培训投入，各级广播影视机构要按照有关规定足额提取职工教育培训经费，将培训经费纳入年度公用经费预算，切实予以保障，并随预算增长逐步提高。

（二）建立健全人才教育培训机制

按照建设学习型人才队伍的要求，提高各类人才在实践中自觉学习、自我积累的积极性。发挥教育培训在人才队伍建设中的先导性、基础性、战略性作用。完善培训机制，形成以培训需求为导向的计划生成机制，以组织调训为主、自主选学为辅的干部参训机制，培训考核与干部使用相结合的激励约束机制。建立健全分工负责、分类培训、分级管理的广播影视系统人才教育培训体制机制，发挥省局广播影视培训中心和各市县广播影视培训机构的主渠道作用，充分利用国家和省相关院校、广播影视行业协会、研究机构等开展各类人才培训。积极参与广电总局的现代远程培训网络建设，大规模开展广播影视远程培训，建立完善人才教育培训制度。认真贯彻实施《江西省专业技术人员继续教育条例》，加大广播影视专业技术人员继续教育的力度。

（三）建立健全人才选拔使用机制

坚持德才兼备、以德为先用人标准，改进民主推荐程序，完善干部德才考察标准，规范提名、酝酿和讨论决定程序，完善竞争上岗、任前公示和任职试用期制度，逐步形成广纳群贤、人尽其才、能上能下、公平公正、充满活力的人才选拔使用机制。健全事业单位领导人员委任、聘任、选任等任用方式。建立组织选拔或提名、市场配置和依法管理相结合的企业领导人员选拔任用制度。全面推行以考试、考察为基本手段的企事业单位人员公开招聘制度。结合行业、专业和岗位特点，积极探索多样化的考试考核招聘模式。探索建立采编播首席专家等高端人才选拔使用制度。

（四）建立健全人才考核评价机制

改革完善人才评价方式手段，以岗位职责要求为基础，以品德、能力和业绩为导向，建立健全体现科学发展观要求和广播影视工作特点的人才考核评价指标体系。健全促进科学发展的党政领导班子和领导干部考核评价机制，完善年度考核和聘期考核制度。建立完善专业技术人才考核评价机制和标准，推进职称评聘机制改革，完善评审条件，打破论资排辈，突出实际能力、工作业绩和所作贡献，提高专业技术人才评价的规范化、制度化、科学化水平。建立在重大活动、重大工程项目和急难险重工作中发现和识别人才的机制。改进人才评价方式，拓宽人才评价渠道，积极发挥各类职业技能鉴定机构、人才测评中心及相关人才评价中介组织的作用。

（五）建立健全人才激励保障机制

稳步实施事业单位岗位绩效工资改革，充分体现知识、管理、技术、技能等生产要素按贡献参与分配，探索建立高层次人才、高技能人才、特殊人才分配激励机制，尝试建立一次性奖励、协议工资、项目工资等灵活多样的分配办法。探索建立事业单位主要领导分配激励约束机制，加强对单位领导人收入分配监督管理。进一步规范事业单位编外人员管理，健全完善事业单位编外人员聘用、培养、保障机制，维护和保障用工单位与编外人员双方的合法权益。

五、组织领导及有关要求

（一）加强对人才发展工作的领导

在省局党委领导下，成立由省局领导为组长，省局相关职能处室主要负责人为成员的人才发展工作领导小组，切实加强对全省广播影视“十二五”人才发展工作的领导。各设区市广播影视部门也应成立相应领导机构，加强对本地区人才发展工作的领导。

（二）各级广播影视部门和单位要高度重视人才发展和人才队伍建设工作

要牢固树立人才资源是第一资源的思想，把推动人才发展摆在更加突出的位置，建立人才工作目标责任制，提高各级领导班子综合考核指标体系中人才工作专项考核的权重。各地广电部门要根据《江西省中长期人才发展规划纲要（2010—2020）》的总体要求和本意见，结合实际情况，制定本地区广播影视人才发展实施意见；省直属单位要制定人才培养计划，形成全省广播影视人才发展培养计划体系。要认真抓好人才发展培养计划的组织实施，加强对落实情况的评估和督促检查。在全省广播影视系统建立统分结合、上下联动、协调高效、整体推进的人才工作运行机制。健全人才工作机构，充实人才工作队伍，配备思想素质好、工作能力强、理论水平高的人员从事人才工作。加大人才工作队伍培训力度，不断提高人才工作队伍的创新能力、协调能力、沟通能力和执行能力，推动人才工作健康发展。

（赣广人字〔2011〕27号）

关于加快示范镇有线电视数字化建设的意见

为认真贯彻落实省委、省政府《关于加快示范镇建设的意见》，切实提高我省示范镇广播电视建设水平，现就加快示范镇有线电视数字化建设提出如下意见。

一、指导思想和发展目标

1.指导思想。以邓小平理论和“三个代表”重要思想为指导，深入贯彻落实科学发展观，以提高广播电视公共服务水平、满足人民群众精神文化需求为核心，以完善基础设施、提高广播电视网络综合承载能力为重点，加快推进有线电视数字化整体转换，繁荣示范镇文化事业，增强示范镇发展活力，通过示范镇的示范带动作用，提高全省小城镇有线电视建设水平。

2.发展目标。到2012年，基本完成示范镇有线电视数字化整体转换，使有线电视频道更多、图像更好、功能更全、服务更广。

二、整体转换基本方式

1.免费为合法用户配置 1 台机顶盒及智能卡。在有线电视数字化整体转换期间，为每个有线模拟电视家庭用户的第一台电视机免费配置 1 台有线数字电视基本型机顶盒及智能卡（称第一终端），使该用户成为有线数字电视用户。有线数字电视家庭用户的第二台或第二台以上电视机使用的有线数字电视机顶盒及智能卡（称第二或第二以上终端）由用户自行购买。

2.增加节目内容，拓展业务范围。为电视用户提供60套基本数字电视节目、20套数字音频广播以及阳光政务、数据广播、股票行情等业务，可提供 45 套付费数字电视节目。

3.完善服务措施，提高服务质量。依托全省统一的客户服务平台，为用户提供24小时服务。公开服务规范，履行服务承诺，接受社会监督，切实保障用户权益。

4.加快示范镇有线数字电视光缆网络建设。在进行示范镇扩建、产业聚集区建设时，将有线数字电视光缆网络与其他市政设施同步规划、同步建设。

三、实施步骤

1.第一阶段（2011年底前），基本完成赣州市经济开发区潭口镇、吉安市吉州区长塘镇、乐平市洪岩镇、新余市渝水区罗坊镇有线电视数字化整体转换。

2.第二阶段（2011—2012年），基本完成赣州市赣县江口镇、信丰县大塘埠镇，吉安市泰和县螺溪镇、吉安县永和镇、新干县金川镇，南昌市进贤县李渡镇、湾里区梅岭镇、高新区麻丘镇，九江市共青城甘露镇、庐山区新港镇、彭泽县马当镇，萍乡市安源区安源镇，鹰潭市月湖区童家镇，宜春市高安市八景镇、明月山管理局温汤镇，上饶市鄱阳县田畈街镇、鄱阳县油墩街镇、三清山管委会枫林镇、余干县乌泥镇、婺源县江湾镇，抚州市临川区云山镇、临川区唱凯镇有线电视数字化整体转换。

四、保障措施

1.加强组织领导。成立以省广电局纪委书记刘玉东为组长，局办公室、科技处、计财处、网络公司等单位负责人为成员的江西省广播电影电视局加快示范镇有线电视数字化整体转换领导小组。

2.建立示范镇建设督促检查工作机制。落实督查指导制度，对示范镇建设督查指导一年不少于 4 次，解决推进过程中出现的困难和问题。

3.开展培训，根据示范镇有线电视建设的需要，紧贴实际，主动对接，举办示范镇有线电视数字化整体转换技术人员培训班，为示范镇建设提供技术力量保障。

4.加大宣传力度，积极引导，推进有线电视数字化发展。要采取多种形式大力宣传推进有线电视数字化的重要意义，正确引导和帮助广大有线电视用户转变消费观念，使有线电视数字化得到社会各界的广泛认同、人民群众的普遍欢迎。

5.技术支撑和服务保障。整体转换过程中，要严格执行广播电视数字化的技术政策和标准规范，加快建立用户管理、运行维护等系统，建立完善有线数字电视技术服务新体系，为维护有线数字电视运营秩序提供有力的保障。

(赣广技字〔2011〕54 号)

关于规范我局干部选拔任用提名工作的实施意见

为贯彻落实《中共江西省委关于贯彻〈2010—2020 年深化干部人事制度改革规划纲要〉的实施意见》(赣发〔2010〕8 号)精神，深化我局干部人事制度改革，建立健全主体清晰、程序科学、责任明确的干部选拔任用提名制度，扩大干部工作民主，匡正选人用人风气，提高选人用人公信度，推进干部选拔任用工作的科学化、民主化、制度化，根据省委组织部《关于规范干部选拔任用提名工作的通知》(赣组字〔2010〕69 号)精神和干部选拔任用相关规定，结合我局干部工作实际，现就规范我局干部选拔任用提名工作，提出如下实施意见：

一、干部选拔任用提名工作的原则要求

建立健全科学的提名制度，是党的十七届四中全会明确提出的目标任务。干部选拔任用提名工作是否规范，直接关系到能否选准用好干部，对于提高选人用人公信度至关重要。干部选拔任用提名工作要严格遵循《党政领导干部选拔任用工作条例》和省委组织部《关于规范干部选拔任用提名工作的通知》等规定的原则，坚持民主、公开、竞争、择优，严格程序，规范操作，人岗相适，优化结构，权责一致，失职追究，实现民主提名、公开提名、责任提名。

二、干部选拔任用提名工作程序

干部选拔任用提名工作一般应当经过动

议、推荐、确定考察对象等程序。

（一）动议

1.处级干部选拔职位动议。局组织人事处根据局属单位、机关处室领导班子及干部工作需要和处级职位空缺情况，征求分管局领导等有关方面意见，提出处级干部选拔职位动议建议，报经局党委书记同意。电台、电视台处级干部选拔职位动议，根据台领导班子集体研究的职位动议建议意见，向局组织人事处提出职位动议建议报告，局组织人事处再按规定程序提出处级干部选拔职位动议建议，报经局党委书记同意。

2.科级干部选拔职位动议。局属单位根据工作需要和科级职位空缺情况，由单位领导研究后向局组织人事处提出职位动议建议报告，局组织人事处报经分管组织人事工作局领导和分管单位工作局领导同意。

3.动议内容包括拟选拔职位、任职资格条件、人选推荐方式。经同意后的动议选拔信息在一定范围内公布，公布的具体时间根据实际情况确定。干部选拔职位动议原则上每年不超过二次，即上半年和下半年各一次。

（二）推荐

1.处级干部人选提名推荐。根据同意后的局属单位、机关处级干部选拔职位及不同选拔职位的特点，可采取党委集体推荐提名、组织人事处建议提名、领导干部个人推荐提名、干部个人自荐和群众推荐提名等方式进行差额推荐提名。无论采取什么方式提名，都必须经过民主推荐，民主推荐得票率未达到50%的，原则上不能列为考察对象。

平职调整处级干部人选，由局组织人事处根据局属单位、机关处室领导班子及干部工作需要，在听取局有关领导、单位党组织和干部群众意见基础上，提出建议，局党委集体研究确定。电台、电视台平职调整处级干部，根据台领导班子集体研究的建议意见，向局组织人事处提出平职调整建议报告，局组织人事处再按规定程序提出平职调整建议，局党委集体研究确定。

2.科级干部人选提名推荐。局属单位根据同意后的科级干部选拔职位，由领导班子集体研究确定差额提名推荐人选，在规定的范围内对差额提名推荐人选进行民主推荐。民主推荐得票率达到50%的，即可作为考察对象研究人选。

平职调整科级干部人选，由各单位根据工作需要在听取本单位干部群众意见的基础上，领导班子集体研究后，向局组织人事处提出平职调整建议报告，局组织人事处再按规定程序进行审批。

3.处级和科级干部人选民主推荐票较分散的，可视情况取前若干名进行第二轮民主推荐。民主推荐结果一年有效。

处级干部和科级干部的公开选拔、竞争上岗主要按照《公开选拔党政领导干部工作暂行规定》和《党政机关竞争上岗工作暂行规定》进行操作。

（三）确定考察对象

1.处级干部考察对象的确定。在民主提名和推荐的基础上，局组织人事处按照“应当把民主推荐结果作为重要依据之一，同时防止简单地以票取人”的原则要求，根据同意后的处级干部选拔职位，集体研究处级干部考察对象差额建议人选，报局党委书记、局长、分管干部工作的局领导和分管纪检监察工作的局领导酝酿确定考察对象。

2.科级干部考察对象的确定。在民主推荐的基础上，单位领导集体研究科级干部考察对象建议人选，并将民主推荐和集体研究情况报局组织人事处审核后，方可确定为考察对象。

三、强化干部选拔任用民主提名和推荐工作的监督

1.实行干部选拔任用提名和推荐工作责任追究制度。坚持权力与责任相统一，干部选拔任用提名和推荐工作实行责任追究制度，对违反本实施意见造成用人失误或用人不当的，按照《党政领导干部选拔任用干部责任追究办法（试行）》等有关规定，分别追究有关人员的责任。

2.实行干部选拔任用提名和推荐工作全程纪实制度。局组织人事处应当如实记录处级干部提名过程中动议、推荐、确定考察对象等情况；局属单位人事部门应当如实记录科级干部提名过程中动议、推荐、确定考察对象等情况。

3.实行干部选拔任用提名和推荐工作信息公开。干部选拔任用提名情况应在一定范围内公开。民主推荐后，可以适当方式，向参加推荐的人员反馈每一职位得票靠前人员名单，人员名单按姓氏笔画排序。在酝酿人选时，应当公开各方面推荐人选等情况。在研究确定考察对象、讨论决定任用时，应当公开民主推荐情况等。

4.加大干部选拔任用提名和推荐工作的监督力度，提高选人用人公信度。在干部选拔任用提名推荐和民主推荐或民主测评中，凡通过宴请、送礼、安排消费活动、打电话、发短信、当面拜访等形式或委托、授意中间人出面说情，请求他人在推荐过程中给予自己关照等行为，均属拉票行为。对查核属实有拉票行为的人员，予以严肃处理。在领导干部推荐工作开始前发现并查实拉票的，不予列入被推荐人选名单；考察过程中发现并查实的，是考察对象的，取消考察对象资格；考察结束后发现并查实的，已列入拟任人选的，取消拟任人选资格。情节严重的，先免去现职或者责令辞职，再根据情况作出调整、降职等进一步的组织处理。应当给予纪律处分的，按规定处理。

参与、帮助他人拉推荐票的，同样属于严重违反组织人事纪律的行为，比照为自己拉票的行为给予相应处理。

（赣广党字〔2011〕3号）

赣州市应急广播体系建设实施方案

一、建设背景

1.应急广播和应急广播体系。应急广播是指在面临突发公共事件时，通过广播向公众传递紧急信息、传达政令，各级政府实施救援指挥和舆论引导的一种应急手段。国家应急广播体系是围绕应急广播而构建的、由国家统一指挥的突发公共事件应急体系。赣州市应急广播体系是国家应急广播体系的组成部分，是赣州区域性体系，纵向形成国家、省、市、县、乡、村上下贯通，横向与同级政府应急管理部门、气象等相关行业部门高效联动。

2.近些年来，国内外重大自然灾害等突发公共事件频发，在应对和处置这类公共突发事件中，由于广播采集快、传播快、覆盖广泛、接收便利、受电力通讯中断等客观环境因素影响小、抗损毁能力强等特点，在及时传达政令，灾前发布预警信息、灾中发布灾情信息，进行应急救援指挥、舆论引导、稳定人心等方面发挥了不可替代作用。美国、日本和欧州一些国家高度重视应急广播建设，建立起了覆盖广泛、技术先进、反应快速的应急广播体系。最近，党和国家领导人对国家应急广播体系建设作出了重要批示，国家应急广播体系已列入国家“十二五”规划重点文化、重点民生项目，列入国家广播电视“十二五”重点建设工程项目，目前已正式启动。

3.我市具备了建设应急广播体系的技术条件和优势。由我市自主研发的《基于多模通信的RDS可寻址调频应急广播运用技术方案》通过了国家广电总局的专家论证，随后，市文广局、赣州人民广播电台、国家广播科学研究院、江西广信科技有限公司共同与国家广电总局签订了《区域性紧急广播关键技术研发和规模试验》项目合同，并将我市列入应急广播体系建设的试点城市。我市是洪涝、山体滑坡、冰冻雨雪等自然灾害易发地区，在全市建立起一个以广播为载体的宣传平台和公共文化服务平台，对于地方党委政府的宣传阵地建设和满足人民群众的文化和信息需求，都具有十分重要的意义。

二、指导思想

以邓小平理论和“三个代表”重要思想为指导，深入贯彻落实科学发展观，体现民生为本的执政理念，建立起一个覆盖赣州市辖城乡、上下贯通、高效联动、平战结合、安全可靠的赣州市应急广播体系。充分发挥应急广播体系在公共突发事件中紧急信息发布、及时传达政令、正确舆论引导作用，在平时发挥宣传主阵地和公共文化服务平台作用，为建设创业、宜居、平安、生态、幸福赣州服务。

三、建设步骤

1.市、县两级必须在今年启动应急广播体系建设，并在2012年6月底之前完成县级应急广播播控中心建设和60%以上的乡村覆盖，尤其是自然灾害易发乡（镇）的覆盖。全市应急广播体系力争在2012年底之前基本建成，覆盖全市市、县城区及90%以上的乡村。

2.市应急广播播控中心和中心城区应急广播的布控在2011年12月底之前完成。

3.确定瑞金市、信丰县、赣县、兴国县为规模试验县，列入项目规模试验的县（市、区），在2011年12月底之前，至少要按试验标准完成县级应急广播播控中心和两个乡、四个村的应急广播体系的覆盖。

4.测试和检查验收。《区域性紧急广播关键技术研发和规模试验》项目、市应急广播播控中心、规模试验县（市）应急广播体系建设由国家广电总局组织测试验收。其他县(市)应急广播体系建设由市应急广播体系建设领导小组组织对技术标准的测试和完成情况的检查验收。

四、具体要求

1.加强领导，保障建设经费。各地各有关部门切实加强应急广播体系建设的组织领导，要在原“各级推进本地广播电视节目进村入户工作领导小组”的基础上，成立应急广播体系建设领导小组，负责组织和领导各级应急广播体系的建设。市应急广播体系建设领导小组要加强对县(市、区)应急广播体系建设的督促检查，定期通报建设情况。要切实保障建设经费。应急广播体系建设是一项为民谋福祉的民生工程，也是一项提高政府执政能力、维护政府执政形象、创新社会管理的一项政府工程，工程投入少，现实意义大，社会效益大。各级政府要切实保障建设经费，确保应急广播体系建设的顺利进行。

2.明确责任、分级负责。《区域性紧急广播关键技术研发和规模试验》国家科研项目由市文广局和赣州人民广播电台负责按国家广电总局项目合同要求完成。为配合做好项目的规模试验，迎接全国应急广播体系建设现场会在我市召开，列入规模试验县的县（市）和市文广局、赣州人民广播电台配合做好规模试验工作。

赣州市应急广播体系的建设实行分级分区负责建设。市文广局和赣州人民广播电台负责制定全市应急广播体系建设方案和技术标准，审核各县（市、区）应急广播体系建设方案和建成后的测试验收，负责市本级应急广播播控中心和中心城区应急广播的组织建设。各县（市、区）负责本县（市、区）应急广播体系建设。在应急广播体系建设和建成后运行过程中，各级广电、应急办、民政、气象、水利、卫生、供电、通讯等部门要密切配合，积极支持，保障建设顺利和建成后体系运行通畅、统一联动。

3.统一规划，实现无缝对接。为了实现国家、省、市、县、乡、村的上下对接贯通，形成区域体系，适时准确接收和播出市级及中央、省级应急广播指令和信息，转播赣州人民广播电台一套节目，各县（市、区）必须按照统一规划，统一建设方案，统一技术标准的原则进行规划和建设，主要设备要符合技术标准，实现与市级播控中心的无缝对接。技术方案和技术标准由市文广局制定，另行下发。

4.确保建设质量，实现安全播出。各县（市、区）要结合正在进行的“广播村村响”工程建设应急广播体系，避免重复建设，建设一套系统，实现两个功能，实现平战结合。已建成“广播村村响”工程的，要按市统一的建设方案和技术标准进行升级改造。同时，要切实保障应急信息采集、播出的准确、可靠、安全。　（赣市府办发〔2011〕37号）

频率频道 节目栏目

节目栏目

2011 年新开办的节目栏目

江西人民广播电台

新闻早高峰

都市广播2011年1月1日开办,是一档资讯杂志类节目。节目解读时政民生新闻，立体呈现听众所关注的时政民生娱乐新闻事件。节目下设《资讯快车道》、《民意开讲》、《新闻故事》等。每天7:00播出，时长60分钟。

玩转生活

都市广播2011年1月开办,是全省首档分享体验类节目。节目以分享生活经验为宗旨，集吃喝玩乐购于一体,及时发布最新最潮的时尚信息。节目配备的外场主持每天通过电话连线听众，反馈真实的消费体验感受。每天12:00播出，时长90分钟。

都市慢生活

都市广播2011年11月1日开办，是全国首档聚集慢生活的节目。节目带领听众领略都市新风潮，感受慢生活的魅力。每天9:00播出，时长150分钟。

吃喝玩乐总动员

信息交通频率2011年2月26日开办，是一档集餐饮、娱乐为一体的服务类节目。节目为听众提供多套餐饮、娱乐方案，通过电话连线方式，为大家提供餐位、车位、价位等情况，为移动人群提供丰富的美味享受。每周一至周五 11:00 播出，时长60分钟。

小君的微世界

农村频率2011年9月开办,是一档创新节目。节目定位是融汇传统与新兴媒体，分享风尚与潮流生活，通过碎片化的传播新形式，播报微博大事小事，360 度广阔挖掘微博流行风向。节目下设《微笑创意坊》、《同城微力量》、《微妙乐生活》等板块。每周一至周五8:00播出，时长120分钟。

全民开味

农村频率2011年9月开办,是一档谈话类节目。节目定位是品尝美食，品味生活，品读人生，品评时事。每周一至周五 11:00 播出，时长 60 分钟。

江西电视台

金牌调解

卫视频道 2011 年 3 月 21 日开办，是一档原创调解类栏目。栏目定位于“调解纠纷、化解矛盾、促进和谐”，全景展现人民调解的过程。栏目由当事人在电视台演播室内讲述事件因果，由人民调解员、律师、心理专家等专业人士组成的调解团队现场给出调解建议，促使当事双方达成调解协议，化解平息矛盾。栏目每天报名要求调解的热线电话都在 200 个以上，“有问题来调解，来调解没问题”宣传口号已经深入人心。2011 年收视统计，《金牌调解》平均收视率位居全国省级卫视同时段前 4 名，单期节目最高排名全国省级卫视同时段第 1 名。该栏目 35 城市平均收视千人、平均收视率、平均市场份额 3 项指标与 2010 年江西卫视同时段相比，增长近 70%。截至年底，栏目已现场调解矛盾纠纷 286 件，调解成功率达到 90%以上。每天 21:15 播出，时长 45 分钟。

地宝当家

都市频道 2011 年 8 月 15 日开办，是一档方言生活服务娱乐类栏目。栏目紧紧围绕“实用”二字，力求用最娱乐的方式传播生活中的健康养生知识，弘扬科学的生活理念与方法，倡导积极向上的生活心态。栏目内容轻松、实用、活泼、时尚，吸纳了大量年轻观众。栏目开播取得 3.29 的超高收视，跃居同时段第一位。截至年底，栏目平均收视率达 3.02，稳居同时段第一，与 2010 年同时段相比，收视率激增 3.39 倍，创下收视仪测量以来该时段的收视纪录。每天 17:30 播出，时长 30 分钟。

渴望就是力量——晒出我的渴望

影视频道 2011 年 4 月开办，是一档大型青春励志活动。活动以青春励志、关爱互助、让青年人关注公益为目的。活动历时 4 个月，分三个阶段进行，在南昌、新余、抚州、赣州、九江、上饶 6 大赛区和 7 所高校进行选手招募选拔活动，报名参与人数近万人，在我省年轻观众中引起强烈反响。海选 4 月 1 日至 30 日 18:15 播出，复赛及淘汰赛 5 月 1 日至 6 月 12 日的每周日 19:30 播出，总决赛 6 月 19 日 19:00 播出，时长 65 分钟。

Happy 校园行

少儿频道 2011 年 10 月开办，是一档大型户外团队益智竞技互动类栏目。栏目下设《yes or no》、《AB 砰》、《之乎者也》、《让毽子飞》、《快乐传递》等环节。栏目弘扬校园文化，展现校园风采，展示班级风貌，体现当代中小学生团结拼搏、奋进向上的精神面貌。栏目开播以来，收视率持续攀升，其中单期节目多次超越动画片收视率，多次居单周频道收视率排名第一。每周六 18:00 播出，时长 45 分钟。

九江人民广播电台

大家帮大家

交通音乐频率 2011 年 3 月 7 日开办。该节目通过热线和短信的方式，由听众提出问题并由其他听众帮忙解答。节目播出求职招聘、求购出售，求租出租、遗失招领等大量实用信息，可听性、实用性与服务性兼具，深受广大听众的喜爱。每周一至周五 14:00 播出，时长 60 分钟。

快乐 2+1

交通音乐频率 2011 年 3 月 7 日开办。节目以轻松的基调给在下班路上的听众提供美食指南、新闻资讯和及时路况。每周一至周五 16:30 播出，时长 90 分钟。

非常加油站

交通音乐频率 2011 年 3 月 7 日开办，是一档晚间直播节目。节目采取嘉宾评析、交警连线、听众反馈、短信参与等多种方式，关注本地交通资讯和出行相关新闻事件。每周一至周五 19:30 播出，时长 60 分钟。

彭泽县广播电视台

健康驿站

2011 年 3 月 10 日开办，是一档卫生健康服务类电视专题栏目。栏目宗旨是宣传卫生知识，关注你我健康。栏目邀请医疗专家做客演播室，介绍卫生保健和疾病预防等知识，为广大受众解疑答惑。每周二、四 20:10 播出，时长 10 分钟。

景德镇广播电视台

成长快乐

陶瓷文化频道 2011 年 5 月开办，是一档公益性青少儿教育栏目。栏目宗旨是“引领成长、塑造未来、经历风雨、感受关怀”。栏目下设《娃娃乐园》、《童星我最棒》、《校园新闻》、《欢乐跳跳堂》、《开心巧巧手》、《IQ 大比拼》、《青春跑道》等子栏目。每天 18:15 播出，时长 15 分钟。

萍乡人民广播电台

我帮你青春工作室

交通文艺频率 2011 年 1 月开办。栏目为广大青少年提供法律咨询、政策咨询、心理疏导等方面的服务。全年共接听热线近 200 条，帮助、解决问题 80 余个，跟踪、回访问题 120 个。每周六 11:00 播出，时长 60 分钟。

方言古古古

交通文艺频率 2011 年 4 月 26 日开办。节目宗旨是“体会方言乐趣，感受方言魅力”。每周二 10:00 播出，时长 60 分钟。

新余人民广播电台

幸福帮帮帮

新闻综合频率 2011 年 2 月 21 日开办，是一档大型服务节目。节目与各类爱心活动紧密相连，并不定期开展困难家庭、困难个人公示，让社会爱心人士友情帮助。每周一至周五 10:00 播出，时长 30 分钟。

对话 900

故事频率 2011 年 1 月 18 日开办，是一档本土嘉宾访谈类节目。节目通过与新余本土各界人士对话，从不同视角、不同层面挖掘人物背后的故事，与听众分享他们的成长经历和人生感悟。每周一至周五 10:10 播出，时长 50 分钟。

新余电视台

新余新闻

新闻综合频道2011年1月1日恢复开办，是一档以时政新闻为主的日播新闻板块栏目。每天19:35播出，时长20分钟。

公共视线

公共频道2011年1月1日开办，是一档以民生社会新闻事件为内容的话题类新闻节目。每周一、三、五18:20播出，时长20分钟。

警方在线

公共频道2011年1月1日开办，是一档法制类专题栏目。通过嘉宾访谈剖析法制案例，传播法律知识，弘扬法治精神，见证和推进平安新余创建历程。每周二、四18:20播出，时长20分钟。

公共观察

公共频道2011年1月1日开办，是一档新闻评论类栏目。通过嘉宾访谈剖析新闻事件，展现新闻背后的声音，诠释事件背后的涵义。每周六、日18:20播出，节目时长20分钟。

畅游天下

教育频道2011年4月1日开办，是一档周播类文化旅游栏目。栏目通过宣传推介市内外著名景区景点、发布旅游相关信息资讯等，服务受众。每周六20:00播出，时长20分钟。

赣州人民广播电台

945达人生活馆

交通音乐频率2011年2月1日开办，是一档家装节目。节目为装修者提供家装产品介绍、折扣，以及装修一条龙服务，成为家装一族的贴心管家，引领时尚生活人群的消费理念。每天10:00播出，时长60分钟。

赣州电视台

乡村报道

教育频道2011年4月开办。栏目定位于资讯服务，秉承“为了农民办，办给农民看，农民参与办”的宗旨，以平民的视角，报道发生在农民身边的大事小事。栏目下设《乡里乡情》、《天气与农情》、《农民讲堂》等子栏目。每天18:45、21:30播出，时长 30分钟。

赣州市章贡区广播电视台

娱乐宅急变

2011年3月开办，是一档文化娱乐广播节目。节目以娱乐资讯为切入点，突出节目的知识性、趣味性和参与性，在轻松愉悦的氛围中使受众获得更多的文娱资讯。每周一至周五 12:30 播出，时长30分钟。

923资讯网

2011年1月开办，是一档集信息、文化和健康引导为一体的全方位生活服务资讯类广播节目。节目从心理、生理、生活方式等方面诠释时尚生活的概念。每天 8:00 至 22:00 整点播出，每次时长 3 分钟。

赣县广播电视台

三送

2011 年 3 月 10 日开办，是一档以配合全县“送政策、送温暖、送服务”工作进程，宣传典型，介绍经验，推进工作为宗旨的电视栏目。每周一至周五 20:45 播出，时长 10 分钟。

崇义县广播电视台

消费警示

2011 年 2 月开办，是一档电视栏目。栏目宗旨是引导广大市民正确识别和选购商品。每周五 20:30 播出，周六 12:30 重播，时长 5 分钟。

政风行风热线访谈

2011 年 3 月开办，是一档电视栏目。栏目宗旨是全面反映全县开展民主评议政风行风工作情况，切实解决服务对象反映的政风行风建设方面存在的问题。每周六 20:10 播出，周日 12:40 重播，时长 10 分钟。

大余县广播电视台

大余经纬

2011 年 1 月 15 日开办，是一档电视栏目。栏目宣传本土特色文化，让广大市民更加深入全面知晓乡史，了解文脉，激发建设美好家乡的雄心壮志。每周三 19:40 播出，时长 10 分钟。

“三送”在身边

2011 年 6 月 21 日开办，是一档电视栏目。栏目以记者的视角宣传报道“送政策、送温暖、送服务”活动的意义、进展，活动中涌现的好人好事，以及该活动对农村群众生产生活带来的变化。每天 20:00 播出，时长 3 ~ 5 分钟。

信丰县广播电视台

天南地北信丰人

2011 年 1 月 12 日开办，是一档大型人物专题电视栏目。栏目宗旨是多层面、多角度报道信丰人他乡创业的感人事迹，弘扬信丰人勤劳朴实的创业精神，展示天南地北信丰儿女之风采，密切故乡与他乡信丰籍人士的联系，激发信丰儿女爱乡兴乡的热情，浓厚干事创业追赶跨越争先进位的氛围，形成新的创业热潮。栏目每两周制作播出 1 期，每周三、四 20:10 播出，时长 10 分钟。

于都县广播电视台

健康之友

2011 年 4 月 18 日开办，是一档电视栏目。栏目树立科学健康理念，增强大众健康意识，传递新鲜医疗资讯，介绍养生保健常识，为观众答疑解惑，同时以开阔的健康视野，更新的卫生理念，倡导科学的生活方式，为观众传递健康，使观众认识健康、了解健康、把握健康、拥有健康。

每周一、三、五 18:00 首播，周二、四、六 18:00 重播，时长 30 分钟。

干部下基层　三送暖民心

2011 年 1 月 8 日开办，是一档电视栏目。栏目围绕市、县“三送”工作举措，全面报道“三送”干部风采和“三送”工作取得的成效，进一步密切干群关系，促进农民增收致富。每周一、三、五 19:50 首播，周二、四、六 12:30、19:50 重播，时长 2 分钟。

宜春广播电视台

帮忙热线

明月之声 2011 年 6 月 1 日开办，是一档帮忙类节目。节目搭建沟通平台，汇集公众力量，为百姓维权帮忙。节目坚持“帮理、帮急、帮忙不添乱，帮忙帮到底”的原则，彰显了媒体的社会责任，贴近生活、贴近百姓，拉近了电台节目与听众的距离，体现了媒体的人文关怀，具有鲜明的特色。每周一至周六 9:30 播出，时长 60 分钟。

丰城市广播电视台

健康 180

2011 年 9 月开办，是一档电视栏目。栏目秉承服务民生宗旨，通过案例分析、专家讲座等形式，向广大市民介绍健康基础知识、常见疾病防治、养生保健等健康养生方面的内容，提高市民健康水平，倡导健康绿色生活理念。每周二 18:50 首播，周三、四 8:50，中午 12:45 重播，时长 12 分钟。

樟树市广播电视台

健康樟树

2011 年 6 月 17 日开办，是一档电视栏目。栏目主要介绍一些常见的疾病预防和健康保健知识，提高市民健康保健意识。栏目每周播出 1 期，每周五 21:45 首播，周六 12:45、次周一 21:45、次周二 12:45 重播，时长约 12 分钟。

法治樟树

2011 年 9 月 21 日开办，是一档电视栏目。栏目深度报道樟树市政法机关在打击犯罪、保护人民、服务群众、为经济建设保驾护航等方面做出的突出成绩，以及在工作中涌现的先进集体和先进个人，全面展示和谐平安创建工作成效。栏目下设《政法动态》、《警方在线》、《检察之声》、《樟树法院》、《司法之窗》、《聚焦民政》6 个子栏目。栏目每周播出 1 期，每周三 21:45 首播，周四 12:45、周日 21:45、次周一 12:45 重播，时长约 10 分钟。

宜丰县广播电视台

信息互联网

2011 年 4 月 16 日开办，是一档广播节目。节目采取直播信息的方式，为全县人民提供出租（出售）房屋、汽车，店面转让，求职等各类信息。节目开通热线电话、短信平台、QQ 群平台，让听众互动参与。每天 11:30 播出，时长 30 分钟。

城市快跑

2011 年 11 月 27 日开办，是一档全民娱乐互动类广播节目。节目采取直播和外场互动的形式，主持人提出不同问题，让听众通过热线电话、短信平台、QQ 群等平台互动参与，答对的听众可以领取礼品。每周六 11:00 播出，时长 30 分钟。

健康天地

2011 年 3 月 7 日开办，是一档健康科普类电视栏目。栏目宣传医疗卫生政策信息，介绍卫生健康知识，为患者提供就医咨询和治疗服务，服务广大人民群众。每周一、三、五 20:00 首播，周二、四、六 20:30 重播，时长 5 分钟。

宜丰警方

2011 年 4 月 23 日开办，是一档电视法制类栏目。栏目宗旨是追踪警方行动，讲述警民故事，反映警情动态，展现公安风采。栏目下设《案件直击》、《公安要闻》、《警方提示》、《民警风采》、《便民为民》5 个子栏目。栏目每两周播出 1 期，隔周五 20:00 首播，时长 15 分钟。

步步为赢

2011 年 10 月 23 日开办，是一档益智游戏类电视栏目。栏目通过精心的包装，巧妙的环节设计，浓厚的氛围营造，给观众带去接连不断的惊喜和欢乐。栏目每周播出 1 期，每周日 20:15 首播，时长 30 分钟。

吉安人民广播电台

给力正当午

新闻综合频率 2011 年 3 月 15 日开办，是一档娱乐节目。节目宗旨是快乐相随，幽默相伴，带给听众午间听觉盛宴。每周一至周五 13:00 播出，时长 60 分钟。

音乐加油站

新闻综合频率 2011 年 3 月 15 日开办，是一档音乐类节目。节目包含新歌推荐、榜单介绍、音乐主题、音乐故事等内容。每周一至周五 17:00 播出，时长 60 分钟。

1021 星语心愿

新闻综合频率 2011 年 3 月 15 日开办，是一档晚间情感谈话类节目。每周一到周五 22:00 播出，时长 60 分钟。

动感晚班车

交通娱乐频率 2011 年 11 月 28 日开办，是一档生活服务类节目。节目把饮食、交通、资讯有机地结合起来，下设《吃在吉安》、《路况播报》、《资讯快车道》、《微博大世界》等环节，给听众晚高峰生活提供海量资讯。每天 17:00 播出，时长 90 分钟。

吉水县广播电视台

库区移民行

2011 年 1 月 18 日开办，是一档电视专题栏目。栏目通过报道峡江水利枢纽工程开工建设后，吉水县各级党委政府积极采取各项行动，制定各项优惠政策，以及在移民过程中涌现出来的好人好事、库区群众在移民过程中表现出来的典型事迹等，大力营造全县库区移民的良好氛围。每周五、六 20:30 播出，时长 10 分钟。

泰和县广播电视台

西昌故事

2011年1月开办，是一档电视专题栏目。栏目系统介绍泰和县人文景观、历史故事、传统习俗等，让观众了解泰和、品味泰和，激发泰和人民热爱家乡、建设家乡的热情。栏目隔周周日19:35播出，时长20分钟。

新干县广播电视台

新干警方

2011年1月开办，是一档法制类电视专题栏目。栏目结合典型案例报道和案情分析，开展普法宣传，反映公安工作，教育警醒受众知法守法。每周四20:00首播，21:45重播，次周四20:00、21:45重播，时长15分钟。

抚州人民广播电台

正午时光

新闻综合频率2011年1月1日开办，是一档服务类节目。节目关注民生民情，服务百姓生活，积极为听众搭建服务平台，提供与百姓息息相关的信息，解读相关的政策，为百姓排忧解难。每周一至周五11:30播出，时长60分钟。

嘻嘻哈哈

新闻综合频率2011年1月1日开办，是一档娱乐类节目。节目以风趣幽默、贴近生活的笑话为主要内容，两位女主持一位用本地话讲述，一位用普通话解说，“土”“洋”结合，将角色扮演得淋漓尽致，把笑话演绎得惟妙惟肖。每周一至周五19:00播出，时长60分钟。

2011年有较大改进的节目栏目

江西人民广播电台

新闻110·善行天下

综合新闻频率开办，是一档民生新闻帮忙类栏目。2011年1月1日进行全新改版。节目深化帮忙类报道，强化服务功能，注入“善德善行”的文化内涵，提出“善行天下”的核心理念，立足从平凡人平凡事中发现不平凡，弘扬普通人的善行义举，引导更多人加入到社会公益爱心活动中来。节目组建“大学生帮忙团”3000余人、“律师帮忙团”近200人、“记者帮忙团”220余人、“百姓帮忙团”数以万计。节目举办大小慈善活动近百场，筹集社会善款（包括物资折价）100余万元，救助困难群众200余人。节目获全国广电系统法制宣传先进集体称号和江西省广电局2011年度宣传工作创新奖。每天11:00播出，时长60分钟。

江西电视台

娱评天下

影视频道2011年3月18日起全面改版。栏目由原来的以原创杂文短剧为主，改为由《娱评新闻》、《娱评补习班》、《娱评短剧》三个环节组成。改版后保留了《娱评天下》原有的风格，并在跟进时事新闻评述、贴近百姓生活、增加娱乐元素方面推出更加新颖丰富的形式。栏目获2011年第六届江西省优秀电视文艺奖三等奖。每天19:00播出，时长20分钟。

景德镇广播电视台

大众呼声

新闻综合频率2001年开办，2011年1月改版，在节目早间版《呼声面对面》的基础上增设下午版《呼声回音壁》，及时将上午接到的热线与有关部门联系，督促问题协调解决，在下午节目中给予回复。栏目宗旨是"为政府分忧，为百姓解难"，架设政府与百姓沟通的桥梁，化解矛盾，宣传党的政策，通过热线反映问题寻求帮助。节目中问题解决率达75%。每天7:20和17:30播出，上午时长40分钟，下午时长30分钟。

宜春市袁州区广播电视站

袁州政法

2011年9月22日，《袁州法制》改版为《袁州政法》，是一档法制专题电视栏目。栏目结合袁州区社会稳定和经济发展工作，围绕法律主体，采用案例短片、专题新闻报道、现场再现等多种表现手段，使观众通过身边案例故事接受法制教育。栏目每周1期，每周五19:45首播，时长15分钟。

丰城市广播电视台

警视风云

2011年1月，《警方热线》节目改版升级为《警视风云》。栏目下设《警方资讯》、《破案故事》板块，并适时推出《警察人生》、《百日行动》等临时板块，表现人民警察爱岗敬业、保和谐促稳定的坚定信念和英勇献身精神。栏目每周日20:00播出，时长15分钟。

高安市广播电视台

人物春秋

2011年3月16日，《天南地北高安人》改版为《人物春秋》。栏目以独特的视角、新颖的理念，关注高安经济社会发展过程中涌现出来的富有创新、创造力、作出突出贡献的杰出人物，讲述人物成长故事，诠释人物心路历程，展示人物人生情怀。每周三20:00首播，时长12分钟。

吉安电视台

今晚八点

2011年5月5日栏目改版。改版后栏目下设《现场、追踪》、《深度、焦点》、《民情、服务》3个板块，并开辟《微博互动》板块。栏目推出后，吸引大量吉安网民积极参与讨论，对社会热点问题提出很多很好的意见和建议，为政府和群众架起了沟通的桥梁，增加了节目的时效性和服务性。每周一至周六20:00播出，时长20分钟。

2011年有特色有影响的节目

江西电视台

中国红歌会

“中国红歌会”是一个大型季播选秀活动，创办于2006年10月，每季活动时间约4个多月。活动以演唱红色经典歌曲为主要内容，以电视选秀为主体形式，为群众唱响红歌搭建平台，引人入胜，催人奋进。一路唱来的“中国红歌会”，始终弘扬时代的主旋律，坚持正确的审美导向，服务广大的电视观众，注重提高专业品质，唱响主旋律，传播正气歌，传承革命信念，弘扬优良传统，涤荡低俗之音，引领健康风尚，顺应历史潮流，召唤时代精神。6年来，“中国红歌会”在全国各地举办了上百场活动，吸引了近60多万红歌爱好者的直接参与，数十亿观众通过江西卫视收看了“中国红歌会”，在中国大地掀起了一股听红歌、唱红歌的红歌热潮。2011年5月14日至8月29日，“2011中国红歌会”以“红歌在我心 颂歌给党听”为主题，再次席卷全国大地。从5月14日南昌唱区打响“海选第一枪”之后，北京、上海、重庆、广州、武汉、沈阳、成都、太原、警营、海外、网络海选烽火台相继点燃，再一次为全国的观众带来全新的红歌顶级盛宴。“中国红歌会”已成为弘扬先进文化的知名品牌，成为江西的一张文化名片，成为江西省委省政府加强精神文明建设的一项长期活动。

“颂歌献给党 爱我新江西”大型群众歌咏比赛

为隆重纪念中国共产党成立90周年，抒发赣鄱儿女对祖国、对党的挚爱之情，省委宣传部、省直机关工委、省委教育工委、省国资委、省文化厅、省广电局、省文联、江西电视台共同举办“颂歌献给党 爱我新江西”大型群众歌咏比赛。整场比赛的复赛、决赛由都市频道承办。本次活动从3月海选开始，历时3个月，参与人员遍及全省，11个设区市、省军区、省武警总队、省直机关工委、省委教育工委、省国资委、省内各大高校等纷纷组队参赛。《没有共产党就没有新中国》、《江西是个好地方》、《可爱的家乡》等100首歌颂中国共产党、赞美美丽江西的优秀歌曲通过本次大赛唱响赣鄱大地。参赛者采用合唱、组唱、独唱、对唱各种形式的表现手法，唱出对党、对祖国、对家乡江西的深切情感。活动分海选、复赛、决赛、总决赛暨颁奖晚会四个阶段，其中海选阶段由各设区市、高校、省直机关、部队自行组织进行，从复赛起各阶段比赛在南昌举行，6月25日至6月27日，都市频道在晚间黄金时段现场直播决赛， 6月30日，江西卫视在黄金时段现场直播主场晚会。

吉安人民广播电台

行风热线

新闻综合频率2003年3月开办，是一档新闻舆论监督节目。节目围绕“倾听百姓呼声、促进行风建设、服务经济发展、构建社会和谐”的创办宗旨，坚持常办常新、常办常热，取得良好社会效果。至2011年底，共播出节目887期，先后有近73家市直部门、逾2680人次走进节目，受理群众来电7277个、短信和网站留言4865条、来信702封，接访977人次，帮助群众解决各类实际问题13105件，问题办结率达94.8%，有效维护了群众利益，化解了社会矛盾，受到广大市民的欢迎和好评。

抚州人民广播电台

政风行风热线

新闻综合频率2006年开办，是一档舆论监督类节目。节目内容涉及各部门和行业的工作作风、服务态度、服务质量、办事效率、勤政廉政、行政执法、城市管理、行政审批、政务公开、履行职责、为民办实事等。截至2011年底，共播出节目241期，累计接听热线电话2163个，当场解答群众提出的问题2003个，回复短信546条，并在节目后帮助群众解决实际问题154件，解决率达96.3%。每周二、五9:00播出，时长60分钟。

2011年江西省省级、设区市级广播电台、电视台节目时间表

广 播

江西人民广播电台综合新闻频率

4:00 开始曲 每周一歌
4:10 健康晨曲
5:20 养生堂
6:30 转播中央人民广播电台新闻和报纸摘要
7:00 江广早班车
7:40 百姓健康
8:00 729健康网
8:40 快乐集结号
9:00 杏林漫步
11:00 新闻110
12:00 正午财经
12:10 正午阳光
13:00 心灵家园
14:00 经典长书
14:30 空中百花洲
14:50 每周一歌
15:00 养生秘笈
18:00 全省新闻联播
18:30 天使加油站
19:30 快乐集结号
20:30 律动生活
21:30 投资与理财
音乐E时代（周六、日）
22:00 走进直播室
22:35 怀旧音乐盒
23:00 空中百花洲
23:20 焱姐咨询
0:00 新闻
0:05 子夜书场
0:30 百家讲坛
1:10 空中百花洲
1:30 全天播音结束

江西人民广播电台都市广播

5:00 音乐爱回忆
5:30 健康之路
6:00 早安生活
6:30 健康宝典
7:00 新闻早高峰
8:00 新闻故事会

8:30 幽默集装箱
9:00 都市慢生活
11:30 都市听书馆
12:00 玩转生活
13:30 音乐慢生活
16:00 风尚旅游
17:00 幸福味道
18:30 时尚体验站
19:00 真情 1+1
20:00 夜养生
20:30 都市听书馆
21:00 健康宝典（重播）
21:40 夜养生
22:00 都市夜萧萧
23:00 专题节目
23:30 音乐无眠
0:00 都市听书馆
0:30 音乐无眠

江西人民广播电台文艺音乐频率

7:00 早高峰看城市
9:00 1034 I 路上
12:00 1034 I 午间
15:00 1034I 路上
17:00 晚高峰看城市
19:00 1034 I 夜色
22:00 1034 I 未眠
0:00 1034 I 无言

注：周六、日全天播出《1034 周末派》。

江西人民广播电台信息交通频率

6:00 1054 早航班
轻松相伴（周六、日）
7:30 交通在线
9:00 财富天下
第一房产（周六、日）
9:30 唱游天下
10:00 方向盘俱乐部
11:00 吃喝玩乐总动员
1054 看家装（周六、日）
12:00 苏遥说天下
轻松相伴（周六、日）
13:00 爱车音乐时间
14:00 1054 劲爆体坛
教育时空（周六、日）
15:00 车舞飞扬
数码宝贝（周六、日）
16:00 交广双声道
轻松相伴（周六、日）
17:00 一路畅通
轻松相伴（周六、日）
18:30 滴滴叭叭乐哈哈
20:00 嘻哈八点档
21:00 1054 劲爆音乐
22:00 心的旅行
23:00 子夜短歌行
1:00 城市漫游
2:00 苏遥说天下（重播）
3:00 交通在线　交广双声道（重播）
4:00 嘻哈八点档（重播）
轻松相伴（周六、日）
5:00 评书

注：1. 9:00～18:00 每逢整点播出《新闻

快报》；

2. 每逢整点、半点播出《路况信息》；

3. 7:00～22:00 整点播出《交通天气预报》。

江西人民广播电台农村频率

6:00 健康驿站
6:30 转播中央人民广播电台新闻和报纸摘要
7:00 985阳光心情
音乐畅快听（周六、日）
8:00 小君的微世界
快乐书场（周六、日）
10:00 纪实传奇
我的音乐派（周六、日）
11:00 全民开味
我的音乐派（周六、日）
12:00 绿色逍遥游
音乐畅快听（周六、日）
12:30 985故事会
13:00 985农技热线 惠农直播室
文彦茶馆（周六、日）
14:00 侦探训练营
城市剧场（周六、日）
15:00 985法律服务热线
城市剧场（周六、日）
16:00 音乐畅快听
17:00 文彦茶馆
18:00 全民开味
欢乐18点（周六、日）

江西人民广播电台民生广播

5:00 养生早餐
7:00 音乐
7:30 岁月留声机
8:30 音乐
9:00 今日说法
10:00 健康直通车
11:00 长安行天下
12:00 民生365
13:00 小说连播
14:00 专题
15:00 健康直通车
16:30 昌河进万家
17:30 金融万花筒
18:30 二手车时间
19:30 小说连播
20:00 鲁豫有约
21:00 爱心小屋
22:00 心灵家园
0:00 夜色阑珊

南昌人民广播电台新闻综合频率

5:00 健康养生馆
6:30 转播中央人民广播电台新闻和报纸摘要
7:00 917新闻直通车

人间传奇（周日）
8:00 健康养生馆
9:00 天下体育
音乐心情（周日）
10:00 时尚生活手册
花样年华（周日）
11:00 健康养生馆
12:00 917 新闻直通车
小叮铛（周六、日）
13:00 健康养生馆
13:30 纪实广播文学
14:00 健康养生馆
15:00 生活天天乐
16:00 博闻天下
17:00 健康养生馆
18:00 917 新闻直通车
人间传奇（周日）
19:30 百家讲坛
20:00 健康养生馆
21:00 留声印象
22:00 今晚
缘份百分百（周六、日）

南昌人民广播电台交通音乐频率

7:00 文化南昌
何文说周易（周日）
7:30 951 早班车　城市新鲜人
城市音乐天（周日）
9:00 小寒的天空
音乐新干线（周日）
10:00 951 看世界
经济与法（周日）
10:30 我爱我车　我的汽车有话说
城市音乐天（周日）
11:00 一路顺风　我的汽车有话说
11:30 都市爱生活
听书馆（周日）
12:30 听书馆
质量报告（周日）
13:00 天天好帮手
城市音乐天（周日）
14:00 951 乐翻天
15:00 财富直通车
新闻 1+1（周日）
16:00 车世界
951 故事会（周日）
17:00 951 马路锵锵行
18:30 文化南昌
音乐新干线（周日）
19:00 爱车天天汇
19:30 健康流行线
20:30 音乐狂欢场
22:00 健康流行线
23:30 都市不眠夜

南昌人民广播电台经济生活频率

6:30 流金岁月
7:00 博客部落
7:30 快乐帮帮帮
快乐串流行（周六、日）
9:30 影响 100
10:00 大眼睛爱音乐
10:30 八颗牙齿晒太阳
11:00 大眼睛爱音乐

12:00 博客部落
Hi music（周六、日）
12:30 大眼睛爱音乐
14:00 编辑讲述
14:30 大眼睛爱音乐
15:00 八颗牙齿晒太阳
15:30 大眼睛爱音乐
16:30 下班万岁
17:00 快乐帮帮帮
18:45 影响 100
19:00 大牌主打歌
20:00 卡拉永远 ok
周末音乐会（周六、日）
21:00 好时光旧回忆
周末音乐会（周六、日）
22:00 音乐也微博
23:00 光阴的故事
妙趣横生 音乐不打烊（周六、日）
0:00 八颗牙齿晒太阳
0:30 博客部落
1:00 音乐不打烊

九江人民广播电台新闻综合频率

5:30 预告节目
6:30 转播中央人民广播电台新闻和报纸摘要
7:00 新闻直通车
8:00 祝你健康
9:00 百姓热线
双休剧场（周六、日）
12:00 新闻直通车（重播）
12:45 转播中央电视台百家讲坛
13:30 评书联播
14:00 达芬奇密码
16:00 体育在线
18:00 新闻直通车
19:00 教育导航
0:00 全天节目结束

九江人民广播电台交通音乐频率

5:30 音乐 全天节目预告
7:00 转播中央电视台第一时间
7:30 动感早上
周末音乐日（周六、日）
9:00 一路畅通
中银理财（周六、日）
10:00 车事通
梦想家园（周六、日）
11:00 快嘴小花
12:00 转播中央电视台新闻 30 分
12:30 转播中央电视台法治在线
13:00 IQ 无限
周末音乐日（周六、日）
13:40 专题
14:00 大家帮大家
15:00 快乐点点
16:00 汽车天天汇
16:30 快乐 2+1
城市书吧（周六、日）
18:00 声音传奇
18:30 小康说事
19:00 转播中央电视台新闻联播

19:30 非常加油站
20:40 专题
22:00 汽车天天汇
0:30 全天播音结束

景德镇广播电视台新闻综合频率

5:30 开始曲
5:35 健康大药房
6:30 转播中央人民广播电台新闻和报纸摘要
7:00 景德镇新闻
7:20 大众呼声
8:00 空中门诊（周一、三、五）
健康咨询台（周二、四、六、日）
9:00 新闻视野
9:30 瓷都新播客
飞越城市（周六）
11:00 965 帮忙热线
12:00 景德镇新闻
12:20 广播书场
14:00 CHINA 印象
15:00 时尚手册
16:00 爱车天天汇
16:35 健康心感觉
17:00 玫瑰之约
17:30 大众呼声回音壁
18:00 景德镇新闻
18:20 快乐成长
19:00 965 点歌台
20:00 转播中央人民广播电台新闻和报纸摘要
21:00 娱乐百分百
22:00 健康咨询台
22:30 节目（重播）
23:00 健康大药房

景德镇广播电视台交通音乐频率

7:00 新闻早班车
8:00 欢乐方向盘
10:00 新闻会客厅
10:30 交广警务通
12:00 七度诱惑
14:00 导航仪
15:00 城市擂台
16:00 动感旋律
17:00 天天美食
18:00 交通信息网
19:00 转播中央电视台新闻联播
19:30 锵锵兄妹行
20:30 与法同行
21:30 健康直通车
22:00 人在旅途
23:00 零点音乐
1:00 全天播音结束

萍乡人民广播电台新闻综合频率

6:25 开机晨曲
6:30 转播中央人民广播电台新闻和报纸摘要
7:00 萍乡新闻
7:30 音乐 频道宣传片花
8:00 转播中央电视台第一时间
9:00 私家推荐
10:00 天下故事会
10:30 清流在线
11:30 音乐新滋味
12:00 转播中央电视台新闻 30 分
12:30 萍乡新闻
13:00 午间城市剧场
14:00 新闻直播间
14:30 声音传记
15:30 博客部落
16:30 新闻直播间
17:00 在清华听演讲
17:30 音乐新滋味
18:00 萍乡新闻
18:30 转播江西电视台江西新闻联播和天气预报
19:00 转播中央电视台新闻联播
19:30 转播中央电视台天气预报 歌曲
20:00 全城都能点
21:00 私家推荐
22:00 声音传记
23:00 城市剧场

萍乡人民广播电台交通文艺频率

6:30 体育晨报
7:30 交广早班车
9:00 993 交通直播室
10:00 交广加油站
11:00 午高峰动感 993
12:00 转播中央电视台新闻 30 分
12:30 法治在线
13:00 爱车天天汇
13:30 中国音乐流行榜
14:00 健康我做主
15:00 993 交广服务热线
16:00 车行天下
17:00 晚高峰动感 993
18:00 体育新闻
18:30 一路相伴
19:00 转播中央电视台新闻联播
19:30 993 乐轻松
21:00 九点一刻
21:30 交广留声机
22:00 晚间新闻
22:30 评书

新余人民广播电台新闻综合频率

6:00 小说连播
6:30 转播中央人民广播电台新闻和报纸摘要
7:00 转播江西人民广播电台江广早新闻
7:20 新广新闻（重播）
7:35 音乐串流行
7:50 移动天地
8:00 凤凰早班车
9:00 音乐串流行
9:30 音乐自驾游
10:00 幸福帮帮帮
10:30 供求金桥
11:30 新广新闻
12:00 凤凰午间特快
12:30 音乐自驾游
13:00 小说连播
14:00 音乐自驾游
15:00 政风行风热线
16:00 音乐现场
17:00 城市不塞车
18:00 剧说很好听
18:45 新广新闻
19:00 转播中央电视台新闻联播
19:30 音乐自驾游
20:00 你我有约
22:00 午夜的收音机
0:00 城市日记
0:30 音乐自驾游
1:00 小说联播
2:00 全天播音结束

新余人民广播电台经济交通频率

6:00 评书
6:30 音乐在路上
7:00 转播中央电视台第一时间
8:00 昨日黄牌
9:00 欢乐正前方
10:00 交广前沿
11:00 喋喋二人 SHOW
12:00 音乐在路上
13:00 快乐剧场
14:00 听世界
14:30 爱车天天汇
15:00 音乐在路上
16:00 昨日黄牌
17:00 快乐三人行
18:00 音乐在路上
19:00 味出新余
20:00 音乐在路上
21:00 健康园
0:00 音乐在路上
2:00 全天播音结束

鹰潭人民广播电台新闻综合频率

5:30 医药健康
6:30 转播中央人民广播电台新闻和报纸摘要
7: 00 怀旧老唱片
7:30 新闻早班车
8: 35 鹰潭公路
8:45 鹰潭旅游
9:00 交通在线
10:00 天下故事汇
10:30 一路欢歌
11:00 我爱我家
12:00 转播中央电视台新闻 30 分
12:30 侦破故事 反腐打黑现代评书 档案解密
13:00 快乐向前冲
14:00 汽车俱乐部
15:00 政风行风热线或小丽热线
16:00 娱乐乐翻天
17:00 下班那点事
18:30 欢乐无限
18:50 鹰潭公路（重播）
19:00 交通在线（重播）
19:30 向快乐出发
20:00 我是 K 歌王
21:00 记忆中的歌声
22:00 礼仪讲座
22:30 晚间剧场
23:00 医药健康
0:00 全天播音结束

赣州人民广播电台新闻综合频率

6:00 清晨音乐风
6:30 转播中央人民广播电台新闻和报纸摘要
7:00 赣广早新闻
9:00 937 乐动听
9:30 股市开盘点评
10:00 阳光热线
11:00 937 乐动听
11:30 天下体育
12:00 赣广午新闻
13:00 乡村纵横
14:00 937 乐动听
15:00 尾市盘点
16:00 专题
17:00 阳光热线（重播）
18:00 赣广晚新闻
19:00 天下体育（下午版）
19:30 937 乐动听
20:30 专家在线
21:00 幸福生活
22:00 心灵相约
23:00 专题
1:00 全天播音结束

赣州人民广播电台交通音乐频率

时间	节目	时间	节目
6:00	广播剧场	14:30	音乐放轻松
6:30	音乐放轻松	15:30	我爱汽车俱乐部
7:00	转播中央电视台朝闻天下	16:30	音乐放轻松
8:00	新闻早八点	17:00	畅通 992
8:30	天气	18:30	音乐放轻松
9:00	都市卡通	19:00	转播中央电视台新闻联播
9:30	一路顺心	19:30	天下体育
10:30	汽车时代	20:00	虔城夜色
11:30	吃遍赣州	21:00	汽车 CD
12:30	音乐正当午	22:00	专题
14:00	天下体育	0:00	全天播音结束

赣州人民广播电台农村科教广播

时间	节目	时间	节目
6:00	音乐晨飞扬	14:30	百科全说
6:30	听着音乐去旅行	15:00	钟情此声（重播）
7:00	健康养生宝典	15:30	听着音乐去旅行
7:30	嘻哈杂货铺	16:00	音乐不了情
8:00	音乐味道	16:30	美丽人生
8:30	美丽人生	17:00	945 达人生活馆（重播）
9:00	小五看天气	17:30	非常好听榜单
9:30	百科全说	18:00	秀歌场
10:00	945 达人生活馆	18:30	非常好听榜单
10:30	非常好听榜单	19:00	环球音乐时间
11:00	小五看天气	19:30	绝对意外
11:30	非常好听榜单	20:00	钟情此声
12:00	非常好听	20:30	美丽人生
12:30	网络炫歌会	21:00	专题
13:00	中国音乐流行榜	22:00	音乐风云榜（外引）
13:30	车旅杂志	22:30	专题
14:00	乐活虔城	1:00	全天播音结束

宜春人民广播电台明月之声
（2011年6月1日起执行）

6:30 转播中央人民广播电台新闻和报纸摘要
7:00 单田芳书场
7:30 宜春新闻（重播）
8:00 交通在线
音乐自驾游（周日）
9:00 转播中央人民广播电台新闻和报纸摘要
音乐自驾游（周日）
9:30 帮忙热线
音乐自驾游（周日）
10:30 广播剧
11:00 转播中央电视台中国新闻
音乐自驾游（周日）
11:15 开心大擂台
音乐自驾游（周日）
12:15 宜春新闻（重播）
12:35 转播中央电视台法治在线和焦点新闻
23:00 倾听夜色
14:00 音乐不塞车
音乐自驾游（周日）
15:00 广播剧
音乐自驾游（周日）
15:30 宜春新闻（重播）
音乐自驾游（周日）
16:00 快乐动动嘴
音乐自驾游（周日）
17:00 汽车天天汇
音乐自驾游（周日）
17:30 下班万岁
音乐自驾游（周日）
18:30 宜春新闻
19:00 转播中央电视台新闻联播
19:30 单田芳书场
20:00 娱乐乐逍遥 家有国学
21:00 宜春新闻 音乐欣赏
22:00 广播专题
0:00 全天播音结束

宜春人民广播电台音乐广播

8:00 love 碟中碟
10:00 love 唱出来
11:15 开心大擂台
12:15 love 唱出来
14:30 就听音乐不听话
15:30 love 最拉风
16:30 love 碟中碟
17:30 下班万岁
18:30 就听音乐不听话
0:00 全天播音结束

注：周二 14:30～17:30 停机检修，周六、日全天播出《love 周末》。

上饶人民广播电台新闻综合频率

6:00 早起听天下
7:30 上饶新闻
8:00 泡东泡西
9:00 听音乐道
10:00 供求直通车
11:00 开心 TAXI
12:00 上饶新闻
12:30 超级歌词王
13:30 空中广播剧场
14:00 新闻下午茶
15:00 山歌也飞扬
16:00 大家帮大家
17:00 沸腾音乐秀
18:00 点点好心情
19:30 上饶新闻
20:00 你的故事我的歌
21:00 移动欢乐时空
22:00 情缘 934
23:00 零点零距离
0:00 全天播音结束

注：周六、日全天播出音乐节目。

上饶人民广播电台交通音乐频率

6:00 上饶新闻
7:00 快乐早班车
8:00 昨日黄牌
9:00 交广双通道
10:00 音乐城市
11:00 智勇大冲关
12:00 上饶新闻
12:30 女生 2 人组
13:30 966 广播剧场
14:00 泡东泡西
15:00 缤纷车世界
16:00 经典老爷车
17:00 美食乐翻天
18:00 欢乐夜晚顺风车
19:00 转播中央电视台新闻联播
19:30 动感地带音乐我最红
20:30 专题
21:00 非常 hp 非常夜
22:00 966 挚爱金曲排行榜
23:00 午夜聊吧

吉安人民广播电台新闻综合频率

6:30 转播中央人民广播电台新闻和报纸摘要
7:00 吉安新闻联播　天气预报
7:30 新闻家常饭
8:00 新闻抢先报　移动说天气
8:05 超级娱乐秀
9:00 新闻抢先报　移动说天气
9:05 行风热线（周二、四）

百姓心声（周一、三）
与法同行（周五）
1021 好太太时间（周六、日）
10:00 新闻抢先报 移动说天气
10:05 1021 来帮忙
11:00 新闻抢先报 移动说天气
11:05 节目
12:00 吉安新闻联播 天气预报
12:30 新闻家常饭（重播）
13:00 新闻抢先报 移动说天气
13:05 给力正当午
14:00 节目
15:00 新闻抢先报 移动说天气
15:05 1021 来帮忙
16:00 美丽家园
17:00 新闻抢先报 移动说天气
17:05 音乐加油站
18:00 非常柠檬
19:00 在清华听演讲
19:30 转播吉安电视台吉安新闻联播
20:00 新闻抢先报 移动说天气
20:05 节目
22:00 1021 星语心愿
23:00 音乐相伴到零点
0:00 全天播音结束

吉安人民广播电台交通娱乐频率

6:00 清风晨曲
6:30 转播中央人民广播电台新闻和报纸摘要
7:00 阳光早餐车
7:30 1006 早班车
8:30 交广热线
9:30 交广车友会
10:30 中国歌曲排行榜
11:00 国学堂
12:00 今日理财
12:30 娱乐动感地带
13:30 交广剧场
14:30 超级访问
15:00 音乐畅快游
16:00 快乐神州行
16:30 消费者之声
17:00 动感晚班车
18:30 汽车天天汇
19:00 转播中央电视台新闻联播
19:30 交广夜航
20:30 音乐自驾游
21:30 百家讲坛
23:30 交广剧场深夜版

抚州人民广播电台新闻综合频率

5:55 开播曲 节目预告
6:00 养生保健
6:30 转播中央人民广播电台新闻和报纸摘要
7:00 转播江西新闻
7:30 抚州新闻（重播）
8:00 转播中央电视台中国新闻
9:00 政风行风热线（周二、五）
历史风云人物（周六、日）
10:00 风行快报（周一、二）

点点心意点点情（周三至周日）
11:30 风行快报（周一、二）
正午时光（周三至周五）
快乐周末（周六、日）
12:30 说娱道乐
13:00 广播剧场
13:30 最佳现场
14:00 风行乐翻天
14:30 评书联播
15:30 经典剧场
16:30 三室一厅
17:00 风行快报（周一、二）
964 新闻茶馆（周三至周五）
快乐周末（周六、日）
18:00 抚州新闻
18:30 说娱道乐（重播）
19:00 嘻嘻哈哈
快乐周末（周六、日）
20:00 广播剧场
20:30 健康专题
22:00 倾情夜话
快乐周末（周六、日）
23:00 纪实 60 分

抚州人民广播电台交通音乐频率

6:00 音乐叫醒你
7:00 转播中央电视台朝闻天下
8:00 快乐出行
8:30 汽车俱乐部
9:00 交通在线
10:00 音乐在路上
11:00 10086 面对面
12:00 音乐达人
13:00 在清华听演讲
13:30 爱车天天汇
14:00 城市越飞扬
15:30 步步惊心
16:00 天下故事会
16:30 信息超市
17:00 抚州生活
18:00 开心方向盘
19:00 音乐在路上（重播）
20:00 流金岁月
22:00 在清华听演讲（重播）
22:30 音乐
23:00 音乐达人（重播）
0:00 全天播音结束

电 视

江西电视台卫星频道

6:00 晨曲 导视快报
6:07 社会传真（重播）
6:18 传奇故事（重播）
7:00 晨光新视界
7:33 金牌调解（重播）
8:21 娱乐巅峰

剧场（周六、日）
9:10 剧场
11:57 午间气象
12:00 经典传奇
剧场（周六、日）
12:33 杂志天下
剧场（周六、日）
12:55 金牌调解（重播）
13:46 剧场
18:16 社会传真
18:30 江西新闻联播
18:50 江西天气预报
19:00 转播中央电视台新闻联播
19:34 剧场
21:15 金牌调解
22:05 传奇故事
22:41 新闻夜航
井冈先锋（周四）
22:58 剧场
1:29 午夜影院
江西天气预报（周二，重播）
5:09 经典传奇（重播）
检修（周二）
5:59 江西天气预报（重播）

江西电视台都市频道

5:30 都市现场（重播）
6:30 快乐生活一点通
7:00 e早晨报
8:00 剧场
11:20 快乐生活一点通
12:00 都市60分
13:00 谁是赢家
14:03 剧场
18:00 都市现场
19:30 都市情缘
20:00 晚间800
20:20 剧场
22:00 钟山拍案
22:30 江西新闻联播（重播）
22:50 剧场

江西电视台经济生活频道

8:00 电视剧
17:00 天天健康
18:00 动物传奇
18:31 江西房地产
18:50 最爱是车
19:05 玩车大圣
19:40 电视剧
21:15 非常会生活
21:35 家庭演播室
22:00 小刘理财
22:10 经典剧场
名医大讲堂（周六）
郎咸平说（周日）
22:45 剧场

江西电视台影视频道

6:00 开播 宣传片
6:05 娱乐现场（重播）
6:40 剧场
11:50 光荣绽放（周一）
非常静距离（周二）
超级访问（周三）
夫妻天下（周四）
幸福魔方（周五）
我看电影（周六）
极速60秒（周日）
12:25 影院
16:31 动画乐园
17:41 综艺大哥大
18:11 大魔竞
欢乐厨艺秀（周六、日）
18:38 欢乐四频道
19:00 娱评天下
19:12 剧场
23:52 娱乐现场
0:32 影院

江西电视台公共频道

7:00 目击者（重播）
8:00 白天剧场
12:00 谈讬（重播）
12:35 谈讬（重播）
快乐五套（周六）
13:30 谈讬（重播）
大型活动（周六）
14:00 剧场
大型活动（周六）
15:00 剧场
17:00 谈讬
18:00 新闻晚高峰
19:38 目击者
20:10 好剧直通车
大型活动（周六）
21:00 好剧直通车
23:00 探秘

江西电视台少儿频道

7:00 宝宝爱动画
9:02 缤纷剧场
NBA直播（周四、日）
11:45 体育午报
12:00 欢乐无敌大冲关
彩票大赢家（周六、日）
13:00 电视购物
13:20 健康365（重播）
14:00 电视购物
14:20 消费现场（重播）
14:30 电视购物
14:50 动画100分

16:30 迪斯尼动画世界
17:00 小神龙俱乐部
17:30 棉花糖剧场
18:00 棉花糖剧场
加油！好儿女（周六、日）
19:00 健康 365
19:40 消费现场
中超、英超等直播（周六、日）
19:55 亲情剧场
21:40 欢乐无敌大冲关（重播）
22:40 电视购物
23:00 经典影院
0:30 直播 CSPN 时间
6:55 全天预告

江西电视台红色经典频道

6:30 影院
18:30 每日房产报道
18:50 爱生活
19:10 老马讲故事
19:30 剧场

江西电视台移动电视

7:00 移动音乐榜
7:11 美食大搜索
7:28 女人喔
7:37 健康 365（重播）
7:50 电影酷乐吧
7:59 请您欣赏
8:00 第一时间
8:38 江湖新势力
8:48 旅行天下
9:07 爱在阳光下
9:15 淘最南昌
9:19 女人喔
9:26 新闻早报
9:47 音乐巅峰
9:52 淘最南昌
9:56 自然密码
10:03 图片新闻
10:06 今日快讯
10:10 新闻在线
10:14 移动音乐榜
10:25 娱评天下
10:36 电影报道
10:47 轻松十分
10:58 洪城万象
11:10 消费智囊团
11:16 体坛快讯
11:20 综艺星天地
11:24 新闻在线
11:28 很卡通
11:34 体坛快讯
11:38 淘最南昌
11:42 音乐巅峰
11:46 图片新闻
11:48 今日快讯
11:53 艺览天下
11:59 旅行天下
12:15 淘最南昌
12:19 移动气象站
12:22 淘最南昌
12:26 新闻在线

12:33 车霸天下
12:41 金牌调解节目内容版
12:42 电影报道
12:53 江湖新势力
12:58 时尚空间
13:09 图片新闻
13:12 淘最南昌
13:16 体坛快讯
13:19 新闻在线
13:22 影视同期声
13:34 图片新闻
13:38 杂志天下
13:59 淘最南昌
14:04 东东西西
14:11 新闻在线
14:15 娱评天下
14:29 健康365（重播）
14:41 新闻在线
14:46 图片新闻
14:49 电影酷乐吧
14:56 经典传奇
15:28 新闻在线
15:30 体坛快讯
15:33 淘最南昌
15:37 家有好主妇
15:34 越生活越健康
16:06 车霸天下
16:14 消费智囊团
16:50 今日快讯
17:00 美食大搜索
17:31 淘最南昌
17:41 越生活越健康
18:00 健康365
18:10 江湖新势力
18:30 转播江西卫视江西新闻联播
18:51 新闻在线
19:00 转播中央电视台新闻联播
19:30 移动气象站
19:46 家有好主妇
19:57 新闻在线
20:01 娱评天下
20:11 综艺星天地
20:14 旅行天下
20:28 音乐巅峰
20:39 淘最南昌
20:49 很卡通
20:54 艺览天下
21:00 转播中央电视台中国新闻
21:37 爱在阳光下
21:45 自然密码
22:01 美食大搜索
22:13 今日快讯

江西电视台风尚购物频道

全天播出电视购物信息

南昌电视台新闻综合频道

6:15 拍案惊奇（重播）
6:40 打捞碎月（重播）
7:00 每日新闻（重播）
8:00 直播南昌（重播）
8:30 新闻说报（重播）
9:00 电视剧

12:00 每日新闻（重播）
12:30 南昌 2011（重播）
12:55 电视剧
17:00 怎么办（重播）
17:30 南昌健康新闻
17:57 南昌 2011（重播）
18:30 每日新闻
19:35 直播南昌
20:05 电视剧
22:00 拍案惊奇
22:30 每日新闻（重播）
23:00 南昌 2011
23:30 南昌健康新闻

南昌电视台都市频道

6:10 天天美味（重播）
6:40 开车看房（重播）
7:00 直播南昌（重播）
7:28 健康百分百（重播）
7:45 电视剧
12:20 天天美味（重播）
13:00 健康百分百（重播）
13:17 电视剧
18:27 天天美味（重播）
18:57 都市气象站
19:05 开车看房
19:30 每日新闻（重播）
19:50 电视剧
22:05 天天美味
22:35 健康百分百
22:52 打捞碎月（重播）
23:15 都市气象站
23:18 生活质量报告
23:40 电视剧

南昌电视台资讯频道

6:00 整点新闻
6:30 南昌 2011（重播）
NTV 会客室（每周一、日，重播）
7:00 昨夜今晨
7:30 都市热线（重播）
8:00 昨夜今晨
8:30 怎么办（重播）
9:00 直播南昌
9:30 新闻说报（重播）
10:00 都市热线
10:30 怎么办（重播）
11:00 直播南昌
11:30 新闻说报（重播）
12:00 午间快报
12:30 都市热线
13:00 南昌 2011（重播）
NTV 会客室（每周一、日，重播）
13:30 午间快报
14:00 整点新闻
14:15 怎么办（重播）
14:40 都市热线
15:00 直播南昌
15:30 拍案惊奇（重播）
16:00 都市热线
16:35 打捞碎月（重播）
解密南昌（周五，重播）

17:00 整点新闻
17:15 南昌 2011（重播）
NTV 会客室（周一、日，重播）
17:40 拍案惊奇（重播）
18:00 整点新闻
18:30 都市热线
19:00 直播南昌
20:00 都市热线
20:30 新闻说报
21:00 怎么办
21:30 每日新闻（重播）
22:00 南昌 2011
NTV 会客室（周六、日）
22:30 拍案惊奇

南昌电视台公共频道

6:20 开车看房（重播）
7:00 都市热线（重播）
7:30 直播南昌（重播）
8:00 电视剧
12:34 南昌健康新闻
12:54 剧场
19:15 网罗天下
19:45 生活质量报告
20:09 开车看房（重播）
20:37 南昌健康新闻
收藏（周六、日）
21:00 传奇
21:35 打捞碎月
22:00 影院

九江电视台新闻综合频道

6:25 开播
7:35 九江新闻（重播）
7:52 社会广角（重播）
8:17 特别关注（重播）
8:35 收视指南
8:45 早间剧场
12:00 九江新闻（重播）
12:17 社会广角（重播）
12:42 特别关注（重播）
13:05 收视指南
13:17 剧场
16:29 戏曲综艺
18:15 节目预告
18:20 荧屏导视
18:30 法治中国
18:49 荧屏导视
18:59 收视指南
19:00 转播中央电视台新闻联播
19:35 九江新闻
19:52 社会广角
20:17 特别关注
20:29 天气预报
20:36 收视指南
20:43 剧场
22:30 九江新闻（重播）
22:47 社会广角（重播）
23:12 特别关注（重播）
23:33 剧场（重播）
1:17 全天节目结束

九江电视台公共频道

8:29 台标曲 节目预告
8:34 剧场
11:24 荧屏导视
11:37 收视指南
11:52 荧屏导视
11:55 收视指南
11:57 午后天气预报
12:00 经济生活（重播）
12:17 东西南北九江人（重播）
12:32 今日房产（重播）
12:47 午后天气预报
13:09 剧场
15:18 动画片
16:11 养生堂
17:19 动画片
18:59 节目预告
19:00 经济生活
19:17 东西南北九江人
19:37 今日房产
19:56 剧场
21:38 晚间天气预报
21:42 荧屏导视
21:45 经济生活（重播）
22:02 东西南北九江人（重播）
22:22 网罗天下
22:49 剧场
0:40 全天节目结束

九江电视台教育频道

6:00 开播
7:00 娱乐现场（重播）
7:30 浔阳区新闻（重播）
7:50 最佳现场（重播）
8:31 浔阳区新闻（重播）
8:42 养生一点通（重播）
9:23 影视纪（重播）
10:09 音乐风云榜（重播）
10:54 健康大讲堂（重播）
11:34 浔阳区新闻（重播）
11:45 影视纪（重播）
12:33 生活魔法师（重播）
13:20 最佳现场（重播）
14:10 电视剧
16:58 娱乐现场（重播）
17:45 浔阳区新闻（重播）
18:15 娱乐现场
18:50 浔阳区新闻
19:05 音乐风云榜
19:40 健康大讲堂
20:00 影视纪
20:35 浔阳区新闻
20:50 健康大讲堂（重播）
21:05 影视纪（重播）
21:40 养生一点通
22:13 生活魔法师
22:46 最佳现场
23:16 生活魔法师（重播）
23:49 影视纪（重播）
0:19 全天节目结束

景德镇广播电视台新闻综合频道

7:00 今日看瓷都
7:40 法治中国
8:10 电视剧
9:50 国际时尚
12:00 陶瓷视界
12:20 昌南对话
13:40 健康直通车
14:20 电视剧
18:00 陶瓷视界
18:20 健康直通车
18:45 瓷都房地产
19:00 转播中央电视台新闻联播
19:35 今日看瓷都
20:15 天气预报
20:25 时尚生活
20:40 瓷都房地产
21:00 电视剧
22:45 清风车影
23:15 法治中国
23:35 国际时尚

景德镇广播电视台陶瓷文化频道

7:30 瓷都房地产
8:00 陶瓷视界
8:30 电视剧
10:50 绿岛环保
12:00 今日看瓷都
12:40 古镇珠山
14:25 奋斗
15:50 盛世收藏
16:50 健康第一线
18:20 时尚生活
18:40 网罗天下
19:20 健康直通车
19:40 清风车影
20:00 陶瓷视界
20:20 天气预报
20:28 盛世收藏
21:30 今日看瓷都
22:10 陶瓷视界
22:30 电视剧

萍乡电视台新闻综合频道

7:15 萍乡新闻
7:30 九点一刻
8:00 电视剧
13:00 萍乡新闻
13:15 九点一刻
13:30 电视剧
18:21 少儿节目
19:00 转播中央电视台新闻联播
19:41 萍乡新闻 资讯荟萃
20:00 专栏

20:20 第一剧场
21:15 九点一刻
22:30 剧场
23:00 萍乡新闻 资讯荟萃
23:15 九点一刻

萍乡电视台公共频道

8:10 开机
8:30 栏目
9:15 精品剧场
12:30 栏目
13:30 精品剧场
18:30 栏目
19:05 黄金剧场
19:55 县区专栏
20:10 生活气象
20:15 黄金剧场
21:07 栏目
21:30 晚间剧场
22:00 萍乡新闻
22:30 晚间剧场

萍乡电视台教育频道

7:30 栏目
8:30 早间剧场
9:30 栏目
13:30 剧场
16:40 栏目
20:20 黄金剧场
22:00 栏目
22:30 精选剧场

新余电视台新闻综合频道

7:20 今日导视
7:30 新余新闻（重播）
7:48 房产视界（重播）
8:06 剧场
11:45 今日导视
12:00 新余新闻（重播）
12:18 房产视界（重播）
12:55 剧场
17:00 专栏节目
17:15 今日导视
17:56 方特大世界
18:31 天气预报
18:33 房产视界
19:00 转播中央电视台新闻联播
19:35 新余新闻
19:57 今日导视
20:00 剧场
20:54 节目预告
22:00 新余新闻（重播）
22:18 房产视界（重播）
22:33 节目预告
22:39 剧场
22:42 今日导视
23:43 新华纵横

23:53 天气预报（重播）

23:55 今日导视

新余电视台公共频道

7:20 收视指南
7:27 电视剧
11:47 专栏节目
12:20 公共（观察、视线） 警方在线（重播）
12:40 县区新闻（重播）
12:52 收视指南
12:57 电视剧
17:20 收视指南
18:20 公共（观察、视线） 警方在线
18:40 县区新闻
18:52 时尚剧场
21:40 公共（观察、视线） 警方在线（重播）
22:00 县区新闻（重播）
22:20 电视剧
23:15 专栏节目
23:50 公共（观察、视线） 警方在线（重播）
0:10 都市气象
0:13 收视指南

新余电视台教育频道

7:30 节目预告
7:50 养生一点通
8:30 剧场
18:15 养生一点通
18:45 生活魔法师
19:15 健康宝典
19:45 科普大篷车
20:00 畅游天下
20:30 音乐风云榜
21:00 娱乐现场
21:35 麻辣看天下
22:05 畅游天下
22:25 影视风云榜
23:00 最佳现场
23:30 我爱看电影
0:30 歌曲欣赏

鹰潭电视台新闻综合频道

6:50 测试卡
7:00 台标 节目预告
7:01 大国医
7:34 生活魔法师
8:06 在路上
8:30 鹰潭新闻（重播）
8:45 健康之路
10:00 栏目
12:00 晚间播报（重播）
12:30 电视剧
17:00 台标 晚间节目指南
17:01 法制中国

17:20 少儿节目
18:30 栏目
18:55 荧屏导视
19:00 转播中央电视台新闻联播
19:35 鹰潭新闻
19:53 鹰潭天气预报
19:59 电视剧
22:40 晚间播报

鹰潭电视台公共频道

7:00 台标 节目预告
7:01 生活服务类节目
8:30 晚间播报（重播）
8:30 电视剧
11:30 影视界
12:30 鹰潭新闻（重播）
13:00 电视剧
17:00 台标 晚间节目预告
17:31 音乐流行风
18:01 栏目
19:00 电视剧
21:00 晚间播报
21:00 栏目
22:00 鹰潭新闻（重播）
22:12 鹰潭天气预报
22:26 健康之路
0:00 全天节目结束

赣州电视台新闻综合频道

6:25 赣州你早
7:00 转播中央电视台新闻联播
7:30 630 播报（重播）
8:00 赣州你早
8:34 黄金剧场
10:55 引进栏目
12:00 赣州新闻联播
12:20 今日聚焦（重播）
12:30 630 播报（重播）
13:39 剧场
18:00 奇趣大自然
18:30 630 播报
19:00 转播中央电视台新闻联播
19:31 转播中央电视台天气预报
19:39 赣州新闻联播
20:00 今日聚焦
20:10 剧场
21:10 今日新闻
21:20 剧场
22:20 630 播报（重播）
22:54 引进栏目

赣州电视台公共频道

6:28 赣州你早
7:00 民生一线
7:25 经济生活（重播）
7:42 有房有车（重播）

8:30 昨天好剧连连看（重播）
11:00 时尚装苑
11:50 四季养生
12:00 民生一线
12:25 经济生活
12:42 有房有车
13:30 好剧连连看
15:35 生活剧场
18:15 四季养生
18:47 时尚装苑
19:30 民生一线
19:55 经济生活
20:12 有房有车
20:40 生活剧场
21:40 赣州新闻联播（重播）
22:00 民生一线（重播）
22:32 剧场

赣州电视台教育频道

6:25 赣州你早
6:29 快乐生活一点通
7:45 乡村报道
8:01 剧场
11:21 幽默风向标
11:48 七彩欢乐园
12:00 赣州新农村
12:48 电影（重播）
14:47 剧场
17:26 快乐生活一点通
18:05 动画片
18:30 七彩欢乐园
18:45 赣州新农村
19:25 科技苑
19:39 剧场
21:30 赣州新农村
22:02 娱乐双响炮
22:30 电影

宜春电视台新闻综合频道
（2011 年 2 月 28 日起执行）

7:21 开始曲 收视指南
7:25 民生直通车
8:15 剧场（重播）
9:05 栏目
9:40 剧场（重播）
10:30 宜春新闻（重播）
12:50 栏目
14:00 剧场
16:40 环球流行电影精选
党旗飘飘（隔周五）
18:05 栏目
19:00 转播中央电视台新闻联播
19:35 宜春新闻
20:00 栏目
20:37 剧场
21:35 首播剧场
22:25 栏目
22:45 民生直通车（重播）
23:08 栏目
乡音 乡土 乡情（周日）

宜春电视台公共频道
（2011年2月28日起执行）

7:40 开始曲 收视指南
8:15 宜春新闻（重播）
8:30 明星剧场
11:30 栏目
13:05 民生直通车（重播）
14:03 剧场（重播）
19:01 栏目
19:32 剧场
20:30 剧场
21:20 收视指南
21:25 栏目
22:00 宜春新闻（重播）
22:20 剧场

上饶电视台新闻综合频道

8:30 好剧重放
12:00 金色童年（周一、二、六、日）
北纬28（周三至周五）
14:05 剧场
17:10 动画片
科普大蓬车（周一）
19:35 政风行风热线
说事（周日）
20:30 电视剧

上饶电视台公共频道

8:15 电影天地
13:30 剧场
19:30 稻花香里
20:15 今日开发区
22:25 天天影院

吉安电视台新闻综合频道

7:45 开播
8:02 电视剧
12:29 栏目
13:51 电视剧
14:59 栏目
19:00 转播中央电视台新闻联播
19:35 吉安新闻联播
19:54 吉安天气预报
20:00 今晚八点
20:19 自办栏目

20:45 电视剧
23:26 引进栏目
24:09 全天节目结束

吉安电视台公共频道

7:45 开播
9:05 电视剧
12:00 吉安新闻联播
12:25 今晚八点
12:44 自办栏目
13:06 电视剧
17:38 栏目
18:55 电视剧
20:46 吉州新闻
21:04 青原新闻
21:23 电视剧
22:17 栏目
22:25 吉安新闻联播
22:44 吉安天气预报
22:50 今晚八点
23:14 栏目
0:30 全天节目结束

抚州电视台新闻综合频道

7:30 节目预告
7:45 精选剧场
12:00 抚州新闻联播（重播）
12:50 健康抚州
14:00 剧场
19:00 转播中央电视台新闻联播
19:40 抚州新闻联播
20:00 今日天气
20:08 今日关注
20:23 家住抚州
20:23 健康抚州
20:53 剧场

抚州电视台公共频道

7:30 开播
8:00 人车生活
8:10 音乐风云榜
9:25 养生一点通
10:10 影视纪
12:10 人车生活
12:30 家住抚州
12:50 健康抚州
14:10 生活魔术师
14:55 最佳现场
17:50 音乐风云榜
19:15 娱乐现场
20:25 影视纪
21:00 抚州新闻联播
21:58 人车生活
22:13 健康抚州
22:58 最佳现场
23:33 娱乐现场

经　验

“爱在党旗下　红动中国心”大型系列活动解析

2011 年是中国共产党成立 90 周年的大庆年，借助这个国家大事件，配合政府主旋律，江西新闻广播策划了持续时间长、地域跨度广、群众参与多的“爱在党旗下　红动中国心”——江西百万干群颂党恩大型系列活动（以下简称“爱在党旗下　红动中国心”大型系列活动），这项活动涵盖了代表江西 4400 万人民的百万干群传递红色祝福活动、代表全省 280 万残疾人的同走红色道路活动和代表赣鄱优秀儿女善德善行的十大善行人物评选活动。这个系列活动的策划因其强调了文化性、公益性、主题性，同时注入了美德教育和精神文明建设等时代主流元素，活动方案迅速走进江西省委宣传部和江西省文明办的视野，并很快纳入 2011 年江西省精神文明建设规划纲要，迅速升级为省级最重要的纪念活动项目之一。而恰恰是这样的重视和升级，为活动整合社会资源创造了更有利的条件。江西省邮政公司、江西省残联结合自身事业发展需要和开展纪念活动的需要，很快加盟到承办单位中，并利用遍布全省各地（市、县、乡村）的邮政网络资源优势和残疾人资源优势成为同走红色道路活动与寄送、统计红色祝福卡活动的组织实施者，同时江西新闻广播也利用这种良好的合作消化了必要的资金投入。媒体策划、组织活动最需要的是资金的投入，而资金对于广播媒体而言更是稀缺资源。媒体活动不仅体现在公信力的培植和社会影响力的扩大上，更重要的体现在社会资源的整合力和经济效益的带动力上。“爱在党旗下　红动中国心”大型系列活动的三个活动项目分别要消耗祝福卡的设计、制作、发行、投递、收回、统计等成本，同走红色道路的吃、住、行和队旗、队服等制作成本，善行人物的采访、节目制作、评选、奖金等成本，而三项大活动衍生的户外授旗出发仪式、栽种常青树、八一广场的大型图片展和室内的总结表彰会等活动也要消耗场面设计、物料拉送、场面布置、礼仪、音响、接待等多种成本，而这些成本，江西新闻广播均通过社会资源的整合与再整合得到较好消化。

整合资源的要义在于能够把互不发生关系的分散的要素通过一个好的载体或介质组合到一起，并使之成为一个能够产生价值和效率的整体，从而做到每个独立的个体做不到或做不好的事情，共同实现社会效益和经济效益的有机结合。“爱在党旗下　红动中国心”大型系列活动通过整合省邮政公司的资源，节省了人力、物力、财力的投入，同时因为有省邮政深达全省各地的邮递触角，原定百万干群颂党恩的目标达到了 155 万人的参与，这是江西新闻广播仅凭自身运作在短期内无法达到的一个目标。而省邮政公司通过与江西新闻广播的合作，获得了发行祝福卡的经营业务和自己开展建党 90 周年纪念活动的资源，同时通过媒体超量的信息跟踪传播获得效果远大于单纯广告投放的宣传价值。同样，在与省残联的合作中，江西新闻广播整合了残疾人的资源，解决了同走红色道路活动中的各种费用开支。省残联也依托这样的合作，借力于媒体的招募和系统的宣传，获得志愿者的支持和广大群众的支持，实现了其成立 23 年来想做而未敢做也没能做成的大善事，成为所属行业在建党 90 周年活动中的一个突出亮点。

策划一个成功而有影响力的大型活动，一定要有新闻策划与报道安排的全盘考虑，这也是媒体发挥独有优势整合社会资源的利器。事实上，媒体策划活动从另外一个角度理解就是在制造新闻。“爱在党旗下 红动中国心”大型系列活动抓住助残助弱和善德善行两根主线制造一个个新闻事件，通过连续报道、系列报道、专栏报道、录音报道、连线报道、访谈等多种节目类型在江西新闻广播和鄱阳湖之声两套频率中的合理安排和滚动播出，同时通过电视、报纸、网络等多媒体的合作、关注和传播，广泛吸引大众关注，引起社会共鸣，取得非常好的效果。

“爱在党旗下 红动中国心”大型系列活动由江西省委宣传部、省文明办、省国资委、省广电局主办，省电台、省残联、省邮政公司、省残疾人福利基金会承办。这项活动成就了各主办、承办单位，更成就了江西新闻广播。这项活动有以下几点启示：

媒体活动必须以精品内容制造新闻事件，新闻事件必须以精品内容充实信息资源，信息资源必须以快速传播放大品牌效应，品牌效应必须以精品内容创造社会影响。

公益特性是媒体活动最易取得成功的关键要素。公益活动承载公共利益，有利于媒体发挥关怀弱势群体、推动社会进步的作用；有利于体现媒体勇于承担社会道义的价值取向；有利于媒体赢得社会认同；有利于媒体活动取得轰动效应。

成功的媒体活动需要力克同质化，媒体应学会采用贴近、易记、前沿、实用并具特色的概念。“爱在党旗下 红动中国心”大型系列活动从大概念到小概念都体现了这种追求，如大概念里的“爱在党旗下 红动中国心”，小概念里的“红色祝福卡”、“同走红色道路”、“善行人物”等。尤其“同走红色道路”里的“同走”，本意里就透着帮扶的色彩，如果换成“重走”，意义就大为逊色。

新闻资源对当代媒体而言是最为稀缺的资源，媒体要善于抓住活动制造的新闻事件拓展新闻资源并第一时间发散新闻资源。而好的传播效果反过来也有利于媒体获得市场认同，更好地整合社会资源，在取得社会效益的同时，实现经济利益的最大化。

（原载《声屏世界》2011 年第 9 期，作者熊丽萍）

再塑经典

——大型党员教育系列片《红色故事汇》创作解析

在庆祝中国共产党成立90周年之际，中共江西省委组织部联合江西电视台隆重推出大型党员教育系列片《红色故事汇》。7月1日至20日，《红色故事汇》前20集在江西卫视《社会传真》栏目连续播出。深刻的内涵、曲折的情节、新颖的形式，使该片得到党史专家和普通观众的一致认可，迅速在赣鄱大地掀起了一股重温红色经典的热潮，成为江西弘扬先进文化的又一品牌节目。《红色故事汇》既是故事版的党史，又是电视版的故事，它依靠确凿的史实支撑、丰富的细节呈现和起伏的情节推动，形成强烈的视听感染力，体现出红色经典题材节目的创新。

合作与竞争的创作机制

《红色故事汇》成功的基础在于与众不同的创作机制。

首先，中共江西省委组织部与江西电视台联合建立摄制组，合作双方分工明确、衔接流畅，组织部门在人事、资源上的优势与电视台的专业技术优势紧密结合。江西拥有异常丰富的红色文化资源。2011年4、5月，《红色故事汇》摄制组兵分5路，采访了毛泽东孙子毛新宇、邓小平女儿邓琳、胡耀邦夫人李昭、曾志女儿陶斯亮、陈赓儿子陈知建等革命领袖、革命先烈的亲属、战友和历史见证者以及党史专家近百人，录制访谈近5000分钟。在江西省委组织部与江西电视台的合作机制中，组织部门先确定了节目的立意、内容和基本形式，完成了大量联系、协调、资料搜集等琐碎工作，从而保证了电视台摄制人员在专业技术上发挥长处。

其次，江西电视台内部竞争机制的形成带来《红色故事汇》节目质量的整体提升。《红色故事汇》前20集，是由江西电视台新闻中心《社会传真》栏目和精品创作部各承担10集分别独立完成的，这样就形成了两个节目部门的竞争机制。在节目摄制初期，台里又从社教部《传奇故事》和《金牌调解》栏目抽调骨干编导和制作人员，专攻《红色故事汇》样片的制作。在竞争机制的刺激下，三方力量取长补短，相互超越，多种手法的碰撞交流促成了节目整体质量提升的良性循环，也保证了节目水准与风格的协调统一。

像《传奇故事》一样说故事

《传奇故事》是江西卫视叫响全国的名牌自办栏目，但它的大部分节目素材并非原创，而是从全国各地挑选采购。从节目素材角度来说《红色故事汇》的许多选题和《传奇故事》有相似之处，因为很多红色故事早已众所周知，有的甚至已经被业内人士拍成了影视节目。那么，对于久经红色题材熏陶的中国电视观众来说，《红色故事汇》如何吸引他们的眼球呢？

首先是人物塑造。塑造人物最忌平面化、概念化，而在《红色故事汇》的创作中，主创人员则找准一个“情”字。这个“情”是主人公的“情结”，是当年特定时代背景下的“情境”，是当时急需作出抉择的“情势”，设身处地把人物内心真实还原于当时的原始状态，让人物的本能追求与残酷的历史现实之间产生冲突，在对比反差中使人物的选择和命运起伏看似意料之外，却又在情理之中。

《红色故事汇》之《小平小道》截取了邓小平在江西三年生活的横断面，纵向关联了邓小平一生不畏挫折，对寻求中华民族生存与发展道路的不懈追求。在创作这一集时，编导组通过几处关键细节的放大升华、前后对比揭示出邓小平心情的变化。苍白的脸色到久违的微笑，一丝不苟的劳动和日复一日的身体锻炼，读书看报充实生活与有意识地接触群众，平凡细微处折射出邓小平在江西休养生息及认识弊端、寻找出路的思考过程，进而引导出小平小道与中国特色社会主义康庄大道之间的链接寓意。一个逆境中坚韧乐观、善于思考、忧国忧民的老人如在眼前，具体真实、可爱可亲。

其次，是戏剧性的结构。避免人物生平简介式和历史教科书式的死板讲述，用戏剧手段结构节目，让观众一看就停不下来是主创人员在创作《红色故事汇》时的共同追求。《红色故事汇》讲述的许多故事就发生在波澜壮阔的历史背景下，本身就具有跌宕起伏的戏剧色彩，《四进南昌——陈赓》就是其中的代表。片子开头，编导用充满神秘感的钱壮飞与黎利利牵出陈赓被捕，随后又通过陈赓从阶下囚到坐上宾的转变引出蒋介石的出场。片子把陈赓第三次到南昌作为一个大包裹，将他第一、二次到南昌套在这当中，时不时抖出一个包袱，在起伏的情节推进中满足观众的探秘心理；第四次进南昌则与前三次的曲折形成反差，着力突出人民解放军秋风扫落叶的强大气势和陈赓在日记中的个人感慨；最后收尾落到南昌城孕育的“八一”精神上，宛如给这幅风起云涌的画卷盖上鲜明的印章，显得沧桑而大气。

从照片开始的视听建构

《红色故事汇》选择了简单、实用的后期技术。在画面的处理上，《红色故事汇》采取了“主人公照片+真实历史影像资料+影视再现资料”相结合的基本手段。照片提供了人物的容貌、表情甚至当时的心态等基本信息，真实历史镜头记录了当时的时代背景，呈现出丰富的历史信息，影视再现资料则还原了当时人物和事件的情境、细节，传达出身临其境的情绪。这三类影像有机结合、各抒所长，为观众提供了一条通向历史、体验当事人心境的视听通道。《资溪剿匪》主人公王佑臣牺牲后仅留下一张模糊的全身照。然而就是这样一张照片成为画面的种子，衍生出一组组完整的蒙太奇段落。经过编辑的精心处理，它叠映在珍贵的剿匪资料上，渐隐在《剿匪记》影视资料中，在不同的背景下产生悲伤、喜悦和怀念等各种情绪变化，一个丰满的人物形象逐步生成。

在节目的后期剪辑上，多种手段的综合运用，形成像电影一样的视听整体感是《红色故事汇》的特色。在访谈的处理上清爽精炼，保留精彩的点睛之话，决不拖沓；在画面的设计上注重艺术感和形式变化；在音乐音效的使用上点对点，与画面形成节奏呼应，并在合适的兴奋点准确爆发。《胡耀邦与共青城》就是这种剪辑风格的典型。整个片子中，胡耀邦珍贵的现场镜头、胡耀邦各个时期的历史照片、各种影视资料与解说、时代歌曲、特定音效相互穿插，丰富而不凌乱，将胡耀邦与共青城的三段往事丰满厚重地呈现出来。

深刻的内涵保证了《红色故事汇》的思想高度，看得见、摸得着的历史细节和人物内心世界的挖掘支撑起扎实的节目内容，对结构精心设计、对文字精细处理、对影像精致追求、对音乐精妙运用、对节奏精准把握，最终形成了《红色故事汇》明快深邃的视听整体感，使该系列片达到了思想性、艺术性和观赏性的统一。

（原载《声屏世界》2011 年第 9 期，作者陈岩）

突发事件直播中节目主播的能力

——以获奖作品《冰雪路上 温暖同行》为例

从雨雪冰冻灾害到汶川大地震再到王家岭矿难等一系列重大突发公共事件中，广播媒体发挥了传播迅速的优势，在应对突发事件的传播中起到了至关重要的作用，在危机报道中提升了媒体公信力。而作为参与策划、编辑、采访、主持的节目主播，在突发事件现场直播中的综合驾驭能力成为节目运行的关键，直接影响到广播参与国家公共事务管理的能力。本文以获得 2011 年中国播音主持“金话筒”奖的《冰雪路上 温暖同行》节目为例，就突发事件直播中节目主播所具备的能力，即价值判断能力、编辑主导能力、语态转换能力试做分析。

价值判断能力

突发事件因其突发性、异常性、多变性、复杂性、破坏性、公共性等特点，近年来已经成为媒体关注的重点。随着社会不断发展，广播电视已经成为国家公共事务管理的重要手段之一。对于突发事件报道，特别是在灾难应急救援报道中，广播表现尤其突出。如江西人民广播电台交通频率推出的获中国播音主持“金话筒”奖的《冰雪路上 温暖同行》，以及《抗震救灾，我们在一起》《万里大转运》等直播节目，由于具有重大的新闻价值受到了社会的高度关注。节目主播在面对突发事件时准确的价值判断能力，成为了信息发布的第一声音。

主播的价值判断能力体现在哪里？首先是节目基调的判断。纵观有影响力的突发事件应急救援现场直播节目，一定散发着浓浓的人文气息，这点是突发性事件直播特别是灾难性直播的基调。所以“全面关注受困人员”成为主播直播中的切入点，这是主播对待事件价值判断的能力所在。雨雪冰冻灾害期间，高速公路封闭、交通出行受阻，可以想象滞留在路上的司乘人员内心是非常焦灼的，他们渴望通过媒体了解事态进展。因此，主播在冰雪灾害中要充分关注事件中遭遇困难的人。正确的价值判断会在主播的一问一答、一字一句中体现出来。主播准确及时地传递真实的信息，引导舆论；在跟踪突发事件的进展中始终保持领先发布，满足受众了解事件的心理需求。事实证明，大量的服务性信息的播出，有效缓解了滞留人员紧张焦虑的情绪，也为即将出行的人员提供了可选择的路线，对稳定社会情绪起到了至关重要的作用。

其次是对节目内容的判断。在直播中，主播面临的是几十次甚至几百次的电话连线及访谈，涉及交通运输、交警管理、路政救援、铁路、民航、公路、气象以及相邻省份相关部门。面对大密度连线，主播应进行怎样的判断和选择？如果仅仅满足停留在机械的播报动态上，被动跟随听众需求的层次上，这是远远不够的。主播要对直播时的海量信息进行价值筛选，即什么样的信息需要深度挖掘、重复强调，什么样的信息只需要做一般化的处理。只有主播有较强的价值判断，才能恰到好处地提问，深度挖掘信息点并阐述展现，使信息的传递有重点、不累赘，更易让听众厘清头绪。

第三，在直播进程中，主播对自身要有价值判断，要意识到自己是救灾的参与者，要让播出的信息帮助救援，甚至有效地介入救援。在节目中播发的大量内容都涉及到传递指令、调配资源等，为救灾人员提供了第一手信息，使救灾工作得到进一步推进。另外，除关注灾害中的人、关注如何救援之外，主播还强化大家应对突发冰雪灾害的意识，增强抗灾的能力。主播的自身价值在传递信息的过程中得以体现。准确的价值判断能力有力提升了舆论引导的质量。

编辑主导能力

突发事件的现场直播在交通广播已属常态化，但由于是突发事件，大多时候主播坐进直播室时基本处于无稿播出状态，绝大部分消息还处于收集阶段，并没有传递到直播室，主播该如何主导节目？需要节目主播具备整体意识和信息整合能力，其实质就是主播的编辑能力，即在现有信息源基础上，能够迅速发现、组织、概括、延展直播中出现的包括灾情信息、抢险救灾等信息，主导整期直播节目，确保在最短时间里以最快的速度发布最新消息，主动、正确引导舆论。

主播的编辑主导能力是构建整期节目的灵魂之所在。在《冰雪路上 温暖同行》直播节目中电话连线记者、嘉宾等多达几十次，如果节目主播只是停留在单纯连线冰雪路上的各路记者，以现场连线叠加的方式组织节目内容，一则会显得节目凌乱、琐碎，二则主播的价值无法体现出来。直播状态下主播的编辑能力格外重要，如值班编辑提供给主播仅一处冰雪严重地区的路况信息就有二十多条，主播必须在最短的时间内将看似重复的零散信息组织成有逻辑性的内容播出，只有对信息有较深的理解力，对交通有细致的观察力，才能现场编辑提炼出有价值的信息点。所以主播的编辑能力是贯穿整期节目的精髓。

主播的编辑意识主导着节目递进式地向纵深推进。铲冰除雪进展的阶段性发布、拥堵路段的最新路况、滞留人员的最大困难、听众最不解的疑惑等，都在主播的编辑意识主导下进行释疑解惑，增加了信息的广度和深度。主播在层层推进节目的同时，语言的起承转合自然、话语衔接精炼而又恰到好处，让听众感觉到是经过认真编辑的，这样的节目才是好节目，同时也展示出主播的个性魅力。编辑能力的增强可进一步促使主播更好地主导节目进程，包括连线的驾驭、节目总体控制、节目意图的体现，从而实现最佳的传播效果。

语态转换能力

对于突发事件的直播，大多都是通过电话连线、记者现场报道、采访嘉宾和听众等方式传播信息，节目主播的语言表达能力是关键。根据语境的需要，主播必须灵活地采用动态的直播语态推进直播，展现应急救援事件的进程。在处理大量的路况信息时，主播采用的是播报式语态，清楚、简洁；电话连线现场记者时主播采用的是问答对话语态，精炼、准确；主播在直播室采访嘉宾时采取的是谈话式语态，自然、流畅。这几种语态在现场直播节目中的相互转换、自然过渡，使信息能够清楚的进行传递。

然而，采取何种语态要与节目内容相适应、相协调，要为节目内容服务。如在《冰雪路上 温暖同行》的节目直播中，主播力求用规范优美、简洁质朴的语言关注滞留在路上的人们的情感，让他们的情绪得到宣泄和疏导；用推心置腹的话语使滞留人员理解并积极配合相关部门的疏导工作；用真诚热情的话语鼓励大家齐心协力，共渡难关。同时，主播也关注在除冰保畅一线的路政人员、交警的安全，在节目中提醒注意防寒保暖，注意自身安全。主播语言可亲可近才能够打动听众，听众也愿意进行情感互动。声声提醒、句句温暖，丰富的直播语态彰显出在灾难面前至真至诚的人性美。

（原载《声屏世界》2011 年第 12 期，作者蔡静）

尊重人　爱护人　关心人　帮助人

——以人为本打造调解中的金牌

2011 年 3 月 21 日，以《人民调解法》的出台为背景，江西卫视推出日播节目《金牌调解》。节目集各种电视手段为一体，以“12+X”（即一个主持人、一个调解员，八名观察员和两位直接当事人加 X 个相关当事人）为阵容，以现场解决矛盾冲突为主旨，给予当事人人文关怀和心理疏导，更教化电视受众面对纠纷的智慧和解决矛盾的艺术。节目一经推出，在业界和受众间产生了较大影响，可以说，是媒体公信力成就了电视调解，而在节目制作过程中媒体对公信力的自觉提升更铸就了受众对栏目的信任和厚受。

媒介的公信力——吸引百姓参与调解的源动力。在社会公众眼中，电视媒介持有较大影响的话语权，记者和主持人是社会正义和公道的主持者和评判者，他们的参与一定程度能够推动某些事实得到圆满的解决。因此，抱着这种实用的媒体思维，很多当事人愿意将自己的矛盾诉诸电视，希望得到解决。其实在中国，百姓更讲究家丑不外扬，不是每一个人都愿意来到电视这样一个公众平台曝光自身的矛盾，在栏目以较高的和解率、较好的品质和声誉吸引各阶层的受众前来节目参与调解之前，应该说，是媒体的公信力以及栏目对公信力的合理设置吸引了第一批当事人。

权威的调解团队——吸引百姓参与调解的核心动力。与其他情感类节目不同，《金牌调解》以调解为终极目标，节目现场除主持人外，还有调解员和八位观察员组成的调解团队。这个团队由司法干部、律师、高校教师、心理学家等各方专业人士组成，高学历和丰富的阅历让他们总能在一团乱麻中抽丝剥茧，直击矛盾的根本，让当事人心服口服。这些调解员、观察员虽不具备行政权和经济权，但是他们公正权威的人格魅力正不断形成对大众的公信力。人们在身处矛盾之中时，总想找个权威人士一诉苦衷，一评高低，而当这样一个优质的调解团队出现在受众眼前时，其对当事人的吸引是不言而喻的。

司法机构的介入——吸引百姓参与调解的保障动力。在《金牌调解》推出之前，也有介于情感类节目和调解类节目之间的节目形态出现，但从严格意义上说，《金牌调解》是第一个调解类节目。因为该节目与江西省司法厅合作，在司法人员的现场参与下，以人民调解委员会的形式对矛盾双方进行调解，调解结束后双方拟定具有法律效力的协议书，而各地司法部门对播出的调解案例、达成的调解协议，按照属地管理的原则，协助做好司法确认、兑现落实等工作。所以说，这是一个电视节目，更是一场事后有司法保障的调解，正是这种政府的公信力深深吸引着受众参与调解。

媒介的公信力、调解团队的公信力和政府的公信力为《金牌调解》的打造夯实了一个平台，但《金牌调解》是调解，更是一个综合了各种艺术的电视节目。为此，我们提出的创作主旨是尊重人、爱护人、关心人、帮助人，以人为本提升公信力，打造调解中的金牌。

首先，从选题入手，坚守真实案例，同时摒弃各类极端的案例，从具有共性的个案中保证选题具有共鸣和教化的基础。过于追求收视率，使得一些情感类节目中不断上演各种内容虚假的故事，它们采用雇人扮演、虚构情节、夸张细节的方式制造各种噱头，在吸引眼球的同时也在慢慢地失去媒体的公信力。与之相比，《金牌调解》的难能可贵就在于尽管面对日播的压力和真实案例带来的巨大的调解难度，但开播以来，栏目从未制假造假。在保证真实性的同时，《金牌调解》的选材不猎奇、不夸张，尽量选取具有共性的典型案例进行调解，让电视机前有着共同困惑的观众得到启发。

其次，在节目录制中，尊重人、爱护人、关心人、帮助人，耐心倾听，真情疏导，搭建沟通交流的平台，先做好调解，再做好节目。在很多人眼中，《金牌调解》是一个有着较好收视、较大社会影响的电视节目，但在节目主创人员眼中，大家更愿意把每一次节目的录制当成一场艰难的调解，真心帮助当事人走出困局，把节目录制当作改变当事人命运的一次机会。为了这个目的，电视屏幕上 45 分钟的节目，在演播室内，工作人员却要历经长达四五个小时甚至七八个小时的调解。

《金牌调解》从展示矛盾开始，以化解矛盾结束，这其中，除调解员的调解外，栏目组秉承以情动人，打造和谐人际关系的调解理念。在 6 月 17 日播出的节目中，快 18 岁的儿子一直没有得到父母的爱，父亲在他刚出生时入狱，母亲忙于生计，将孩子托付给爷爷奶奶，18 岁的孩子如今与母亲已是形同陌路。在节目现场，调解人员给孩子举办了一个特别的成人礼，当儿子穿上印有中国字样的鲜红的运动衣，带上妈妈用爱写成的“皇冠”，与观察员一一拥抱，接受成人礼祝福，当这个在爱的荒漠中饥渴了快 18 年的孩子在全场浓浓的爱意中与母亲热情相拥时，几近绝望的母亲最后留下了欣慰的泪水。相信这场调解、这次特别的成人礼一定会在这个孩子今后的人生抉择中写下浓墨重彩的一笔。先做好调解，再做好节目，真正关心人帮助人，这是《金牌调解》录制的一个原则。正是这种真诚、这种关爱让节目调解率达到了百分之九十，也为节目的成形、传播打下了坚实的素材基础。

第三，在后期成片中充分尊重当事人，爱护当事人，坚持舆论导向的正确性，坚守节目品质的高尚性。任何电视节目的创新都要以坚持正确舆论导向为前提，要坚守节目的品位和品格。《金牌调解》节目以百姓生活纠纷为主要素材。在社会转型期间，很多争议性话题因为网络和部分媒体责任心的丧失而出现了一些“语不惊人死不休”的怪论，而《金牌调解》始终坚持倡导文明积极和健康向上的社会风尚，给人温暖，给人光明。

《金牌调解》创作坚守人文关怀，首先是纯净语言，合理构架故事框架。由于栏目宗旨是“现场解决矛盾冲突”，节目录制过程中当事人的陈述和争论无可避免，但在成片时，节目十分注意尊重当事人隐私，保护当事人形象。不过分展示细节，不渲染隐私、暴力、悲情，不采用泄愤式的辱骂和指责。与此同时，节目合理构建框架，严格控制矛盾展示的时长，将更多的话语和空间交给场上调解员、观察员和主持人。其次，以调解员、观察员和主持人的调解为主导，以富有艺术感染力的调解和精辟的言论包裹激烈的矛盾，保证节目品质的高尚。媒体传播的各类信息都是一种精神产品，社会的主流审美要求一定是高尚的，这就决定了高尚是公信力产生的源泉和必要条件。在节目创作中，我们始终坚持以高尚的情趣给人启迪和震撼，以高品位的作品吸引观众，打动观众，影响观众，从而自觉维护媒介公信力。

（原载《声屏世界》2011 年第 10 期，作者吴学敏）

调查研究

江西人民广播电台 2011 年听众收听调查报告

2011 年，江西人民广播电台委托赛立信媒介研究公司就江西人民广播电台各频率在南昌地区和全省的收听情况进行 8 期听众调查，其中，6 期为南昌市场调查，2 期为全省市场调查。调查显示，在听众对各项指标的评价中，江西人民广播电台优势明显，牢牢占据南昌地区和全省收听市场的主导地位。

一、江西人民广播电台在南昌地区的收听情况分析

1.南昌地区广播听众市场主要特征

（1）本地电台竞争优势明显

2011 年，在南昌地区上空覆盖有 5 家以上电台，有超过 18 套频率。总体竞争格局较 2010 年相比变化不大，本地省级电台和市级电台市场份额明显高于其它电台。其中江西人民广播电台竞争优势依然突出，全年平均市场占有率达到 47.4%，超出第 2 名 10.2%，稳居第 1 位。

（2）车上收听率进一步提升

2011 年，南昌地区收听市场在总量稳定的基础上，在家收听量和收听比重有所降低，车上收听量和收听比重明显提升。这和全国省会城市收听趋势是一致的。车上收听率特征表现为男性听众、中青年听众、中高学历听众收听率较高，65 岁以上听众车上收听率接近于零，车上收听率基本随听众月平均收入的提高而提高，高收入听众车上收听率明显高于中低收入听众。

2.江西人民广播电台在南昌地区市场的动态表现

江西人民广播电台 2011 年在南昌地区的平均收听率和市场占有率总体呈双双稳定上行趋势，全年平均收听率突破 1%，达到 1.07 %，比 2010 年增长了 0.09%。全年平均市场占有率达到 47.4%，比 2010 年增长 3.8%。其中 7 月份的收听水平最高，收听率达到 1.12 %，市场占有率更是攀升至 49.8 %，创开展收听率调查以来南昌地区历史新高。之后的 9 月份、11 月份也保持了较高的市场份额。

3.江西人民广播电台在南昌地区的听众构成

2011 年，江西人民广播电台的听众结构进一步优化：综合新闻频率听众以中高收入、管理人员及退休人员为主；都市广播在 20～39 岁青年听众、中级管理人员、公司职员等人群中的市场占有率均位居南昌地区前三位；文艺音乐频率在“时尚年轻一族”中拥有较强影响力，女性听众的比例较高，较受青少年、高学历、学生及专业人士欢迎；信

息交通频率对高收入、市场拓展人员、管理人员及司机的影响力较强；农村频率听众主要由农民、私营业主和18～29岁青年构成；民生广播听众多为中高收入、本科学历、家务劳动者和中老年人。

二、江西人民广播电台在全省的收听情况分析

1.江西人民广播电台在全省收听市场表现概况

2011年，江西人民广播电台在全省收听市场始终保持绝对优势地位，全年平均市场占有率达到46.9%，超出第2名36.5%。其中，11月份的市场占有率达到47.0％，创开展收听率调查以来历史新高。旗下系列频率竞争优势明显，包揽了全省收听率与市场占有率前四名。其中，江西人民广播电台文艺音乐频率竞争力最强，其次是综合新闻频率，信息交通频率和都市广播分别排名第3位和第4位。据赛立信公司的调查结果显示，江西人民广播电台2011年在全省的平均市场占有率比2010年的44.7%提升了2.2%，上升幅度远远高于其它电台。此外，江西人民广播电台的周到达率和频次比率也都较2010年有所上升，周到达率合计接近70.0%，频次比率平均超过40.0%，表明其听众规模继续扩增，听众稳定性和忠诚度进一步增强。

2.江西人民广播电台在全省的时段收听表现

2011年，江西人民广播电台整体全天收听率形成早、午两个收听高峰和晚上次高峰。其中以早上收听表现最佳。全天最高峰出现在7:00～8:00时段，其次是在12:00～13:00时段。与2010年相比，早、午间多个时段收听率有所上升，尤其是7:00～8:00、9:00～10:00及11:00～15:00时段的收听率上升明显。江西人民广播电台文艺音乐频率全天收听率水平较高，全天收听最高峰主要集中在7:00～10:00时段、14:00～15:00时段和18:00～23:00时段。信息交通频率全天形成多个收听高峰，分别是6:00～7:00时段、10:00～12:00时段和15:00～18:00时段。综合新闻频率在7:00左右达到其全天收听最高峰，其它各时段收听率也都位居全省新闻类频率前茅。都市广播在早高峰7:00～8:00和午高峰12:00～13:00两个时段内较具竞争力。农村频率在9:00～10:00时段、民生广播在12:00～14:00时段也有不错的表现。

2011年省级卫视频道35城市收视分析

2011年，对于省级卫视频道来说，仍是不寻常的一年："广电总局电视剧司关于进一步规范卫视综合频道电视剧编播管理的通知"2010年5月1日正式实施，毫无疑问对规范电视剧的播出起到了很好的作用，但是预想中的节目创新并没有被激发出来。在强大的竞争压力下，2011年各省级卫视频道对"节目推新"基本采取了保守的的态度，比较先进的是引进国外成熟的节目模式进行本土化加工，而更多的是直接拷贝其它频道有收视保障、有影响力的节目，结果出现了省级卫视频道中白天是"水上冲关"、晚间则以“婚恋交友”和“情感故事”为主，节目形态高度雷同的荧屏景象，也直接导致广电总局酝酿对省级卫视频道节目进行更直接、更严格的调控，有“限娱令”之称的“关于进一步加强电视上星综合频道节目管理的意见”也于年底下发。

另外，随着手机、网络的更紧密结合，网络对传统电视媒体的竞争进一步升级；覆盖成本的高居不下，使得省级卫视频道的覆盖优势进一步向经济强势的省、市台靠拢；电视剧价格的一路高涨……

这一切都对2011年省级卫视频道的竞争格局产生影响。下面依据索福瑞媒介公司（CSM）提供的35中心城市（31个省会城市和深圳、大连、青岛、厦门4个计划单列市）2011年的收视数据，对2011年省级卫视频道的收视状况作一简要分析。

一、总体情况

1.2011年35城市开机率继续走低，全天平均在由2009年13.08%降至2010年12.85%的基础上，进一步下降到12.47%，观众流失加剧。

2.中央电视台未能扭转竞争力下滑的局面，其总体市场份额由2009年的28.25%降至2010的25.62%后，2011年进一步走低到24.56%。

3.相对中央电视台近年竞争力持续下降的低迷状态，省级卫视（包括深圳卫视，共计32个频道）整体则逆势走强，表现出良好的竞争势头，市场份额持续走高，由2009年的24.3%升至2010年的26.15%，2011年更达到28.12%。收视率也稳步走高，由2010年的3.36%提高到2011年的3.51%，开机率的下降并没有对省级卫视整体收视带来大的冲击。

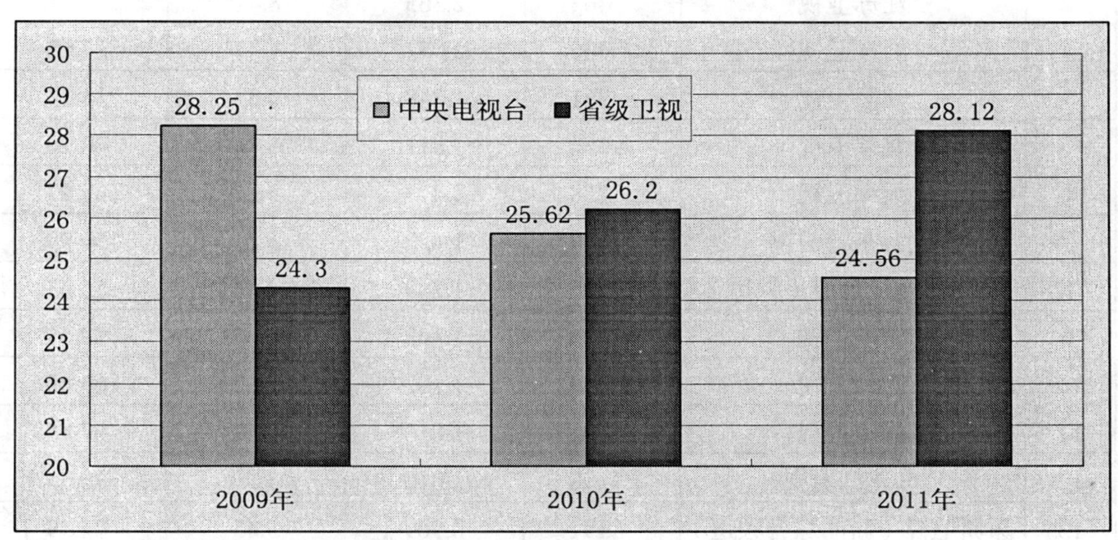

图1：中央电视台、省级卫视近年市场份额情况：

4.2011年，省级卫视频道在35城市收视排行前10位的依次是湖南、江苏、浙江、安徽、北京、天津、上海东方、江西、山东和四川。在这10个频道中，上海东方卫视和四川卫视分别由2010年的第12位和第11位新进入前10位，其它8个频道不仅保住了2010年的前10位置，而且座次也相对稳定，但是辽宁卫视和黑龙江卫视被淘汰出前10位。

2011年，前10位频道表现出明显强势，不仅市场份额之和由2010年的15.69%提高到了2011年的17.84%，涨幅达13.7%，明显高于卫视总体涨幅的7.3%；而且前10个频道在省级卫视总体份额中所占的比重由2010年的59.98%提高到2011年的63.43%。10个频道市场份额都有不同程度的提高，涨幅最大的是上海东方卫视、北京卫视和天津卫视；其次是四川卫视、安徽卫视、江西卫视和山东卫视；但位居前3位的湖南卫视、江苏卫视和浙江卫视出现滞涨趋势。特别是江苏卫视，市场份额基本与2010年持平。另外排名由2010年的第17位升至2011年第13位的深圳卫视，收视涨幅超过35%，并且表现出良好的增长势头，将是2012年有力的竞争者。

5.与2010年相比，2011年省级卫视排名靠前的频道间的差距进一步缩小，全天平均市场份额超过1%的频道数由9个提高到12个，而第13位的份额为0.969%，也接近1%。除前5位的优势比较稳固外，6~13位各频道的优势很不明显，之间的竞争非常激烈。特别是年底，为提前布局2012年的节目编排，你追我赶的局面尤为明显，排名的波动幅度非常大。2012年，它们之间的竞争无疑将更加直接和激烈。

表1：2011年省级卫视频道35城市收视排行：

排行	频　道	收视率（000）	市场份额（%）	总体份额中所占比例（%）	累计比例（%）
1	湖南电视台卫星频道	654	3.347	11.90	11.90
2	江苏卫视	463	2.365	8.41	20.31
3	浙江卫视	406	2.071	7.37	27.68
4	安徽卫视	361	1.848	6.57	34.25
5	北京卫视	354	1.811	6.44	40.70
6	天津卫视	288	1.473	5.24	45.93
7	上海东方卫视	279	1.422	5.06	50.99
8	江西电视台卫星频道	245	1.249	4.44	55.43
9	山东卫视	226	1.148	4.08	59.51
10	四川卫视	217	1.101	3.92	63.43
11	辽宁卫视	205	1.046	3.72	67.15
12	黑龙江卫视	198	1.010	3.59	70.74
13	深圳卫视（新闻综合频道）	191	0.969	3.45	74.19
14	云南电视台卫视频道	174	0.890	3.17	77.35
15	河南电视台卫星频道	160	0.821	2.92	80.27
16	湖北卫视	150	0.767	2.73	83.00
17	贵州卫视	110	0.564	2.01	85.01
18	广东卫视	98	0.497	1.77	86.77

19	广西电视台卫星频道	95	0.483	1.72	88.49
20	福建东南电视台	83	0.422	1.50	89.99
21	吉林卫视	77	0.394	1.40	91.39
22	重庆卫视	73	0.374	1.33	92.72
23	青海卫视	71	0.365	1.30	94.02
24	河北卫视	66	0.333	1.19	95.21
25	山西卫视	47	0.243	0.87	96.08
26	陕西卫视	47	0.237	0.85	96.93
27	宁夏卫视	46	0.233	0.83	97.76
28	内蒙古卫视	35	0.177	0.63	98.39
29	旅游卫视	28	0.143	0.51	98.90
30	西藏二套（汉语卫视）	25	0.129	0.46	99.36
31	新疆卫视	19	0.098	0.35	99.70
32	甘肃卫视	15	0.080	0.30	100.00

说明：在总体份额中所占比例指该频道在35城市的市场份额在所有省级卫视频道总体份额（28.12%）中所占的比例

二、主要频道收视情况

湖南卫视、江苏卫视、浙江卫视、安徽卫视和北京卫视牢牢地稳定在前5位，强势明显，并都有增长。特别是北京卫视，年初改版，带来巨大的成效，收视大幅提升，全天市场份额高达1.81%，收视千人由2010年的237大幅提高到2011年的354，涨幅高达49%。这5个频道，除湖南卫视黄金档播出自办节目外，其它4个频道晚间黄金剧的收视具有绝对优势，年平均收视千人都在1200以上，稳居省级卫视前4名。（湖南卫视22:00剧场收视千人更是超过2000）

表2：主要频道2011年与2010年收视比较：

频道	2011年				2010年			
	收视率（000）	收视率（%）	市场份额（%）	排行	收视率（000）	收视率（%）	市场份额（%）	排行
湖南卫视	654	0.417	3.347	1	588	0.399	3.099	1
江苏卫视	463	0.294	2.365	2	448	0.304	2.364	2
浙江卫视	406	0.258	2.071	3	389	0.262	2.037	3
安徽卫视	361	0.231	1.848	4	294	0.200	1.550	4
北京卫视	354	0.225	1.811	5	237	0.160	1.250	5
天津卫视	288	0.184	1.473	6	214	0.145	1.132	7
上海东方卫视	279	0.177	1.422	7	167	0.114	0.884	12
江西卫视	245	0.156	1.249	8	199	0.135	1.053	8

山东卫视	226	0.143	1.148	9	192	0.131	1.016	9
四川卫视	217	0.137	1.101	10	170	0.116	0.900	11
辽宁卫视	205	0.130	1.046	11	229	0.155	1.208	6
黑龙江卫视	198	0.126	1.010	12	185	0.126	0.977	10
深圳卫视	191	0.121	0.969	13	134	0.091	0.707	17
云南卫视	174	0.111	0.890	14	162	0.110	0.855	13
河南卫视	160	0.102	0.821	15	157	0.107	0.829	14

天津卫视市场份额 1.47%，平均收视千人由 2010 年的 214 大幅提高到 2011 年的 288，升幅 35%，排名由第 7 位升至第 6 位，并且全年收视走势保持了很好的稳定性，波动幅度很小。它有两大优势，一是本地人口规模带来的本地收视贡献非常大，达到 62.5%；二是优质电视剧资源，在保障晚间黄金剧高收视（年平均收视千人 1000，居省级卫视第 5 位）的同时，也大幅提升了白天剧场的收视，其白天 7:00 ~ 18:00 时段在省级卫视中排行第 5 位，具有明显竞争力。2011 年它电视剧的播出比重达到 52.5%，收视贡献与其持平，也达到 52.4%。（广电总局电视剧的限播令基本只对晚间黄金档有效）。

表 3：主要频道 2011 年按月收视走势（收视千人）：

频 道	1 月	2 月	3 月	4 月	5 月	6 月	7 月	8 月	9 月	10 月	11 月	12 月
湖南卫视	667	908	997	640	485	424	673	662	589	627	613	570
江苏卫视	520	474	438	443	404	479	465	480	456	461	472	458
浙江卫视	395	394	374	382	393	380	398	429	438	380	449	454
安徽卫视	318	457	312	350	309	341	413	459	395	336	362	287
北京卫视	281	405	328	361	457	320	360	408	344	297	335	354
天津卫视	257	317	266	267	278	283	257	329	300	307	312	290
上海东方	236	280	223	210	286	280	275	285	258	299	332	387
江西卫视	257	283	210	220	193	237	265	250	242	250	273	262
山东卫视	196	188	186	233	163	156	165	274	270	241	312	328
四川卫视	221	294	140	184	171	184	220	216	187	189	260	337
辽宁卫视	266	290	238	198	166	182	177	200	167	177	194	205
黑龙江卫视	207	216	160	196	202	176	207	211	212	197	181	203
深圳卫视	197	194	134	145	145	188	186	180	203	221	261	233
云南卫视	173	202	159	162	162	157	179	190	161	196	177	170
河南卫视	147	165	159	194	168	141	165	177	160	128	165	158

上海东方卫视市场份额 1.42%，平均收视千人由 2010 年的 167 大幅提高到 2011 年的 279，升幅超过 65%，排名由第 12 位跃升到第 7 位。全年收视走势，前期表现的不是很稳定，但从 5 月份开始，月平均收视千人基本稳定在 275 以上，年底更明显走强，达

到 330 以上。

新闻和综艺类节目都是上海东方卫视的强项。其早上的《看东方》、中午的《东方午新闻》、傍晚的《东方新闻》，夜间的《东方夜新闻》，还有深度新闻专题节目《东方直播室》，都有着不错的收视表现。综艺类节目则既有常规栏目《百里挑一》、《谁能百里挑一》,又有季播活动节目《舞林大会》、《我心唱响》、《中国达人秀》等，为频道带来了人气、影响力、收视率、经济效益。特别是《中国达人秀》，在 5～10 月第二季大获成功后，11 月底又接着推出第三季，对频道的贡献相当大。

2011 年频道的最大动作是强势加入了对电视剧的争抢。黄金档播出了大批强势剧目，如《老马家的幸福往事》、《风声传奇》、《家常菜》、《旗袍》、《水浒传》、《当婆婆遇上妈》等，使得黄金剧年平均收视千人达到 800 以上，大大高于其 2010 年不足 450 的水平。另外，年初调整编排，开辟下午剧场，从 12:30 持续到 17:00 连续 5 集排播，并且加大非黄档电视剧投入，规模与品质两手抓，竞争力明显提高。

表 4：主要频道几大主要节目类别播出量与收视贡献：

类别 单位	电视剧		电影		新闻/时事		专题		综艺	
	时长（%）	分钟数（%）	时长（%）	分钟数（%）	时长（%）	分钟数（%）	时长（%）	分钟数（%）	时长（%）	分钟数（%）
湖南卫视	33.8	43.7	0	0	6.9	1.9	3.8	1.3	33.1	30.8
江苏卫视	39.8	33.3	10.2	5.7	5.9	2.9	4.2	3.7	16.2	33.7
浙江卫视	43.8	40.8	0.2	0.1	7.9	3.1	1.3	0.3	19.4	27.4
安徽卫视	44.3	54.8	10.5	0.9	12.2	4.8	4.2	5.9	9.4	12.1
北京卫视	40.2	35.1	0.2	0.3	12.1	15.5	17.5	16.9	4.8	5.6
天津卫视	52.5	52.4	0	0	11.8	8.0	6.1	4.8	5.2	11.7
上海东方	35.3	28.0	0.4	0.5	17.8	15.9	6.8	7.7	19.5	30.6
江西卫视	44	46.5	8.7	3.1	8.9	5.4	16.1	26.4	3.0	4.0
山东卫视	48.6	57.3	0	0	5.6	3.3	9.0	8.7	8.4	13.0
四川卫视	53.9	61.2	1.5	0.2	8.8	3.9	3.3	4.3	2.7	4.3
辽宁卫视	48.1	42.7	1.9	2.2	12.2	9.9	5.6	6.1	16.8	24.2
黑龙江卫视	45.2	53.6	0	0	9.9	6.2	1.5	0.6	19.1	22.6
深圳卫视	42.1	44.2	9.7	7.4	11.1	9.8	4.4	3.1	7.5	13.3
云南卫视	41	54.6	9.9	2	8.0	5.2	8.4	9.4	2.6	5.4
河南卫视	39.4	61	0.2	0.2	9.0	2.8	0.9	1.1	15.0	8.3

说明：时长（%）为该类别节目播出量占频道总节目量的比例；分钟数（%）为在 34 城市（缺呼和浩特）该类别节目收视分钟数占频道总收视分钟数的比例，亦称收视贡献。

山东卫视市场份额 1.15%，平均收视千人由 2010 年的 192 提高到 2011 年的 226，升幅 17.7%，排名保持第 9 位。前 7 个月表现都不太理想，收视千人基本处于 200 以下，特别是 5～7 月，更是处于 160 上下。但从 8 月开始，节目和编排同时发力，频道颓势顿改，收视大幅走高，全天收视千人一跃到270以上，年底更是达到300以上。

就节目而言，虽然新推出《歌声传奇》开局良好，还有老节目《说事拉理》及其升级版《围观》，也表现不错。但对频道收视贡献最大的还是电视剧，全年电视剧播出比重48.6%，收视贡献达到57.3%。晚间黄金档电视剧收视相对2010年大幅走高，年平均收视千人由539提高到795，升幅超过45%。而从11月开始，明显加快了对非黄金档电视剧的购播，夜间和下午剧场明显走高。年底动作频频，目标应在2012年。

四川卫视以市场份额1.10%位居省级卫视第10位，平均收视千人由2010年的170升至2011年的217。全年收视走势很不稳定，月平均收视千人2月份最高达到294，3月份最低仅140。主要是过度依赖电视剧的结果，全年电视剧播出比重达到53.9%，收视贡献61.2%。白天对强势剧目仍然采取多集（6集以上，甚至整个白天）连排、多次重复的方式。频道缺乏真正的竞争力、成长性。

辽宁卫视和黑龙江卫视相对2010年都有走低，而且全年走势也不稳定，特别是辽宁卫视，下半年走势明显偏弱。两频道年底在自办节目方面也不见有大的动作，相信2012年也难有大的改观。

但深圳卫视年底颇有些动静，一是对黄金剧的重视明显加强了，年底黄金剧收视大幅的走高；二是以《年代秀》为代表的自办节目，收视一直保持在较高点位。而它现有的节目结构基本符合2012年广电总局的要求，开年并不存在节目大规模调整的压力。

三、江西卫视收视分析

江西卫视全天市场份额1.25%，排名保持第8位。平均收视千人由2010年的199提高到2011年的245，涨幅为23%。全年走势上半年缺乏稳定性，波动幅度较大；但下半年明显好转，7月份开始，月平均收视千人基本稳定在250上下。全天各时段，与2010年相比都有不同程度的走高。

晚间自办节目表现强势：3月21日推出日播节目《金牌调解》，年平均收视千人近1100（绝对收视率达到0.69%），与2010年相比，该时段收视千人数的增长幅度达到80%，同时段省级卫视排名达到第4位。《传奇故事》2011年也大幅走高，年平均收视千人接近1000（绝对收视率达到0.63%），相对2010年增长幅度超过50%，同时段省级卫视排名达到第5位。两节目的良好表现，明显提升了频道晚间整体竞争力。

“中国红歌会”晚间大容量排播，效果明显，收视稳步走高——第一阶段10天平均收视率0.54%，收视千人827；第二阶段10天平均收视率0.65%，收视千人1010；第三阶段“红歌英雄汇”，平均收视率0.72%，收视千人1123。与2010年相比，“突围战”和“英雄汇”收视的涨幅都超过20%，基本与频道的涨幅持平。

晚间黄金剧年平均收视千人591，相比2010年的515，涨幅14.8%，与频道总体涨幅有一定差距；在省级卫视黄金剧收视排行中居第8位。一季度表现强劲，平均收视千人达到735。4月份开始，由于黄金档排播由3集改2集，第3集移至23:00，收视大受影响，平均收视千人降至520。而从9月份开始，完全改2集排播，导致播出进度明显落后于其它同时上星台，收视更是受损，大部分剧的收视千人都不到400。到12月独家播出《依本多情》，才有好转。黄金剧总体收视的不理想，主要是受到3月下旬开始的排播改变的影响，2011年的剧基本是前两年提前购买的4家同时上星剧，排播也早排定，临时编排的变化严重影响黄金剧收视。相信随着排播走向正轨，2012年黄金剧的收视会得到明显改善。

白天中午的节目带时段，收视大幅提升，《经典传奇》、《杂志天下》年平均收视千人达到300，相对2010年升幅达到50%。重播的《金牌调解》平均收视千人也在300以上。

上午、下午剧场相对2010年的涨幅约19%，稍弱于频道总体涨幅。但与其它频道相比，表现就明显偏弱，同时段在省级卫视排行均走低，特别是下午剧场，由2010年的第8位降到2011年的第10位。主要受天津卫视、北京卫视、上海东方卫视等大台加大非黄金档电视剧投入的影响。

四、2012年省级卫视竞争形势

2011年已成过去，随着广电总局“关于进一步加强电视上星综合频道节目管理的意见”的正式实施，2012年已经来临。为应对该意见，大部分省级卫视频道对2012年的节目设置作出了积极的反应，频道之间的竞争就此全面展开。

1.晚间黄金时段电视剧的竞争进一步升级。首先，开年湖南卫视和湖北卫视就恢复了晚间黄金时段电视剧的播出，同时江苏卫视黄金剧场高调扩容，由2011年的2集排播改3集；其次随着22:00前收视压力的增强，将会有更多的频道将黄金剧3集排播作为常态；再就是电视剧网络版权与电视媒体的进一步同步。这些都将加剧晚间黄金时段电视剧的竞争。

2.由于广电总局对白天节目限制相对宽松，使得各频道对白天时段的开发、利用和期待更加明确。继湖南卫视、天津卫视、四川卫视、上海东方卫视等频道后，江苏卫视、浙江卫视、安徽卫视和山东卫视2012年明显加强了非黄金档剧场的投入，特别是规模可达5~6集连排的下午剧场。加之原有强势平台，下午剧场的竞争将加速升级。

3.受政策影响，导致相当数量强势节目播出时间后移到22:00后，毫无疑问将大力提升省级卫视整体晚间次黄金时段22:00~24:00的竞争力。

4.由于对自办节目的限制较严格，2012年省级卫视频道节目创新的动力仍可能无法激发出来。 （陈四芳）

江西本地收视市场2011年终盘点

南昌市网总体情况

1.2011年南昌市网的开机率稳中有升，全天开机率由2010年的12.83%上升为13.74%。

2.与2010年相比，2011年南昌市网不同电视台（频道）间的竞争格局比较稳定。江西电视台继续保持了在南昌市网的领先地位，7个频道整体份额由38.74%上升为44.60%，优势进一步增强；中央台整体下滑，市场份额之和由24.65%走低至22.37%；外省卫视在南昌的竞争力整体有所下降，总体份额由20.68%下降至17.47%；南昌电视台的竞争力依然较弱，整体市场份额之和由3.13%下降到了2.46%，未能体现本地媒体的优势；而包括各级教育频道、落地境外频道和数字电视等在内的其他频道，在南昌的整体市场份额为13%左右，与2010年基本持平。

3.从全天各时段的竞争来看，江西电视台整体在各主要时段以较为明显的优势领跑，收视的软肋还是在 2:00 ~ 5:00，该时段被外省卫视和中央台大大超出；中央电视台整体份额走势波动不大，在早间新闻和午间新闻时段有较强的竞争力，晚间《新闻联播》时段也出现收视小高潮，但和往年相比波峰已经大为走低；外省卫视从全天走势来看起伏较大，收视份额的低点出现在 7:00 和 19:00 左右，不过在 22:00 之后收视份额迅速抬升，并在 23:00 之后直至 5:00，一直领先于其他频道组。

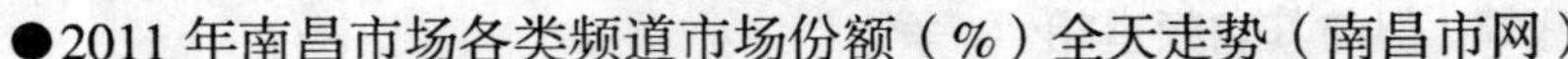
●2011 年南昌市场各类频道市场份额（%）全天走势（南昌市网）

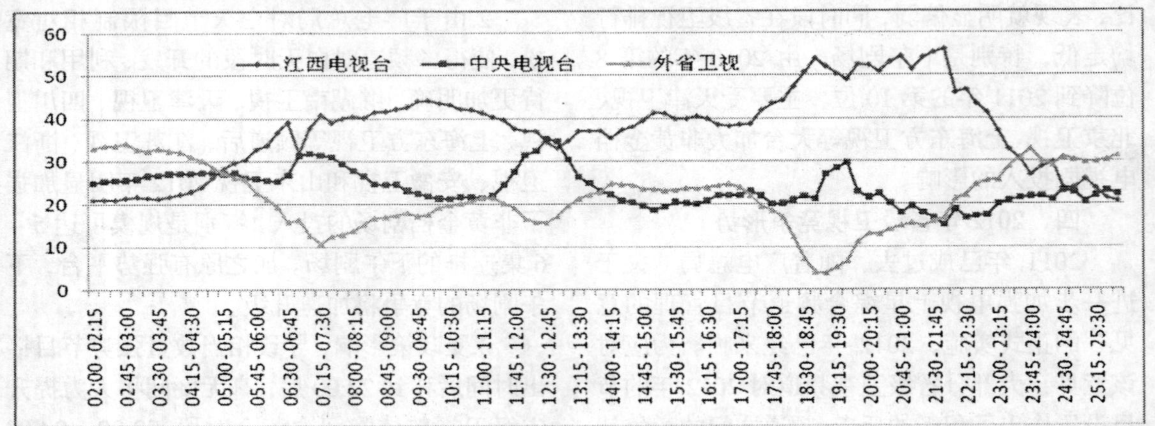

4.与电视台竞争格局的相对稳定不同，频道间的竞争比较激烈，出现了一定的波动。分频道而言，江西电视台卫视频道以 13.83%的份额排在第 1 位；都市频道紧随其后，收视份额为 13.28%；公共频道位居第 3 位，全天平均收视份额为 6.44%；影视频道排在第 4 位，份额为 5.40%；中央电视台一套名列第 5 位，收视份额为 4.05%；第 6 位被湖南卫视占据，收视份额分别为 3.32%；第 7 至 9 位分别被中央电视台三套、中央电视台少儿频道、中央电视台六套包揽，收视份额为 2.94%、2.47%和 2.27%；江西电视台少儿频道跻身第 10 位，市场份额为 2.22%。江西电视台红色经典频道和经济生活频道全天平均收视份额为 1.77%和 1.67%，分列第 12 位和第 14 位。（见表 1）

表 1：2011 年南昌市网各主要频道的市场份额情况

频道	2011 市场份额（%）	2010 年市场份额（%）	排名	排名升降
江西电视台卫视频道	13.83	12.45	1	±0
江西电视台都市频道	13.28	11.62	2	±0
江西电视台公共频道	6.44	5.57	3	±0
江西电视台影视频道	5.40	4.92	4	±0
中央一套	4.05	4.14	5	+1
湖南卫视	3.32	4.31	6	-1
中央三套	2.94	2.79	7	+1
中央少儿	2.47	2.25	8	+2
中央六套	2.27	3.08	9	-2
江西电视台少儿频道	2.22	0.91	10	+11

江西电视台红色经典频道	1.77	1.89	12	+2
江西电视台经济生活频道	1.67	1.39	14	+4

江西省网总体情况

1.2011 年江西省网的开机率有所下滑，全天开机率由 2010 年的 10.58%下降为 10.06%。

2.江西电视台整体在江西省网继续保持了龙头老大的位置，但领先优势有所缩小，7 个频道整体份额由 37.04%下降为 35.53%；中央台整体市场份额之和由 30.31%走高至 30.91%；外省卫视在江西的竞争力整体有所上扬，总体份额由 26.57%上升为 26.91%。

3.在全天时段竞争上，江西省网的情况可谓风起云涌，特色鲜明。具体来看，江西电视台整体在省网的优势主要体现在晚间黄金时段，在 18:30～19:00 创造一个收视波峰后，在 19:30～22:00 这省网收视人口最集中的两个多小时，江西电视台的收视高于中央电视台和外省卫视，在全天的其他时段则表现欠佳；中央电视台在早、中、晚三个传统新闻节目时段在省网拥有较大的收视优势，而在 19:30 以后竞争力迅速下滑；与中央电视台的走势恰恰相反，外省卫视组在 7:00、12:00 和 19:00 前后形成三个收视低谷，14:00～16:00 以及 22:00～24:00 则在江西省网获得最多的观众青睐。

●2011 年江西市场各类频道市场份额（%）全天走势（江西省网）

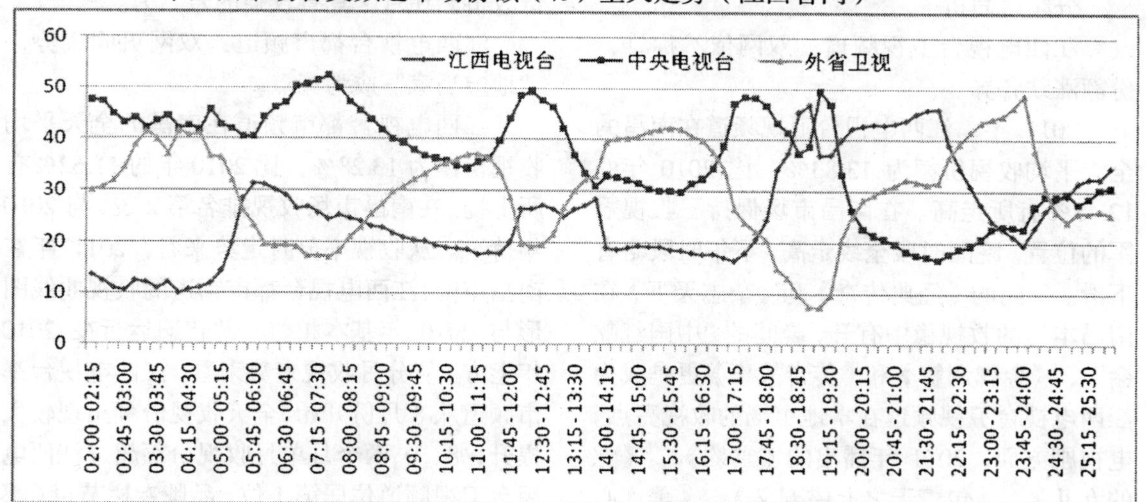

4.分频道而言，江西电视台卫视频道以 18.67%的份额排在第 1 位；江西电视台都市频道紧随其后，收视份额为 9.25%；中央电视台一套和中央电视台少儿频道位列第 3、4 位，市场份额为 7.19%和 6.60%，湖南卫视名列第 5 位，收视份额为 5.58%；江西电视台影视频道排在第 6 位，收视份额分别为 4.60%；中央电视台八套、中央电视台三套、安徽卫视和中央电视台六套分列第 7 至 10 位，收视份额依次为 3.36%、3.28%、3.16%和 2.81%。江西电视台经济生活频道、红色经典频道、公共频道和少儿频道在省网的全天平均收视份额为 0.91%、0.87%、0.86%和 0.37%，分列第 23、24、25 和 37 位。（见表 2）

表 2：2011 年江西省网各主要频道的市场份额情况

频道	2011 市场份额%	2010 年市场份额%	排名	排名升降
江西电视台卫视频道	18.67	19.20	1	±0

江西电视台都市频道	9.25	9.52	2	±0
中央一套	7.19	8.28	3	±0
中央少儿	6.60	4.69	4	+2
湖南卫视	5.58	5.73	5	-1
江西电视台影视频道	4.60	5.27	6	-1
中央八套	3.36	2.89	7	+2
中央三套	3.28	2.79	8	+2
安徽卫视	3.16	3.20	9	-2
中央六套	2.81	3.13	10	-2
江西电视台经济生活频道	0.91	0.92	23	±0
江西电视台红色经典频道	0.87	0.87	24	+1
江西电视台公共频道	0.86	1.13	25	-8
江西电视台少儿频道	0.37	0.13	37	+14

分频道简析:

江西电视台卫视频道：双网依然称雄，份额涨跌各异。

2011 年，江西电视台卫视频道在南昌的全天平均收视份额为 13.83%，比 2010 年的 12.45%有所走高。在南昌市场保持了收视冠军的位置。晚间时段全线走高，下午时段略有下滑。午间的《经典传奇》和《杂志天下》在南昌本地的收视稳中有升，晚间的“中国红歌会”、《金牌调解》和《传奇故事》更是成为江西电视台卫视频道在本地市场的收视亮点。电视剧方面，2011 年播出的《雪豹》、《党的女儿》、《包青天之七侠五义》、《美人心计》等 10 部剧在黄金档的收视率均超过 6%，为江西电视台卫视频道在南昌本地的收视加分不少。

而在江西省网，江西电视台卫视频道的竞争力有所削弱，全天平均收视份额为 18.67%，相比 2010 年小幅下降，不过依然以较大优势领跑收视排行榜。整个白天时段，江西电视台卫视频道在省网的收视曲线都比 2010 年有所走低，不过从 21:00 起，江西电视台卫视频道相对 2010 年有一定走强，《金牌调解》和《传奇故事》在省网具有较强的号召力。

江西电视台都市频道：双网巩固优势，“地宝当家”成为亮点。

江西电视台都市频道在南昌的全天平均收视份额为 13.28%，比 2010 年的 11.62%有所上扬。在南昌市场收视排名第 2 位，与 2010 年持平。从收视率分时走势来看，2011 年在南昌市网，江西电视台都市频道的收视曲线图形与 2010 年基本相似，并普遍运行在 2010 年上方。从分月收视走势来看，江西电视台都市频道从 8 月份开始，全天收视份额出现较大提升，8、9 两个月单月收视份额超过江西电视台卫视频道位居第 1 位。品牌专栏节目《都市情缘》、《晚间 800》等均可圈可点，8 月 15 日起，全新推出方言服务类节目《地宝当家》，丰富了频道的节目样式，增加了频道的吸引力，收视节节攀升，成为一大亮点。另一方面，江西电视台都市频道晚间电视剧场在南昌本地具备相当的号召力。尤其值得一提的是，《回家的欲望》、《回家的诱惑》、《爸爸再爱我一次》这三部情感大戏，在晚间黄金时段平均收视率均突破 9%，表现十分抢眼。

江西电视台都市频道在江西省网的全天

平均收视份额为9.25%，排名依然是第2位。晚间黄金剧的贡献颇多。《回家的欲望》、《母爱无限之等你回来》、《我的婆婆我的妈》在省网获得了较多关注，平均收视率超过7%。

江西电视台经济生活频道：改版助力收视，市网名次提升。

江西电视台经济生活频道在南昌的全天平均收视份额为1.67%，比2010年的1.39%有所走高。在南昌市场收视排名第14位，较2010年上升了4个名次。从收视率分时走势来看，2011年在南昌市网，江西电视台经济生活频道的全天收视曲线图形与2010年相比出现较大改变，几乎整个白天时段，收视曲线都运行在2010年收视曲线的上方，显示江西电视台经济生活频道白天收视竞争力在南昌市网有了较大提高。7月25日起，江西电视台经济生活频道全新改版，以“3TV会生活”彰显生活的方方面面。经过短暂的适应期，《最爱是车》、《非常会生活》等自办栏目收视稳步提升，黄金剧场也不断给力，改版给收视带来的提升开始逐渐显现。

江西电视台经济生活频道在江西省网的全天平均收视份额为0.91%，和2010年相比基本持平，排名保持在23位。白天小幅走高，晚间略有下滑。晚间黄金剧在省网的收视波动较大，江西电视台经济生活频道在省网收视最高的电视剧收视率在1.4%以上，而最低的只有0.2%左右。

江西电视台影视频道：单月起伏较大，省网收视下滑。

江西电视台影视频道在南昌的全天平均收视份额为5.40%，相比2010年的4.92%稳步提高，在南昌市场收视排名第4位，与2010年持平。品牌栏目《娱评天下》创新形式，主打短剧，在本地市场知名度较高。电视剧方面，以《活佛济公》、《宫》、《剑侠情缘》为代表的古装剧受到许多观众的关注。

江西电视台影视频道在江西省网的全天平均收视份额为4.60%，相比2010年下滑了一成左右，排名第6位，下降了1位。江西电视台影视频道收视起伏较大在省网的表现比较明显，7月份单月收视份额高达7.89%，以后的连续几个月份额都只在3%左右。影视剧的剧力参差不齐，是江西电视台影视频道收视波动较大的主要因素。

江西电视台少儿频道：节目表现精彩，双网明显提升。

江西电视台少儿频道在南昌的全天平均收视份额为2.22%，比2010年的0.91%翻了两倍多，在南昌市场收视排名跻身第10位，与2010年同期相比劲升了11个位次。江西电视台少儿频道在江西省网也获得了长足的进步，全天平均收视份额为0.37%，是2010年收视份额的3倍左右，位居第37位，排名上升了14个位次。

电视剧方面，江西电视台少儿频道最大的亮点是在暑期晚间黄金时间播出的经典剧《还珠格格》系列，《还珠格格》第一部在南昌取得了1.25%的平均收视率，《还珠格格》第二部再接再厉，平均收视率更是冲上了2.5%。《还珠格格第三部》又再次给力，在南昌市网和江西省网受到了相当数量观众的青睐，助推江西电视台少儿频道收视上扬。

进入10月份，江西电视台少儿频道在晚间黄金时段播出《记者再报告》、《知音人间》、《观点致胜》三档新节目，从目前2个多月数据来看，这三档新节目收视表现良好，构筑江西电视台少儿频道在晚间时段的收视高地。

（乐金金）

赣州电视台 2011 年度收视调查报告

数据范围：CSM 赣州市网数据 2011 年 1 月 1 日 ~ 2011 年 9 月 27 日

一、赣州电视市场总体收视状况

赣州电视市场 2011 年年人均收视时间为 201 分钟，按月来看，2 月、3 月、5 月、6 月的收视时长高于全年平均水平，受春节、暑假，节假日和特殊事件的影响，这几个月赣州地区观众的收视热情比平均水平略高。

赣州市场观众的收视习惯是，17:45 ~ 22:00 为开机率比较高的黄金时段，15:15 ~ 16:30 也形成小高峰。两个收视高峰在周末和平时表现相似，而白天上午时段与午夜时段的非黄金时段则周末表现高于平时，与其他市场相似，赣州地区观众周末白天与午夜看电视情况要高于平时。

二、赣州电视市场各频道组收视比较

1. 各频道组整体竞争状况

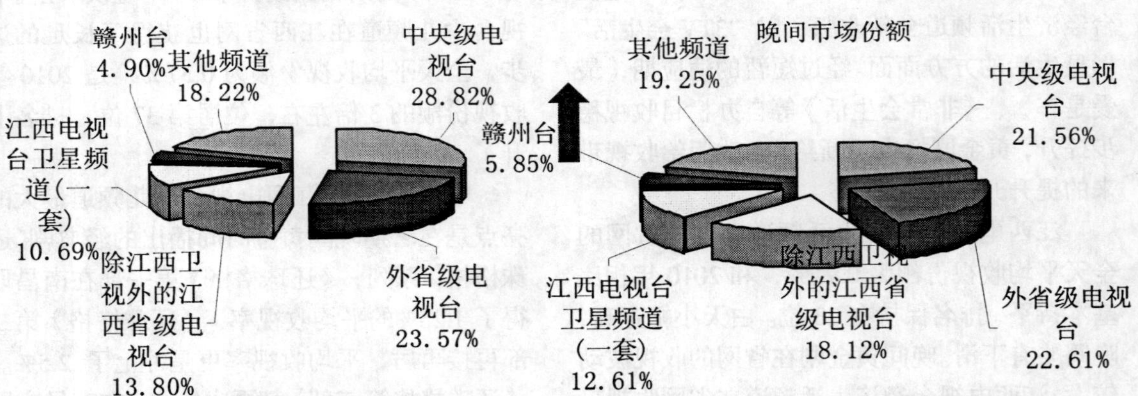

图 1：赣州市场各频道组全天竞争情况

图 2：赣州市场各频道组晚间竞争情况

在赣州电视市场，位居第一集团的中央电视台占据 28.82%的市场份额，外省卫视的市场份额为 23.57%，江西省级地面频道组则位列第三集团 13.8%的市场份额。江西卫视的市场份额为 10.69%，赣州电视台占 4.9%的市场份额，晚间份额略高出全天，为 5.85%。（图 1、2）

2.单个频道竞争位置

无论是全天还是晚间，排名前 5 位的频道均为中央电视台综合频道、江西卫视、江西都市、中央电视台少儿频道、湖南卫视。

赣州电视台一套晚间市场位置要明显高于全天，位列第 9 位，市场份额也较全天上升了 0.856%。赣州中心城区频道（影视频道）晚间份额位列第 19 位。赣州电视台三套、二套在第 33 ~ 38 位之间。

3.赣州电视台内部各频道竞争与互补

赣州电视台内部，赣州电视台一套优势明显，晚间占据赣州电视台内部近一半的市场份额，赣州电视台中心城区频道（影视频道）位列第 2 位，其次为赣州电视台三套和二套。赣州电视台一套晚间的市场份额较全天上升 6.85%，其余 3 个频道全天份额要高于晚间。

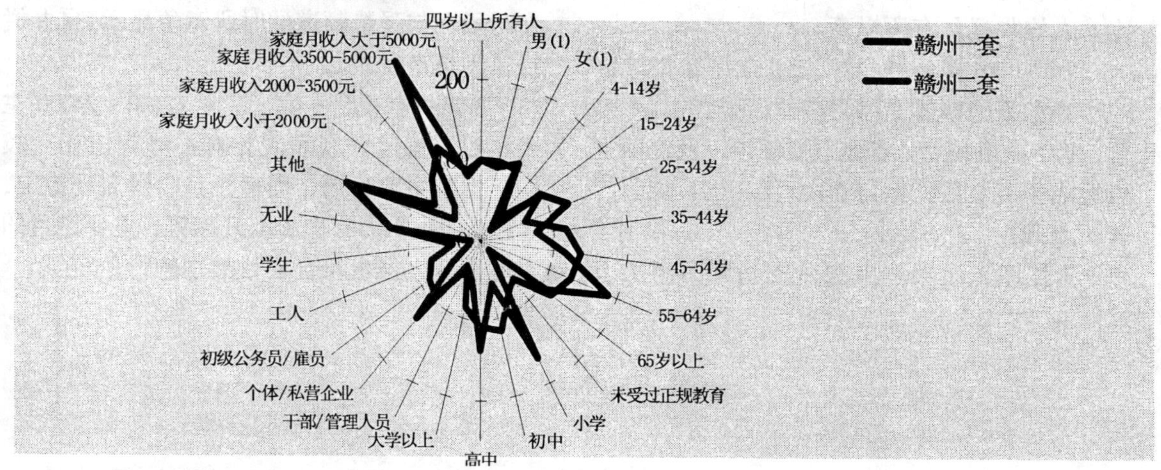

图 3：赣州电视台一、二频道目标人群集中度

从目标人群的集中度来看，赣州电视台两个主要频道的目标人群也各有特色，并且形成一定互补。

25～34 岁，45 岁以上，高中学历、个体/私营企业、家庭月收入 3500～5000 元人群比较喜欢看赣州电视台一套；35 岁以上，干部管理人员、中高学历、个体/私营企业或初级公务员/雇员、家庭月收入 2000～5000 元的人群比较喜欢看赣州电视台二套。

三、赣州台分类别节目收视表现

在 17:00～24:00，赣州电视台一套的新闻时事节目资源利用效率最高，播出比重是 30.45%，收视比重达到 64.29%；赣州电视台二套则是财经、生活服务类节目资源利用效率较高（表 1）。

	赣州电视台一套		赣州电视台二套	
类别	播出比重	收视比重	播出比重	收视比重
财经	0	0	4.47	6.63
电视剧	27.74	9.64	26.87	16.16
法制（始于 2004 年 1 月 1 日）	0	0	0.62	0
青少	0.12	0.02	0	0
生活服务	3.61	3.32	29.7	42.34
新闻/时事	30.45	64.29	5.41	4.19
音乐	0	0	0.1	0
专题	20.21	7.1	5.01	5.29
综艺	5.11	2.59	5.67	4.85
其它	12.76	13.04	22.15	20.55

表 1：赣州电视台一套、赣州电视台二套不同类型节目播出/收视比重

小结：1.赣州电视市场的从收视量和收视习惯来看与一般二级城市相似，与 2010 年相比，人均收视量有所提高。

2.赣州电视台的个频道组合在赣州地区的市场竞争力整体上讲目前暂时处在第 4 阵营，继中央电视台、省级卫视频道以及江西省级地面频道之后，但与 2010 年相比，竞争力有所上升。

3.整体来看赣州电视台的新闻时事类节目资源利用效率相对较高。

4.赣州电视台主要频道各类主要节目所在时段在与强势频道的时段竞争显示，自办栏目还需长足发展。

5.赣州电视台一套、二套 17:00～24:00 主要栏目，虽然收视表现相对强势频道相对较弱，但各主要日播、周播栏目收视表现稳定，《630 播报》仍有稳步上升趋势，主要栏目的重度消费人群也符合栏目类别的特色定位。

电影 电视剧 电视动画片 广播剧

电　影

天工开物

影片通过纪录片的形式在展现作者宋应星波澜壮阔的人生的同时，也展现了《天工开物》一书跌宕起伏的创作和传播历程，以及“天工开物思想”在中国遭受的冷遇和世界范围内的巨大影响力。

制片单位：北京弘扬知光文化传播有限公司，新余市孔目江生态经济区管委会等联合拍摄。导演：王斐。演员：石凉、蔡宜达、马克、齐庆林。公映许可证：电审纪数字[2011]第014号。

美丽的故事

影片根据“全国诚实守信模范”——江西省德兴市李宅乡宗儒村农妇陈美丽代亡夫还债的真实故事改编而成。讲述了德兴市李宅乡宗儒村农村妇女陈美丽为还清亡夫生前欠下村民的债务，一边挑起家庭的重担，悉心照顾公婆和儿女，一边用行动践行自己的诺言，外出打工挣钱还债的故事。电影的主题思想鲜明，讴歌了中华民族的传统美德。

制片单位：中共上饶市委宣传部、中共德兴市委、德兴市人民政府、中共德兴市委宣传部、北京电影艺术家协会、北京中作影视文化传播有限公司合作摄制。编剧：程建平、帅经芝。导演：张金标、毕云琪。演员：池华琼、周浩东。公映许可证：电审数字[2011]第037号。

万年飘香

影片讲述了创作歌手高歌的坎坷创业之路及他与初恋女友丁小荷和女友文静的爱情故事。该影片表达了对人文精神和美好爱情的赞扬，并透过故事情节和镜头展现了武功山的风土人情和山水文化。

出品单位：江西南国影视文化传播有限公司、北京交远传媒有限公司。编剧：皮晓瑶、史俊。导演：武圣基。演员：李炳辰、初星一、焦婷。公映许可证：电审故字[2011]第042号。

背影

影片根据鄱阳县本土作家程晖的同名小说《背影》改编，从一个13岁女孩的视角，讲述了在两个单亲家庭重组的过程中，一对身患绝症的父母出于对女儿们朴实而真挚的爱，而临终互托孤的温馨感人故事。影片以时间为线索，以鄱阳地区农民的真实生活为背景，散文式的手法，讲述了一个动人的亲情故事。

出品单位：江西秋水长天文化传媒有限公司、北京满汉全席影视文化传播有限公司。编剧：程晖。导演：磐石。演员：吴水美、孙华萍、徐惠君、方院、程蕾。公映许可证：电审数字[2011]第 061 号。

山鼓声声

影片讲述了 “文化大革命”时期该县人民在保护打鼓歌文本过程中发生的动人的传奇情感故事，是一部反映保护首批国家级非物质文化遗产扩展项目名录武宁打鼓歌的影片。

出品单位：江西南国影视文化传播有限公司、北京交远传媒有限公司。编剧：方平、史俊。导演：武圣基。演员：刑城、贡维特、李幸朋、王伟、王瀚、韩金星等。公映许可证：电审数字[2011]第 142 号。

长冈的难忘岁月

影片根据小说《霜天》改编。以毛泽东当年在江西省兴国县长冈乡进行农村调查的生活经历为背景，反映毛泽东同志在担任中华苏维埃主席期间关注民生的故事。全片以毛泽东在长冈乡进行调查的 7 天经过为主线，刻画出一位平易近人、一心为百姓着想的领袖形象。

制片单位：赣州市委宣传部、合肥市委宣传部、安徽项学和影视公司、长春电影制片厂联合摄制。编剧：张品成。导演：宋江波。演员：项学和等。公映许可证：电审数字[2011]第 244 号。

今天我出警

影片取材于江西省瑞昌市普通乡村民警、“全国特级优秀人民警察”周俊军的优秀事迹，以喜剧的形式讲述了基层民警蒲一兵出警一日的平常小事，表现了“警务信息平台工作法”这一现代化信息技术手段在公安工作中的实际应用，展示了当代公安战线的工作业绩及和谐的警民关系。

出品单位：九江天牛文化传媒有限公司、明镜台（北京）影视文化传媒有限公司。编剧：张轩南。导演：马辉。演员：姜超、蒋小涵。公映许可证：电审数字[2011]第 280 号。

图斑

影片讲述主人公孙耕作为一名基层国土所长为守耕地“红线”，面对亲情与土地、权力与法理的抉择，不为利益所动，敢于打破人情，勇于坚持原则的感人事迹，表现了亲情与法、权力与法的深刻主题，有力地刻画了一位守土有责、刚正不阿、廉洁奉公、恪尽职守的基层国土干部形象。

出品单位：江西经典文化传媒有限公司。编剧：熊相仔。导演：熊相仔。演员：郑仕明等。公映许可证：电审数字[2011]第 290 号。

赣南 1934

影片以 70 多年前的红色中共苏区的革命战争为背景，讲述了留守在敌后的红军医院院长方梦袍与怀有身孕的妻子红云，千方百计保护红军伤员的故事。影片通过对一个由客家女性而成长起来的红军女战士群体的刻画，来表现她们在面临家庭巨变和情人背叛、面临大敌当前和惨烈战争时的复杂心态，展示他们放弃一切生活梦想，投身革命，直至前仆后继的崇高精神。

制片单位：北京瓯越文化传播有限公司、江西人民广播电台红瑶文化传播公司等联合拍摄。编剧：温艳霞。导演：林兵。演员：和龙、李奕娴、李赞、柏霓等。公映许可证：电审数字[2011]第 295 号。

红色恋歌

影片以音乐剧形式，通过一群年轻人热情参加红歌演唱比赛的故事，讲述了井冈山竹妹子和战士山胡子之间的红色之恋，演绎了红歌所蕴含的革命传统与红色精神，以及年轻一代对红色精神的理解和传承。

出品单位：江西电影制片厂有限责任公司、江西金帛影业有限公司。制片单位：江西电视台、江西电影制片厂有限责任公司、江西金帛影业有限公司、江西德意置业有限公司、北京东方全景文化传媒有限公司。编剧：陈海萍。导演：王玉锦。演员：祝希娟、石安妮、周小燕、张嘉、杨光。公映许可证：电审数字[2011]第 500 号。

电视剧

风云 1911

来自江西九江乡下的蔡振声和武汉富家子弟郭景文因路见不平而结识，更巧的是他们都是要去武汉的武备学堂求学。共同的志向让这两个血气方刚的青年人结为了好兄弟。三年的军校生活，他们共同教训了飞扬跋扈的教官，毕业后他们又惩治了暗中伤人的土豪劣绅和发国难财的官员。当辛亥革命风起云涌时，究竟是实业救国，维护帝制；还是武装革命，走向共和？面对着纷乱复杂的世界，壁垒分明的阵营，两个年轻人以及他们的家庭都面临着巨大的考验。经历了辛亥革命的战火洗礼，两个曾经有过争执、几经迷茫、已不再年轻的兄弟丢掉幻想、不再犹豫，他们朝着俄国十月革命的炮声指引的光明大道迅跑。

该剧为 35 集近代革命剧。制作机构：江西电视台电视剧制作中心。合作机构：北京东方在扬文化传播有限公司，北京大唐辉煌影业投资有限公司。编剧：邵晓黎、辜建刚、郎雪枫。导演：连奕民。制片人：辜建刚。出品人：杨玲玲、仝敬民、王辉。监制：许运交、韩国强、曾国欢。主要演员：聂远、连奕民、霍思燕、周扬、张洪睿。制作许可证号：甲第 019 号。发行许可证：（赣）剧审字（2011）第 001 号。

将军日记

该剧根据开国上将赖传珠将军生前撰写的传记、日记改编。全剧从 1926 年至 1949 年，从 8 个不同的历史阶段，通过亲情、友情、爱情再现了赖传珠将军充满传奇的戎马生涯。

该剧为 25 集近代革命剧。制作机构：江西金阳影视制作中心有限公司。编剧：王奕苏、郑振环。导演：王奕苏。制片人：王小雅、李俊宝。出品人：赖克游、陈乃雄。监制：迎利。主要演员：张超、李沁、李健。制作许可证号：乙第 15096 号。发行许可证：（赣）剧审字（2011）第 002 号。

沙之舞

西江大学有机化学系与边陲某研究所联合研发国家重点课题——戒毒药物，负责人是易化雪教授，其助手夏霜。此时，易教授当年所带硕士何冰从国外读博归来，其英俊的外形让校内女生分外着迷，但何冰只对酷似自己初恋女友的夏霜一见钟情。在同一个实验室工作的易教授之女欧阳易晶，对何冰始终保持着一份警惕，不让他接触实验主数据，这让两人冲突不断。一日，何冰与初恋女友若水不期而遇。殊不知，若水已成恶势力的诱饵，痴情的何冰毫无防备，被若水利用窃取了戒毒方程数据。天网恢恢，疏而不漏，何冰终为自己的贪欲流下了忏悔的泪水。

该剧为 8 集当代都市剧。制作机构：江西电视台影视频道。编剧：何静、胡辛。导演：顾璟、胡辛。制片人：周文斌 、程样国、傅克刚、黄朝阳。出品人：万良朋、胡辛。监制：李建民、李葆明、杨松。主要演员：何鎏、任迪、黄子婵。制作许可证号：乙第 15106 号。发行许可证：（赣）剧审字（2011）第 003 号。

正骨柔情

出身于中医骨科世家的金建飞年轻时怀着梦想，从异省他乡来到瓷之源、茶之乡，做了一名“草根医生”。有着高尚医德和精湛技艺的金建飞在行医十余年的日子里，用心、用爱、用情、用力，治愈了众多的病人，在解除了病人痛苦的同时，也得到病人的认可与尊敬。

该剧为两集当代农村剧。制作机构：江西景德镇市竞成影视剧制作中心。编剧：吴国珊、程继达。导演：周元强。制片人：周元强。出品人：周元强。监制：钱鸣华。主要演员：熊思铭。制作许可证号：乙第 15109 号。发行许可证：（赣）剧审字（2011）第 004 号。

神奇的珠宝盒

井冈山市小学生雯雯、猴哥、胖墩、小明，星期天到黄洋界写生，意外地拾到了一件精美的珠宝盒，遗失物品的红衣女士乘车而去。孩子们十分着急，于是立即行动起来，沿着红衣女士可能游玩的景点一路寻找。途中遇上一位热心肠的自驾游客，看到了珠宝盒后，自愿加入到行动中来，机敏的猴哥发现自驾游客热情过度，猜测他另有企图，于是，故意制造矛盾、拖延时间。自驾游客趁雯雯不备拿走珠宝盒，可珠宝盒内并无珠宝，只有一捧井冈红土及一片井冈红叶。非常失望的自驾游客在孩子们的热情和诚实的感召下，同孩子们一起，经过艰难寻找，终于把珠宝盒归还给了红衣女士。

该剧为单集当代青少剧。制作机构：江西电视台。合作机构：中共井冈山市委宣传部。编剧：袁军。导演：长弓。制片人：何小玲。出品人：张帆。监制：张小军。主要演员：魏元。制作许可证号：乙第 15111 号。发行许可证：（赣）剧审字（2011）第 005 号。

留守孩子

该剧讲述几组不同生活环境、家庭背景，又各具典型意义和特点的农村、城市和心灵留守儿童的故事。夏秋叶、陆婷婷、林之凡共同毕业于省城师范大学。毕业后她们分别来到了不同的地区和工作岗位，在短短几个月的工作、生活中，她们分别接触了几组不同生活背景、家庭背景的留守孩子。该剧通过三段式的剧情结构，丰富了主题内容。第一部分以传奇的形式讲述了一个农村孩子去城里寻找父母的故事；第二部分以喜剧的形式讲述了两个孩子雇佣“假爸爸”的故事；第三部分又以写实的形式讲述几个孩子不同的情感故事。

该剧为 20 集当代农村剧。制作机构：江西华闻影视制作有限公司。合作机构：江西华东轮胎有限公司，北京华闻前线文化传媒。编剧：何春明、张海军。导演：唐伟凡、张海军。制片人：何春明。出品人：熊绍侦。监制：沈品刚、俞向党、周关。主要演员：

舒耀瑄、何晴、周想、魏子涵。制作许可证号：乙第 15110 号。发行许可证：（赣）剧审字（2011）第 006 号。

电视动画片

笛卡特警队

该剧讲述了在茫茫的宇宙中，有一个美丽的星球叫做和平星，这个星球充满着欢乐与和谐。但是邪恶企图统治这个星球，一支坚持正义的笛卡特警队，依靠着他们的勇敢、智慧和不抛弃不放弃等精神，与邪恶展开斗争，度过了一个又一个难关，讲述着美与丑，善与恶，正义和邪恶较量的故事。

该剧为 52 集科幻片。制作单位：江西笛卡传媒有限公司。合作单位：江西泰豪动漫职业学院。策划：单勇。美术设计：余云。制片：余云。编剧：单勇。导演：单勇。原画：龙维。制作经营许可证号：（赣）字第 064 号。发行许可证号：（赣）动审字（2011）第 001 号。

小虫乐事

由于家园环境遭到破坏，史克郎不得不寻找新的居住地，机缘巧合之中，史克郎进入了世外桃源般的山旮旯村。和史克郎一同住进山旮旯的还有他的好朋友肥球、贵族后裔螳少、可爱的小菁、史克郎奶奶的熟人瓢叔和爱捣蛋的摸斗。性格不同的小虫们相处在一起难免产生摩擦，其中有搞笑的耍宝行为，也有阴差阳错的误会事件。为此，勤劳善良的史克郎经常接受大家不愿做的麻烦事、帮助大家解除矛盾。在史克郎的影响下，伙伴们不仅了解了勤劳的乐趣，明白了乐观的作用，更体会到友情可贵。伙伴们感情越来越融洽，生活也越来越快乐，山旮旯成了名副其实的快乐家园。

该剧为 52 集童话片。制作单位：江西笛卡传媒有限公司。策划：单勇。美术设计：袁亮宇。制片：袁亮宇。编剧：单勇。导演：单勇。原画：易西勇。制作经营许可证号：（赣）字第 064 号。发行许可证号：（赣）动审字（2011）第 002 号。

汉字大作战

在美丽的汉字城，迎来一件轰动世界的大喜事，出土的几千年前的《汉字大全》字典将在汉字馆展览，这件举世无双的宝物引起罪犯东山狼的窥视，他伙同马仔哈巴熊深夜潜入汉字馆进行偷窃，被特警千尘队长、特警笛卡及时阻击。在斗争中，双方引发了字典的神秘力量，将两边人马带到了一个文字奇异世界。在这个世界里，特警队员和罪犯都变成了幼儿园的小孩子，并失去了一切特殊力量和记忆。为了阻止罪犯抢夺神奇的《汉字大全》，特警笛卡等只有从头学会汉字，不仅能恢复原来的面貌，并且能获得掌握世界知识的力量。为保护神奇的《汉字大全》字典，小主角展开了一系列幽默有趣、宣传国学汉字、学习知识的有趣故事。

全剧 104 集，现已制作完成 78 集。制作单位：江西笛卡传媒有限公司。策划：单勇。美术设计：易西勇。制片：袁亮宇。编剧：单勇。导演：单勇。原画：易西勇。制作经营许可证号：（赣）字第 064 号。发行许可证号分别为：（赣）动审字（2011）第 003 号和（赣）动审字（2011）第 005 号。

笛卡特警队之生化危机Ⅰ

本片讲述了东山狼在《机器帝国》计划中失败后，利用天才少女蛇冰冰的生物科学技术，制造了许多奇奇怪怪而且威力巨大的生化怪兽，企图实现自己征服和平星球的野心。在笛卡特警队的帮助下，蛇冰冰幡然醒悟，回到正义一边，运用大爱、勇敢、智慧的力量粉碎了东山狼的阴谋，再一次维护了星球的和平。

该剧为26集科幻片。制作单位：江西笛卡传媒有限公司。策划：单勇。美术设计：余云。制片：余云。编剧：单勇。导演：单勇。原画：龙维。制作经营许可证号：（赣）字第064号。发行许可证号：（赣）动审字（2011）第004号。

广播剧

飞来的白鸽

儿童广播剧《飞来的白鸽》讲述了三个小学六年级的小朋友，为了保护一只受伤的白鸽，充分发挥自己的智慧，与企图伤害白鸽的人斗智斗勇，最后在学校老师的帮助下，终于让这只受伤的信鸽重返蓝天的故事。该剧涵盖了环保、动物保护的概念，具有鲜明的时代特征和深远的社会意义。

该剧由江西人民广播电台录制。编剧：樊蔚源。导演：温燕霞。文学编辑：温燕霞、曾学优。主要演员：舒展、吕芃、余立、雪坤、吕翼翔、万爽。音效、制作：陈光。

2011年我省广播影视节目制作经营机构与外省机构合拍影视剧目录

剧名	长度（集×分）	类别	制作机构	持证机构	发行许可证编号
女人河	1×90	电影	南昌市电影电视创作研究所	杭州明朗影视制作有限公司	电审数字〔2011〕第512号
杨閣公	1×95	电影	南昌市电影电视创作研究所	峨眉电影制片厂	电审数字〔2011〕第264号
我的父亲是板凳	36×45	电视剧	江西金臻影视制作有限公司	华视影视投资（北京）有限公司	（京）剧审字〔2011〕第025号
绞杀1943	30×45	电视剧	鹰潭龙虎山水影视制作传播有限公司	上海新文化传媒投资集团有限公司	（沪）剧字〔2011〕第003号
血色玫瑰——女子	32×45	电视剧	鹰潭龙虎山水影视制作传播有	东阳诸侯影业有限公司	（浙）剧字〔2011〕第

别动队			限公司		012号
锁侠	32×45	电视剧	鹰潭龙虎山水影视制作传播有限公司	上海新文化传媒投资集团有限公司	(沪)剧字〔2011〕第028号
星梦园	26×12	电视动画片	萍乡市凯天网络有限责任公司	苏州小牛欲飞动画有限公司	(苏)动审字〔2011〕第022号

评奖与表彰

评 奖

第二十一届中国新闻奖

三等奖

广播评论《新农村建设岂能让贫困农民失房又失地》

江西人民广播电台 作者：张吉昌 刘乐明

2009年～2010年度中国广播影视大奖 广播电视节目奖

大奖

广播剧《大法官梅汝璈》 南昌人民广播电台

提名奖

专题《大山深处的守护者》 江西人民广播电台

专题《新闻110——唱凯紧急救援》 江西人民广播电台

栏目《健康直通车》 江西人民广播电台

对外广播节目《带着聋儿敲响无声世界大门的曹有红》 江西人民广播电台

广播剧《老镜子》 江西人民广播电台、中共新余市委宣传部、江西新余广电局

消息《考场成“抄场”》 江西电视台

消息《我国首架大型民用直升机今天成功首飞》 江西电视台

消息《记者调查：非法采砂的“乱”与“治”》 江西电视台

现场直播《直击唱凯堤决口封堵现场》 江西电视台
栏目《目击者》 江西电视台
栏目《都市情缘》 江西电视台
评论《花钱美化池塘 小心清水变臭水》 江西吉安电视台

第22届中国电视文艺“星光奖”

电视综艺节目大奖
《中国红歌会》红歌英雄汇冠军决选赛 江西电视台
电视音乐节目提名荣誉奖
《匣钵》 景德镇市广播电视台

第28届电视剧“飞天奖”

长篇电视剧二等奖
《红色摇篮》 中央电视台文艺中心影视部、江西电视台、中共江西省委宣传部、中共福建省委宣传部、中共福建省龙岩市委、市政府

2011年中国播音主持“金话筒奖”

广播主持作品奖 江西人民广播电台蔡静主持的《冰雪路上 温暖同行》
提名奖
广播播音员主持人
江西人民广播电台凌洁

2011（第11届）四川电视节“金熊猫”奖

国际自然灾害影视节目短片入围奖

系列报道《四川灾后重建的故事》　温小力　张国辉　谢祥震　江西电视台

第十九届江西新闻奖获奖作品目录

（广播电视系统部分）

作品标题	作者及编辑	单位
广播部分（61件）		
一等奖（7件）		
消息（3件）		
我省生产总值今年突破万亿元已成定局　标志江西经济发展进入新阶段	曾先林　邹淑芳	江西人民广播电台
一个招商引资企业迁离江西引发的思考	占　伟　何　灵　尹继恩	江西人民广播电台
铭记，为了更好的前行	李兴满　何华英　刘照龙　钟　声	赣州人民广播电台
系列、连续报道（1件）		
萍乡坚持科学发展观　实现经济社会漂亮转身	柳锡波　黄海鹰　刘　霞　潘小斌　周满娇　廖晓燕	萍乡人民广播电台
评论（1件）		
小学班干部“官本位”思想不能滋长	钟兴楠　曾彦梅　邓琦霞　柯　牧	吉安人民广播电台
专题(2件)		
永恒的记忆　永恒的爱	集体创作	江西人民广播电台
情牵鄱阳湖	曾先林	江西人民广播电台

二等奖（14件）

消息(5件)

作品	作者	单位
塘坝危在旦夕　群众安全转移	周升航　程玉香　徐　可　郭耀东	九江人民广播电台
“我明年一定把这个‘账’还清”　温家宝总理对话教师代表刘艳琼	曾先林　罗春瑜	江西人民广播电台
菜农网上“摆摊”鼓了“钱袋子”　市民门前“收菜”鲜了“菜篮子”	宋　萍　吴　成　周　荣	青山湖区广播电视台
农民工抬车救人：义举唤醒人性善美	熊　晖　吴黎平	南昌人民广播电台
新余打破光伏产业技术和市场“两头在外”旧格局	丁　霞　熊　芳　丁　锐	新余人民广播电台

系列、连续报道（2件）

作品	作者	单位
联动乡间好“钱景”——我市组建专业合作社促农民增收纪实	周凤荣　熊　琦　赵　婷　谢剑勇　南惠娟	樟树市广播电视台
永远的光荣	李兴满　周　亮　刘照龙　何华英　曾海勇　李　勤	赣州人民广播电台

评论（2件）

作品	作者	单位
让美德尽可能多地保留原有的纯净	龚小娟　刘乐明　罗春瑜	江西人民广播电台
一把火“烧出”的汽车维权思考	刘加福　潘小斌　肖　潇　罗　江	萍乡人民广播电台

专题（3件）

作品	作者	单位
萍乡渔鼓的前世今生	邱　珺　汤云柯　廖晓燕　谭晓娟	萍乡人民广播电台
“最美乡村”应树“最美形象”——江西婺源部分核心景区相继关闭的调查与思考	吴　颖　刘　剑　刘乐明	江西人民广播电台
抚州有个“雷锋”哥	饶　茵　谢慧星　张志珍　杜惠娟	抚州人民广播电台

新闻访谈节目（1件）

作品	作者	单位
江西老表好“恰噶”	高　颖　施　婵　吴小俊　滕海瑞	江西人民广播电台

现场直播（1件）

作品	作者	单位
弘扬苏区精神　再创一等工作——“纪念中央革命根据地创建暨中华苏维埃共和国成立80周年特别直播节目”	集体创作	赣州人民广播电台

三等奖（40 件）

消息（23 件）

作品	作者				单位
“井冈山风光”亮相纽约时报广场	曾传文	蔡联通	石 红	曾 娟	吉安人民广播电台
江西建立首个现代农业院士工作站	李 程	刘崇智			江西人民广播电台
信丰县一栋 28 层高楼突发火灾 经成功处置无一人伤亡	钟志勤	肖洪钰			信丰县广播电视台
煤矿实时安全监控系统提前预警 我市成功避免一起死伤 50 人以上特大煤矿安全事故	胡晓鹏	潘小斌	李洪辉		萍乡人民广播电台
红色文化助推井冈老区致富奔小康	郭春贺	刘 琼	邓琦霞		吉安人民广播电台
景德镇市万名陶瓷艺术工作者精心创作红色陶瓷作品庆祝建党 90 周年	余忠彪				景德镇市广播电视台
“停产”企业再爆“污染”门	万 芳	何 灵	黄 燕		江西人民广播电台
长水林农与总理网上互动再话林改	邹淑芳	吴 颖	黄 燕		江西人民广播电台
赣南果商拒签 60 吨脐橙青果销售大单	邹淑芳	李兴满	付静秋	罗春瑜	江西人民广播电台
兰榴垣的特殊党费	涂 华	张万妍			奉新县广播电视台
江西成为中国铜行业首家千亿元企业	周乐丰	任江华	徐炳德	王少军	鹰潭人民广播电台
村务 QQ 群 为民解难题	周 榕	刘新萍	刘 琼	于大治	吉安人民广播电台
92 岁的樟树籍远征军老兵刘辉昨天下午踏上阔别 72 年的故土	刘建锋	孙雯霞	马小涛		宜春市广播电视台
抛石固基除险 全力抢救小港闸	邓红霞	陈文燕	鄢光辉	程 洁	丰城市广播电视台
恩达引领全球苎麻针织纱技术	严 伍	刘 堃	金 昕		分宜县广播电视台
我市开全国陶瓷艺术品融资先河 为中小企业提供新的贷款渠道	雷汇敏	黄迪莺			景德镇市广播电视台
免费血透，一年为我省下 6 万元	曾学优	官 雯	徐 扬	温燕霞	江西人民广播电台

新余市被确立为全国首批节能减排财政政策综合示范城市	丁　锐　陈　影　丁　霞　王　弇	新余人民广播电台
旧纸堆里的“和谐钥匙”	张志珍　谢慧星　饶　茵　杜惠娟	抚州人民广播电台
荒唐的“抢盐风”	丁　健　刘广兰	广昌县广播电视台
大学生村官危冬发喜获全市第一笔专利质押贷款	谢慧星　陶　松　潘志文　周　璇	南城县广播电视台
赣州市坚决不卖稀土原材料　稀土产业实现转型升级	何华英　刘照龙　付静秋　曾海勇	赣州人民广播电台
天鹅之“吻”村民“伤不起”	徐龙贵　洪　林　沈昊俊	九江人民广播电台
系列、连续报道（3件）		
李坑之困	吴峻峰　丁　旭　周青松	上饶人民广播电台
红心萝卜为啥成了白心？	万　芳　罗春瑜　杨盛海	江西人民广播电台
萍乡芦溪发生地质灾害	谭小娟　刘　霞　潘小斌　吴香萍　黄海鹰　胡晓鹏	萍乡人民广播电台
评论（4件）		
绿化岂能“塑料化”？	黄　燕　吴　颖	江西人民广播电台
管住公车违法从消除特权意识开始	何华英　刘照龙　沈汉华　王秀萍	赣州人民广播电台
大学生村官：先当村民再当村官	熊　琦　周凤荣　南惠娟	樟树市广播电视台
送文化还需“种文化”	李梦华　余慧琳　李　焱　黄荔荔	武宁县广播电台
专题（10件）		
古老青阳腔恐成鄱阳湖绝唱	曾学优　徐迎华　温燕霞　肖剑冬	江西人民广播电台
围墙拆除之后……	周春玲　曾海勇　郭传城　温永玲	赣州人民广播电台
风雨之后见彩虹	罗晓玲　王璐姝	永修县广播电视台
犟老头蒋金林	周青松　夏玲玲　何志庆	上饶人民广播电台
井冈山红色旅游　深入青少年人心	曾传文　万　焜　谢　亮　罗　花	吉安人民广播电台
民生民意最关情——温家宝参加江西代表团审议侧记	曾先林　占　伟　罗春瑜	江西人民广播电台
畅通命脉润田畴	周凤英　熊　琦　赵　婷　谢剑勇	樟树市广播电视台
一个六岁女孩的坚持	陈　影　邹欣荣　雷　晨　徐彦昆	新余人民广播电台
根治“医闹顽疾”需“对症下药”	李华慧　罗　秋　游赣萍　刘　钰	南昌人民广播电台
妈妈背上的爱	黄　芳　焦　磊　余　磊	九江人民广播电台

专栏（1件）

新闻家常饭　钟兴楠　曾彦海　邓琦霞　柯　牧　吉安人民广播电台

电视部分（61件）

一等奖（7件）

消息（3件）

方大特钢："大"与"小"的辩证法　上官海宾　付忆静　江西电视台

江西：大规模人工投食缓解鄱阳湖候鸟粮荒　王小平　万沪金　汤　进　江西电视台

探寻高兴村　朱　林　刘守洪　谢　红　樊远平　江西电视台

系列、连续报道（1件）

帮远征军老兵回家　齐　佳　朱育松　张盛宇　龚　丹　徐庆元　杨　帆　江西电视台

评论（1件）

粮补该谁得？　曾小文　康美权　曾钰斌　李　娜　吉安电视台

专题（2件）

红色故事汇　集体创作　江西电视台

托起的生命　朱育松　肖　麟　郑　祎　刘　健　江西电视台

二等奖（14件）

消息（6件）

鄱阳湖遭遇罕见干旱　区域生态链受到威胁　易义华　陈吟影　江西电视台

世界最厚板坯在新钢诞生　张名海　徐梅俊　王可胜　新钢新闻传媒公司

两米的"温度"　郭　婷　孔　弘　郭　龙　李爱勇　吉安电视台

火海救人英雄捐余款百万元"接力"社会爱心　李　戈　陈文清　柳永军　宜春市广播电视台

新余光伏：寒冬里风景这边独好　胡　斌　黄　慧　朱　瑛　卞　杰　新余电视台

望城新区：居民"垃圾换券"生活更低碳　董祥涛　赵清鹤　贺登毅　刘　钰　新建县广播电视台

连续、系列报道（2件）

自带课桌椅上学　邓　迅　张宗盛　吴　洁　杨　帆　江西电视台

触目惊心　熊逞文　孙路路　丁舜尧　刘春林　南昌电视台

评论（2件）

救或不救　不仅仅是道德问题　王　超　颜宗祥　张宗盛　周　明　江西电视台

农贸市场不应脏乱差　杨省萍　刘　波　熊婕霓　阳　婷　江西电视台公共频道

专题（4件）

作品	作者	单位
赖德全现象	魏望来 吉 喆 张 帆 王镜杰	景德镇市广播电视台
江西农大副校长酒驾案	叶 龙 饶昊熙 熊 俊 周长虹	江西电视台公共频道
共和国体育回故乡	李良生 魏 翔 张清婷 胡 君	南昌电视台
我的奶奶叫曾志	集体创作	吉安电视台

三等奖（40件）

消息（20件）

作品	作者	单位
一万棵大树安“新”家	郑云军 郭 婷 郭 龙 李爱勇	吉安电视台
女孩被压车底 农民工抬车救人	赫庆博 章 靓 朱育松 余 超	江西电视台
我省首部风廓线雷达在宜春投入运行	李 戈 柳永军 刘 刚	宜春市广播电视台
30米路面27只窨井盖 市民喊它“地雷阵”	欧阳想法 罗旭东 余嘉曼 严小钧	九江电视台
走基层：24小时的生命坚守	吴园园 刘婉萃 朱 晋	铅山县广播电视台
浓浓赣鄱情 殷殷爱民心——温家宝总理参加江西代表团审议侧记	张 龙 上官海宾 张小辉 刘国华	江西电视台
第七届全国城市运动会在南昌隆重开幕	张 龙 张小辉 曾 军	江西电视台
红井边树起广告牌 “升官发财”字号特大	方凯裕 颜宗祥 张宗盛 周 明	江西电视台
村档案换来“和谐钥匙”	张志珍 陶 松 李文静 谢慧星	抚州电视台
我国自主研发的U8无人直升机通过审查 实现产品化	左 珺 雷汇敏 夏 芬 帅志彦	景德镇市广播电视台
我县八万亩莲花争奇斗艳 四方游客纷至沓来	丁 健 徐志勇	广昌县广播电视台
头发刺绣见针功 列女图卷获大奖	章登高 吴宝云 万春迎	临川区广播电视台
南昌县在全省率先建立覆盖城乡的社会保障体系	郭旭辉 黄 燕 胡 琦 刘 钰	南昌县广播电视台
婺源：打造“非遗项目”传承的样本	汪伟勇 詹卫华 江卫平	婺源县广播电视台
杨天义和他的“草根剧团”	郭 婷 郭 龙 周井平 曾厦妮	吉水县广播电视台
游玩困深山 通宵大营救	赖丽卿 罗才旺 陈爱榕 刘 芳	赣州电视台
新农保“乐安模式”	龙乐水 魏维敏 肖晓琴	乐安县广播电视台
北粳南移实验在上高取得成功	袁文军 李 戈	宜春市广播电视台

四胞胎入学记：我们长大了	郭长国 漆 娜 王慧杰 胡 昕	九江电视台
王依萌：家庭变故遭遇寒流 社会关爱阳光相伴	柯红斌 张友敏 高卫华 童 鏊	瑞昌市广播电视台
系列、连续报道（4件）		
“消失”的村完小	周 伟、文书明、胡真凤、杨绍伟	上饶电视台
新干县破解生猪养殖污染难题	曾小文 陈仁文 欧阳国 谢 红 刘 玲 朱洪亮	吉安电视台
“爱心午餐”正飘香	赖学阳 赖丽卿 钟鸣海 付俊丽 许芳菲 程 剑	赣州电视台
关注芦溪地质塌陷	张少华 文 峰 刘建业	萍乡电视台
评论（4件）		
平凡最美 良心最贵	集体创作	上饶电视台
“向善”才能“向上”	董太金 李 凡 袁 源 王 丹	赣州电视台
南丰蜜桔丰收后的喜与忧	罗慈锋 徐 剑 黄 锋 范 琴	抚州电视台
绿地岂能变“破窗”！	王为冬 任 曼 卢 宇 关毅杰	九江电视台
专题（12件）		
永不放手	孙志红 余 菁 杨小军 姚晴佩	上饶电视台
一封“赤色”家书	赖丽卿 董家吉 刘 枫 刘咏梅	赣州电视台
特殊的“姐妹”	郭浔生 杜云志 邓丽青 王自明	江西电视台
回家的远征	肖 麟 郭志良 齐 佳 杨 帆	江西电视台
火光中的呼喊	陈红光 张仁松 雷 晴 龚 丹	江西电视台
离奇的矿难	邹 霞 章 征 刘金兰 何良平	东乡县广播电视台
大山深处的看山人	李建华 黄志敏 吴志军 席远征	高安市广播电视台
星星的孩子	周 枫 孙 浩 李 鑫 宁铁钢	萍乡电视台
谁在盗伐公益林	傅 东 谢君诚 王 辉 黄 伟	九江电视台
地沟油重回餐桌的真相	张 立 袁 羿 陈 冲 熊 俊	江西电视台公共频道
他们用双手抬起道义	张建波 陈平先 张 明	余干县广播电视台
嫂娘	袁建兵 钟梅根 钟艳艳 金 昕	分宜县广播电视台
专栏（1件）		
《杂志天下》	廖 杰 段祖庆 姜 华 刘 迪 黄 滢 陈晶晶	江西电视台

网络新闻类

一等奖

红色辉煌 庆祝中国共产党成立90周年（专题）	李 健 徐 婷 钟定娴	今视网

二等奖

作品	作者	单位
共同行动护卫天使——聚焦江西校车安全（专题）	陈大圣 李 健	今视网

三等奖

作品	作者	单位
乳业标准以何为本？乳品消费以何为准？（专题）	李剑然 李国华 徐 彬 胡康林 唐 文 周嘉乐	今视网
“扬善抑恶”需要媒体联动（评论）	陈大圣 李 健	今视网

新闻论文类

一等奖

作品	作者	单位
中国广播影视业改革发展的基本思路	朱 虹	《声屏世界》刊登

二等奖

作品	作者	单位
三网融合背景下的广电媒体之形变	徐天源 肖 军	《声屏世界》刊登

三等奖

作品	作者	单位
试论应急广播体系的定位及责任担当	王小平	江西人民广播电台
在坚守与创新中求索——从网络信息时代广播的角色作为看责任担当	欧阳敏	江西人民广播电台
“微传播时代”主流媒体对“微突发事件”的舆论引导	阙维海 肖 焰	江西电视台
鄱湖题材影视作品的收视现状及经验启示	曾学远	《声屏世界》刊登

2011年度江西广播电视奖
——优秀广播节目获奖作品目录

一等奖（13件）

消息(6件)

作品	作者	单位
我省生产总值今年突破万亿元已成定局 标志江西经济发展进入新	曾先林 邹淑芳	江西人民广播电台

作品	作者	单位
阶段		
塘坝危在旦夕　群众安全转移	周升航　程玉香　徐　可　郭耀东	九江人民广播电台
“我明年一定把这个‘账’还清”温家宝总理对话教师代表刘艳琼	曾先林　罗春瑜	江西人民广播电台
一个招商引资企业迁离江西引发的思考	占　伟　何　灵　尹继恩	江西人民广播电台
菜农网上“摆摊”鼓了“钱袋子”市民门前“收菜”鲜了“菜篮子”	宋　萍　吴　成　周　荣	青山湖区广播电视台
铭记，为了更好的前行	李兴满　何华英　刘照龙　钟　声	赣州人民广播电台
系列、连续报道(1件)		
萍乡坚持科学发展观　实现经济社会漂亮转身	柳锡波　黄海鹰　刘　霞　潘小斌　周满娇　廖晓燕	萍乡人民广播电台
评论（2件）		
小学班干部“官本位”思想不能滋长	钟兴楠　曾彦梅　邓琦霞　柯　牧	吉安人民广播电台
让美德尽可能多地保留原有的纯净	龚小娟　刘乐明　罗春瑜	江西人民广播电台
专题（3件）		
永恒的记忆　永恒的爱	集体创作	江西人民广播电台
情牵鄱阳湖	曾先林	江西人民广播电台
萍乡渔鼓的前世今生	邱　珺　汤云柯　廖晓燕　谭晓娟	萍乡人民广播电台
栏目（1件）		
新闻家常饭	钟兴楠　曾彦梅　邓琦霞　柯　牧	吉安人民广播电台

二等奖（26件）

作品	作者	单位
消息（13件）		
“井冈山风光”亮相纽约时报广场	曾传文　蔡联通　石　红　曾　娟	吉安人民广播电台
江西建立首个现代农业院士工作站	李　程　刘崇智	江西人民广播电台
农民工抬车救人：义举唤醒人性善美	熊　晖　吴黎平	南昌人民广播电台
信丰县一栋28层高楼突发火灾　经成功处置无一人伤亡	钟志勤　肖洪钰	信丰县广播电视台
煤矿实时安全监控系统提前预警　我市成功避免一起死伤50人以上特大煤矿安全事故	胡晓鹏　潘小斌　李洪辉	萍乡人民广播电台
红色文化助推井冈老区致富奔小康	郭春贺　刘　琼　邓琦霞	吉安人民广播电台
景德镇市万名陶瓷艺术工作者精心创作红色陶瓷作品庆祝建党90周年	余忠彪	景德镇市广播电视台
“停产”企业再爆“污染”门	万　芳　何　灵　黄　燕	江西人民广播电台

作品	作者	单位
长水林农与总理网上互动再话林改	邹淑芳　吴　颖　黄　燕	江西人民广播电台
赣南果商拒签60吨脐橙青果销售大单	邹淑芳　李兴满　付静秋　罗春瑜	江西人民广播电台
兰榴垣的特殊党费	涂　华　张万妍	奉新县广播电播台
新余打破光伏产业技术和市场“两头在外”旧格局	丁　霞　熊　芳　丁　锐	新余人民广播电台
江西成为中国铜行业首家千亿元企业	周乐丰　任江华　徐炳德　王少军	鹰潭人民广播电台
系列、连续报道（2件）		
联动乡间好“钱景”——我市组建专业合作社促农民增收纪实	周凤荣　熊　琦　赵　婷　谢剑勇　南惠娟	樟树市广播电视台
永远的光荣	李兴满　周　亮　刘照龙　何华英　曾海勇　李　勤	赣州人民广播电台
评论（3件）		
绿化岂能“塑料化”？	黄　燕　吴　颖	江西人民广播电台
管住公车违法从消除特权意识开始	何华英　刘照龙　沈汉华　王秀萍	赣州人民广播电台
一把火“烧出”的汽车维权思考	刘加福　潘小斌　肖　潇　罗　江	萍乡人民广播电台
专题（5件）		
“最美乡村”应树“最美形象”——江西婺源部分核心景区相继关闭的调查与思考	吴　颖　刘　剑　刘乐明	江西人民广播电台
古老青阳腔恐成鄱阳湖绝唱	曾学优　徐迎华　温燕霞　肖剑冬	江西人民广播电台
抚州有个“雷锋”哥	饶　茵　谢慧星　张志珍　杜惠娟	抚州人民广播电台
围墙拆除之后……	周春玲　曾海勇　郭传城　温永玲	赣州人民广播电台
风雨之后见彩虹	罗晓玲　王璐姝	永修县广播电视台
新闻访谈节目（1件）		
江西老表好“恰噶”	高　颖　施　婵　吴小俊　滕海瑞	江西人民广播电台
现场直播（1件）		
弘扬苏区精神　再创一等工作——“纪念中央革命根据地创建暨中华苏维埃共和国成立80周年”特别直播节目	集体创作	赣州人民广播电台
栏目（1件）		
新闻110·善行天下	集体创作	江西人民广播电台

三等奖（38件）

作品	作者	单位
消息（19件）		
村务QQ群　为民解难题	周　榕　刘新萍　刘　琼　于大治	吉安人民广播电台

作品	作者				单位
感动中国人物谭良才转捐善款再行义举	邹淑芳	吴 颖			江西人民广播电台
92岁的樟树籍远征军老兵刘辉昨天下午踏上阔别72年的故土	刘建锋	孙雯霞	马小涛		宜春市广播电视台
抛石固基除险　全力抢救小港闸	邓红霞	陈文燕	鄢光辉	程 洁	丰城市广播电视台
恩达引领全球苎麻针织纱技术	严 伍	刘 堃	金 昕		分宜县广播电视台
抚州市向创业学生免费提供店铺	吴清清	谢慧星	丁 敏		抚州人民广播电台
赣州市开工建设保障性住房65924套　圆低收入家庭“住房梦”	郭明瑜	刘照龙	何华英	曾 毅	赣州人民广播电台
姜朝皋剧作《穆桂英》喜获巴黎中国戏剧节最高奖	周乐丰	任江华	徐炳德	吴兰兰	鹰潭人民广播电台
我市开全国陶瓷艺术品融资先河　为中小企业提供新的贷款渠道	雷汇敏	黄迪莺			景德镇市广播电视台
免费血透，一年为我省下6万元	曾学优	官 雯	徐 扬	温燕霞	江西人民广播电台
三爪仑成功繁养8万多尾三文鱼	吴运星				靖安县广播电台
东风管理处连续14年颁发“赡养老人奖”	胡飞龙	王招秀	刘 平		渝水区广播电视台
新余市被确立为全国首批节能减排财政政策综合示范城市	丁 锐	陈 影	丁 霞	王 弇	新余人民广播电台
旧纸堆里的“和谐钥匙”	张志珍	谢慧星	饶 茵	杜惠娟	抚州人民广播电台
荒唐的“抢盐风”	丁 健	刘广兰			广昌县广播电视台
大学生村官危冬发喜获全市第一笔专利质押贷款	谢慧星	陶 松	潘志文	周 璇	南城县广播电视台
赣州市坚决不卖稀土原材料　稀土产业实现转型升级	何华英	刘照龙	付静秋	曾海勇	赣州人民广播电台
武功山下新东阳	柳锡波	廖晓燕			萍乡人民广播电台
天鹅之“吻”村民“伤不起”	徐龙贵	洪 林	沈昊俊		九江人民广播电台

系列、连续报道（3件）

作品	作者				单位
李坑之困	吴峻峰	丁 旭	周青松		上饶人民广播电台
红心萝卜为啥成了白心？	万 芳	罗春瑜	杨盛海		江西人民广播电台
萍乡芦溪发生地质灾害	谭小娟	刘 霞	潘小斌	吴香萍	萍乡人民广播电台
	黄海鹰	胡晓鹏			

评论（5件）

作品	作者				单位
新农村要建设好　更要扶持管理好	刘仁发	刘发兴	汤 亮	胡 娟	永新县广播电视台
违法企业为何十年难关停？	李 俊	刘乐明	王 霖		江西人民广播电台
大学生村官：先当村民再当村官	熊 琦	周凤荣	南惠娟		樟树市广播电视台
送文化还需“种文化”	李梦华	余慧琳	李 焱	黄荔荔	武宁县广播电台

"瑞昌山药"为何成不了农户的"摇钱树"	傅林辉	柯玉清	张　敏	王　娇	瑞昌市广播电视台
专题（8件）					
犟老头蒋金林	周青松	夏玲玲	何志庆		上饶人民广播电台
井冈山红色旅游　深入青少年人心	曾传文	万　焜	谢　亮	罗　花	吉安人民广播电台
民生民意最关情——温家宝参加江西代表团审议侧记	曾先林	占　伟	罗春瑜		江西人民广播电台
畅通命脉润田畴	周凤荣	熊　琦	赵　婷	谢剑勇	樟树市广播电视台
周细永的存折	陈　影	邹　琴	彭丽琴	胡小东	新余人民广播电台
一个六岁女孩的坚持	陈　影	邹欣荣	雷　晨	徐彦昆	新余人民广播电台
根治"医闹顽疾"需"对症下药"	李华慧	罗　秋	游赣萍	刘　钰	南昌人民广播电台
妈妈背上的爱	黄　芳	焦　磊	余　磊		九江人民广播电台
新闻访谈（1件）					
我省食盐存量可以保障三个月	竺　毅　温燕霞	官　雯	郭沛然	曾学优	江西人民广播电台
现场直播（1件）					
电波中接力爱心	集体创作				九江人民广播电台
栏目（1件）					
我帮你青春工作室——12355热线	潘小斌　龚　叶	黄　瑶　欧阳瑛	吴香萍	铭　宇	萍乡人民广播电台

2011年度江西广播电视奖——优秀电视节目获奖作品目录

一等奖(17件)

消息(7件)					
江西：大规模人工投食缓解鄱阳湖候鸟粮荒	王小平	万沪金	汤　进		江西电视台
世界最厚板坯在新钢诞生	张名海	徐梅俊	王可胜		新钢新闻传媒公司
两米的"温度"	郭　婷	孔　弘	郭　龙	李爱勇	吉安电视台
方大特钢："大"与"小"的辩证法	上官海宾	付忆静			江西电视台
鄱阳湖遭遇罕见干旱　区域生态链受到威胁	易义华	陈吟影			江西电视台
探寻高兴村	朱　林	刘守洪	谢　红	樊远平	江西电视台

作品	作者	单位
火海救人英雄捐余款百万元“接力”社会爱心	李　戈　陈文清　柳永军	宜春市广播电视台
系列、连续报道　（1件）		
帮远征军老兵回家	齐　佳　朱育松　张盛宇　龚　丹　徐庆元　杨　帆	江西电视台
评论（2件）		
粮补该谁得？	曾小文　康美权　曾钰斌　李　娜	吉安电视台
救或不救　不仅仅是道德问题	王　超　颜宗祥　张宗盛　周　明	江西电视台
专题（5件）		
赖德全现象	魏望来　吉　喆　张　帆　王镜杰	景德镇市广播电视台
红色故事汇	集体创作	江西电视台
托起的生命	朱育松　肖　麟　郑　袆　刘　健	江西电视台
江西农大副校长酒驾案	叶　龙　饶昊熙　熊　俊　周长虹	江西电视台公共频道
共和国体育回故乡	李良生　魏　翔　张清婷　胡　君	南昌电视台
栏目（1件）		
杂志天下	廖　杰　段祖庆　姜　华　刘　迪　黄　滢　陈晶晶	江西电视台
少儿节目（1件）		
七色光	刘海平　应　源　梁　晨　陈　超　胡迎春　叶伟萍	萍乡电视台

二等奖（32件）

作品	作者	单位
消息（11件）		
一万棵大树安“新”家	郑云军　郭　婷　郭　龙　李爱勇	吉安电视台
女孩被压车底　农民工抬车救人	赫庆博　章　靓　朱育松　余　超	江西电视台
我省首部风廓线雷达在宜春投入运行	李　戈　柳永军　刘　刚	宜春市广播电视台
30米路面27只窨井盖　市民喊它“地雷阵”	欧阳想法　罗旭东　余嘉曼　严小钧	九江电视台
走基层：24小时的生命坚守	吴园园　刘婉萃　朱　晋	铅山县广播电视台
浓浓赣鄱情　殷殷爱民心——温家宝总理参加江西代表团审议侧记	张　龙　上官海宾　张小辉　刘国华	江西电视台
第七届全国城市运动会在南昌隆重开幕	张　龙　张小辉　曾　军	江西电视台
红井边树起广告牌　“升官发财”字号特大	方凯裕　颜宗祥　张宗盛　周　明	江西电视台
村档案换来“和谐钥匙”	张志珍　陶　松　李文静　谢慧星	抚州电视台
新余光伏：寒冬里风景这边独好	胡　斌　黄　慧　朱　瑛　卞　杰	新余电视台

望城新区：居民“垃圾换券”生活更低碳	董祥涛	赵清鹤	贺登毅	刘　钰	新建县广播电视台
系列、连续报道（4件）					
“消失”的村完小	周　伟	文书明	胡真凤	杨绍伟	上饶电视台
新干县破解生猪养殖污染难题	曾小文	陈仁文	欧阳国	谢　红	吉安电视台
	刘　玲	朱洪亮			
自带课桌椅上学	邓　迅	张宗盛	吴　洁	杨　帆	江西电视台
触目惊心	熊逞文	孙路路	丁舜尧	刘春林	南昌电视台
评论（1件）					
农贸市场不应脏乱差	杨省萍	刘　波	熊婕霓	阳　婷	江西电视台公共频道
栏目（3件）					
乡里乡亲	黄晓薇	肖名亮	叶舒浩	曾　佳	吉安电视台
	聂运筹	陈丽珂			
东西南北九江人	唐　芸	黄小鹏	徐寒松	尹　芃	九江电视台
	高　明	汤　玺			
啄木鸟在行动	李良生	史琦茜	马仲勋	刘　铮	南昌电视台
	赖颖江	范　娜			
专题（11件）					
永不放手	孙志红	余　菁	杨小军	姚晴佩	上饶电视台
我的奶奶叫曾志	集体创作				吉安电视台
一封“赤色”家书	赖丽卿	董家吉	刘　枫	刘咏梅	赣州电视台
特殊的“姐妹”	郭浔生	杜云志	邓丽青	王自明	江西电视台
回家的远征	肖　麟	郭志良	齐　佳	杨　帆	江西电视台
火光中的呼喊	陈红光	张仁松	雷　晴	龚　丹	江西电视台
离奇的矿难	邹　霞	章　征	刘金兰	何良平	东乡县广播电视台
大山深处的看山人	李建华	黄志敏	吴志军	席远征	高安市广播电视台
星星的孩子	周　枫	孙　浩	李　鑫	宁铁钢	萍乡电视台
谁在盗伐公益林	傅　东	谢君诚	王　辉	黄　伟	九江电视台
地沟油重回餐桌的真相	张　立	袁　羿	陈　冲	熊　俊	江西电视台公共频道
纪录片（2件）					
跨越国界的对话	张　立	饶昊熙	熊　俊	周长虹	江西电视台公共频道
南昌古韵文风	刘　赋	孙忆浦	杨　群	吴广萍	南昌电视台

三等奖（55件）

消息（18件）					
我国自主研发的U8无人直升机通过审查　实现产品化	左　珺	雷汇敏、	夏　芬	帅志彦	景德镇市广播电视台
天宫一号成功发射	张国辉	刘　昊			江西电视台

作品	作者	单位
我县八万亩莲花争奇斗艳 四方游客纷至沓来	丁健 徐志勇	广昌县广播电视台
头发刺绣见针功 列女图卷获大奖	章登高 吴宝云 万春迎	临川区广播电视台
新余成为全国首批节能减排财政政策综合示范城市	黄涛 胡斌 卞杰 朱瑛	新余电视台
南昌县在全省率先建立覆盖城乡的社会保障体系	郭旭晖 龚燕 胡琦 刘钰	南昌县广播电视台
婺源：打造“非遗项目”传承的样本	汪伟勇 詹卫华 江卫平	婺源县广播电视台
杨天义和他的“草根剧团”	郭婷 郭龙 周井平 曾厦妮	吉水电视台
游玩困深山 通宵大营救	赖丽卿 罗才旺 陈爱榕 刘芳	赣州电视台
龙南杨村：“留守”孩子的中秋节	王志奇 谢永芳 肖瀚	江西电视台
瑞金：县乡换届依法推进 选民踊跃参与投票	杜鹏 肖瀚	江西电视台
12岁女孩烈火中呼救15人 夏娟英雄行为感动千万人	上官海宾 周伟 张念昭 付忆静	江西电视台
记者走基层：三清山上的“蜘蛛人”	卢美联 张宝林	江西电视台
记者观察：景德镇制瓷——造型工艺未受应有重视	肖晔 赵耀 刘昊 肖津	江西电视台
新农保“乐安模式”	龙乐水 魏维敏 肖晓琴	乐安县广播电视台
北粳南移实验在上高取得成功	袁文军 李戈	宜春市广播电视台
四胞胎入学记：我们长大了	郭长国 漆娜 王慧杰 胡昕	九江电视台
王依萌：家庭变故遭遇寒流 社会关爱阳光相伴	柯红斌 张友敏 高卫华 童黎	瑞昌市广播电视台
系列、连续报道（8件）		
十岁小女孩遭受亲爸继母虐待	朱年德 郭超群 郭擎 高靖	景德镇市广播电视台
“爱心午餐”正飘香	赖学阳 赖丽卿 钟鸣海 付俊丽 许芳菲 程剑	赣州电视台
村民为何“住”在广告牌上	肖杨 胡刚 余川 熊辉 朱新伟	江西电视台
重返唱凯堤	丁宝华 刘荣锋、李耀	抚州电视台
宜春赶超发展三集系列报道：宜春发展春更浓	陈文清 李戈 敖荣华	宜春市广播电视台
关注芦溪地质塌陷	张少华 文峰 刘建业	萍乡电视台
黎光焱：出诊救人不慎摔伤 黎光焱：我们为你祈福 黎光焱：一路走好！	陈杰 俞嘉曼 钟昕 杨寒宇 胡苇	九江电视台

作品	作者	单位
微博急寻“孟买血”	刘　华　叶　菲　刘海涛　江　超　陈　勇	江西电视台公共频道
评论（4件）		
平凡最美　良心最贵	集体创作	上饶电视台
“向善”才能“向上”	董太金　李　凡　袁　源　王　丹	赣州电视台
南丰蜜桔丰收后的喜与忧	罗慈锋　徐　剑　黄　锋　范　琴	抚州电视台、
绿地岂能变“破窗”！	王为冬　任　曼　卢　宇　关毅杰	九江电视台
栏目（4件）		
天下广丰人	宁　敏　叶　磊　周华玮　姚　洁　刘　丹　杨　华	广丰县广播电视台
乡土·乡情·乡音	胡绍斌　饶明武　徐芳珍　朱　叶　徐梦云	上饶电视台
七彩欢乐园	龚　婷　肖　霖　林　宁　龚　海　肖　苑　李　蓉	赣州电视台
法治宜春	黄程伟　陈　彬　董　芳　袁玉萍　陈　垦　程　翔	宜春市广播电视台
现场直播（2件）		
今天上午抚州市发生爆炸事件	黄恬恬　龚　丹　余　超　熊亚芝	江西电视台
共和国体育回故乡——第七届全国城市运动会开幕式四小时直播节目	李良生　史琦茜　陈　旻　舒　丹　周宏志　邹锦江	南昌电视台
专题（15件）		
他们用双手抬起道义	张建波　陈平先　张　明	余干县广播电视台
一碗排骨汤引发的战争	徐一雳　吴学敏　刘肖艳　李　晖	江西电视台
谁来帮帮我	徐一雳　贾珍珍　陆莎莎　徐湘萍	江西电视台
绝情母亲的救赎	金　飞　张翔宇　罗　明　姚　洪	江西电视台
太平间里的婴儿	肖　麟　黄　培　郑立波　熊竞成	江西电视台
疯狂的地沟油	黄　培　朱育松　熊芳荣　林嘉俊	江西电视台
一个人的卫生所	陈　鹏　周春海　杨　婷　李晓南	宜春市广播电视台
生命的托举	谢晓蓉　陈　鑫　陶　亮　任丽萍	宜丰县广播电视台
爱的延续	李　戈　柳永军　陈文清　李晓南	宜春市广播电视台
微笑的生命	江晓坚　罗文华　纪连俊　李　誉	九江电视台
用爱点亮希望之灯	周建华　吴从华　许明华	九江发电厂电视台
一个人的邮路	王俊楠　江　超　马文涛　朱群芳	江西电视台公共频道
嫂娘	袁建兵　钟梅根　钟艳艳　金　昕	分宜县广播电视台
众志成城战“洪魔”	占　武　蒋小平　马水祥　杨华兴	江铜电视台
情动高原	余建华　张　胜　汪　玲　陈迪波	中航工业昌飞电视台

纪录片（3件）

中国心跳·守碓人	刘宇林　胡恺中　赵景宁　吴子亮	景德镇市广播电视台
章江贡水——老街古巷	肖明海　吴　斌　邱　毅　曾　阳	赣州电视台
阳光女孩背后的故事	罗文华　董建新　张苏萍　刘欣乐	九江电视台

少儿节目（1件）

happy校园行——北京路学校专场	张小军　黄　勤　柳向晖　陈可烨　梅洪钧　肖芳芳	江西电视台

2011年度江西广播电视奖
——优秀播音主持作品获奖目录

一等奖（7件）

广播播音（1件）

江广早班车	凌　洁　冯　雷	江西人民广播电台

广播主持（1件）

“爱在党旗下，同走红色道路”七·一特别节目	高　颖　阎本华	江西人民广播电台

电视播音（3件）

江西新闻联播	翟　量	江西电视台
江西新闻联播	刘玲华	江西电视台
天天播报	李　想	上饶电视台

电视主持（2件）

金牌调解	章　亭	江西电视台
保障房　让百姓安居更安心	包丽平	江西电视台

二等奖（15件）

广播播音（2件）

空中百花洲	吕翼翔　曾　虹	江西人民广播电台
萍乡新闻	胡晓鹏　黄海鹰	萍乡人民广播电台

广播主持（3件）

文彦茶馆	王文彦　梁　程	江西人民广播电台
金融万花筒	徐迎华	江西人民广播电台
都市夜归人	黄为春	新余人民广播电台

电视播音（6件）

晨光新视界	吕　帅	江西电视台

江西新闻联播	吴子敬	江西电视台
今日播报	余希麟	景德镇市广播电视台
新余新闻	卞　杰	新余电视台
章江贡水——老街古巷	罗　隽	赣州电视台
一位老党员的情怀	邹　巧	抚州电视台

电视主持（4 件）

欢乐 4 频道	谢婷婷	江西电视台
昌南对话	赵亦慧	景德镇市广播电视台
步步为赢	林　琳	宜丰县广播电视台
乡里乡亲	叶舒浩	吉安电视台

三等奖（30 件）

广播播音（5 件）

心有千千结	刘双双　雷　鸣	江西人民广播电台
温习幸福——幸福感电影原声音乐之旅	何莉玲　陈　刚	江西人民广播电台
穿越瓷都	张　杰	景德镇市广播电视台
城市留声机	宋冬梅	新余人民广播电台
秀江之子	熊琳娜	宜春市广播电视台

广播主持（5 件）

心灵家园——金牌调解员胡剑云的心灵世界	官　雯	江西人民广播电台
九景高速雁列山隧道救援演习特别报道	蔡　静	江西人民广播电台
1054 新闻眼	刘　跃	江西人民广播电台
爱现场——MINI 五十年音乐之旅	卓　乐	江西人民广播电台
风雨同舟	王仪兵　周燕华	景德镇市广播电视台

电视播音（12 件）

回家的远征	齐　佳	江西电视台
今日播报	焦　健　李晟璐	江西教育电视台
九江零距离	彭依依	九江电视台
湖口新闻	梅　霞	湖口县广播电视台
热土萍乡	黄海鹰	萍乡人民广播电台
一周新闻	袁　菡	分宜县广播电视台
鹰潭——鄱阳湖生态经济区一颗璀璨明珠	胡沁怡	鹰潭电视台
晚间播报	林俊坚	鹰潭电视台
游同乐园	严忠英	余江县广播电视台

乡村红歌赛，幸福大舞台	周丁丁	赣州电视台
宜春新闻	胡 峰 李欣阳	宜春市广播电视台
今晚八点	郭文琼	吉安电视台

电视主持（8 件）

幸福漂流瓶	徐 婧	江西电视台移动电视
成长对话——孩子们的幸福观	胡 薇	江西教育电视台
绿地岂能变“破窗”	任 曼	九江电视台
九点一刻	宁铁钢	萍乡电视台
警方在线	于 渺	新余电视台
民生一线	刘 芳	赣州电视台
明月访谈	李 昀	宜春市广播电视台
今日现场	琚 敏	抚州电视台

新秀奖（9 件）

一起来听 Blues	郭子维	江西人民广播电台
快乐五套	姚 皓	江西电视台公共频道
成长对话——身边的好人“夏娟”	邓 欢	江西教育电视台
整点新闻播报	陈 欣	九江人民广播电台
瓷都房地产报道	徐 颖	景德镇市广播电视台
安源新闻	赖 希	安源区广播电视台
新余新闻	王雨婷	新余电视台
有房有车	杨 楠	赣州电视台
宜春新闻	黄 君	宜春市广播电视台

2011 年度江西广播电视奖——优秀广播电视论文、论著获奖作品目录

特别奖（1 件）

中国广播影视业改革发展的基本思路	朱 虹	江西省人民政府

一等奖（9 件）

试论应急广播体系定位及责任担当	王小平	江西人民广播电台
从收视表现看主旋律电视专题节目的观众构成和发展方向	曾学远	江西电视台
新闻的跋涉：从“还原”到“穿越”	万小初	江西人民广播电台

题目	作者	单位
主题报道创新和改革任重道远	张小军	江西电视台
浅析《金牌调解》栏目演播室中非语言符号的运用	曾素萍　刘　航	江西电视台
从美学角度看电视新闻及其编辑	王　庆	南昌电视台
“微时代”我们如何做好主题报道	李良生	南昌人民广播电台
宏观视野下的影像叙事与历史记忆	唐济生	江西电视台公共频道
在坚守与创新中求索——从网络信息时代广播的角色作为看责任担当	欧阳敏	江西人民广播电台

二等奖（19 件）

题目	作者	单位
多台电视机家庭的收视取向	曾学远	江西电视台
电视婚恋节目表现方式的选择及其发展方向辨析	许秀平	江西电视台
《金牌调解》：加强和创新社会管理的新模式	谭颖琳	江西电视台
环鄱阳湖城市群的形成与广播服务节目的创新	曾学优　温燕霞	江西人民广播电台
Web3.0 时代“网络与执政关系”探究	钟家伟　黄　斌	赣州市文广局
三网融合下农村居民电视收视行为的实证调查——以江西为例	张　宁	宜春市广播电视台
在路上——关于国产文艺电影的一些现实思考	翁良平	江西电视台
生命的沉入与情感的激扬——正确演绎电视诗歌朗诵中的一对矛盾	周满娇	萍乡电视台
媒体活动与资源整合	熊丽萍	江西人民广播电台
网络信息时代广播持经达变之道	钱洪霞	江西人民广播电台
出镜记者如何做好突发事件报道	刘玲华	江西电视台
以经典影视解读《赣风之李渡酿酒》的写意表达	刘致君	江西电视台
“微传播时代”主流媒体对“微突发事件”的舆论引导	阙维海　肖　焰	江西电视台
浅析移动电视信息服务节目的传播	毕雯雯　严　皓	江西电视台
微博如何为电视媒体服务	黄　培	江西电视台
“给力”民生——试论中国新闻报道中的汉语新词	郑云军　郭　婷	吉安电视台
扬长避短　加强选题策划　提高广播电视报的社会影响	刘　毅　过怀明	抚州广播电视报社

电视：下一站视频媒体	雷汇敏	景德镇市广播电视台
广播电视媒体应正确引导公共事件舆论	廖　芸	江西电视台

三等奖(35 件)

新闻采访思维刍议	李良生	南昌人民广播电台
关于网络信息时代重大活动宣传创新实践的思考	熊丽萍	江西人民广播电台
打造具有鲜明江西特色的手机频道	李朝晖	江西电视台
浅谈广播电视媒体的社会责任与担当	史晓娅	江西人民广播电台
试论新闻舆论的监督与被监督	刘照龙　戴小泉	赣州人民广播电台 赣南广播电视报社
以微博之力　让广播更广	周文春	江西人民广播电台
类型化广播的“个性化”发展	陈　青　丁　天	南昌人民广播电台
电视媒体在网络信息时代的责任与担当	卢美联	江西电视台
从“前卫化工厂泄露”事件看媒体的突发事件报道策略	章卫华	新余人民广播电台
打造学习型媒体应对挑战——对江西电视台员工培训机制的思考	沈　欢　王　澍	江西电视台
地区广播电视报如何做好深度报道	张莉蓉	宜春市广播电视台
从《乡村爱情》系列剧看本山大叔的审美误区	秦云峰	吉安电视台
本真率真的提问方式和语言交流	赵　阳	江西电视台
三农报道应念好“三字经”	刘小军	永丰县广播电视台
浅谈广播大型活动策划	蔡　帆	赣州人民广播电台
让红色文化回归新闻本真——论“限娱令”下地方电视发展方向	郭　婷　郭　龙	吉安电视台
浅谈新时期广播舆论监督的必要性互动性和实效性	何华英　付静秋	赣州人民广播电台
报纸采编、发行、广告的三轮驱动策略	易丽君	宜春市广播电视台
电视新闻报道如何应对网络媒体的挑战	张国辉	江西电视台
地方电视主流媒体在突发公共事件舆论引导中作用的发挥	江映虹　涂　勇	上饶电视台　上饶师院
浅议农村广播电视公共服务存在的问题与对策	杨淑兰	永丰县广播电视台

作品	作者	单位
推进思想解放　坚持创新发展	吴　颖　戴　杰	南昌人民广播电台
浅谈县级新闻会议报道改革策略	严　伍	分宜县广播电视台
“农民看点”让农民爱看电视新闻	梁三保	高安县广播电视台
信息解读：改进电视新闻的语态	吴春一　余富珍　吴丛熙	鹰潭电视台　成都理工影视学院
浅析典型人物电视报道方式的创新	李　禅	景德镇市广播电视台
地方电视台如何办好民生新闻	李淑红　李　莉	丰城县广播电视台
浅谈中国电视谈话节目的策划	钟起龙	赣州电视台
试论省会市广播电台的新闻创新	刘　悦　傅　萍	南昌人民广播电台
网络信息时代媒体如何担当	卞　杰　王雨婷　李　侃	新余电视台
实施舆论监督　重在舆论引导——地方电视台实施舆论监督的困局与突破	唐　芸	九江电视台
江西电视台总编室磁带库管理系统	阚言亮　陈文菁	江西电视台
做好主题报道　提升地方电视台影响力	刘　平　张　良	渝水区广播电视台
广播应对新媒体策略浅析	谢剑勇　杨勇翀	樟树市广播电视台
浅谈如何提高电视新闻播音质量	曾丽芳	铜鼓县广播电视台

2011 年度江西广播电视奖
——优秀广播文艺、广播剧获奖作品目录

一等奖（3 件）

音乐节目（1 件）

作品	作者	单位
客家民歌的奇葩——苏区红色歌谣	周春玲　张　群　阙丽莎　曾海勇	赣州人民广播电台

文学节目（1 件）

作品	作者	单位
母爱之光	温燕霞　吕翼翔　曾　虹	江西人民广播电台

综艺节目（1 件）

作品	作者	单位
世界环境日特别节目：地球——我们唯一的家	王娟娟	江西人民广播电台

二等奖（6 件）

音乐节目（2 件）

作品	作者	单位
MINI 五十年音乐之旅	卓　乐	江西人民广播电台
从“通道”到大道——访西单女孩	陈　丽　曾　虹	江西人民广播电台

戏曲节目（1件）

作品	作者	单位
不绝的绝响	曾学优 徐 杨 徐 欣 温燕霞 文 志	江西人民广播电台

长篇连播节目（1件）

作品	作者	单位
生死对决——赣东剿匪反特纪实	温燕霞 詹 青 雪 坤 丁 尘 陈 光 小 龙	江西人民广播电台

综艺节目（2件）

作品	作者	单位
故事亮晶晶	刘双双 雷 鸣	江西人民广播电台
光影留声	吴 倩	新余人民广播电台

三等奖（11件）

音乐节目（4件）

作品	作者	单位
乐动我心	陈 欣	九江人民广播电台
等你的季节	彭 芸 钟 声 李 勤 贾 芳	赣州人民广播电台
无声世界的有声爱	梁家宁 安 妍 李志杰	吉安人民广播电台
温习幸福——幸福感电影原声音乐之旅	何莉玲 陈 刚	江西人民广播电台

文学节目（2件）

作品	作者	单位
狙击手涅米宁	吕翼翔 曾 虹	江西人民广播电台
934 新闻杂志	王继民	上饶人民广播电台

广播剧（1件）

作品	作者	单位
小兔乖乖	任丽萍 吴璐昕 李 坚 钟志强 周兢业	宜丰县广播电视台

综艺节目（4件）

作品	作者	单位
涂善祥从艺40周年世界巡演樟树专场新春音乐会	南惠娟 陈 瑶 杨勇翀 谢剑勇 陈武军 敖湖萍	樟树市广播电视台
《嘻哈八点档》之“你喜欢天然的自己还是人造的？”	郭梦甜 雷 鸣	江西人民广播电台
停下来，看世界	郭 燕 郭子维	江西人民广播电台
文彦茶馆	王文彦 刘崇智 梁 程	江西人民广播电台

2011年度江西广播电视奖
——优秀电视文艺作品获奖目录

特别奖（1件）

音乐节目（1件）

作品	作者	单位
井冈杜鹃红	尚　勇　郭　平　郭　婷　郭　龙	吉安电视台

一等奖（5件）

综艺节目（2件）

作品	作者	单位
2011“中国红歌会”红歌英雄汇总决赛	李建国　居丽娜　谢　克　廖苏斌　贺　军　孙斯维	江西电视台
“一起来跳舞”江西省首届草根百姓广场舞蹈大赛	沈　欢　李有友　管戈亮　鄢劲松　罗　兵　文赛辉	江西电视台公共频道

动画片（1件）

作品	作者	单位
笛卡特警队	单　勇　余　云　吴德新　邹　琪　徐　进　易西勇	江西笛卡传媒有限公司

形象包装（1件）

作品	作者	单位
开明开放的江西正在崛起	廖远奎　谭颖琳　应　真　邓　莉	江西电视台

公益广告（1件）

作品	作者	单位
“太阳村”村长篇	沈　欢　管戈亮　朱建磊　罗　兵	江西电视台公共频道

二等奖（9件）

综艺节目（1件）

作品	作者	单位
《有才你就来》复赛	陈琳娜　叶　立　胡奕靓　李美丹　夏　超　刘智华	江西电视台

歌舞节目（2件）

作品	作者	单位
竹风——第六届中国竹文化节文艺晚会	刘　恋　江　波　刘　倩　唐俊辉　龚仙梅　陈　薇	宜春市广播电视台
党旗飘扬——景德镇市庆祝建党90周年电视文艺汇演	钱鸣华　刘宇林　胡恺中　吴子亮　丁　谦　赵景宁	景德镇市广播电视台

少儿节目（1件）

作品	作者	单位
加油！好儿女	张小军　黄　勤　一　娜　梅洪钧　周　凡　王　浩	江西电视台

动画节目（1件）

古镇印象·景德镇	廖尼峰　朱年德　肖　津　雷汇敏　曹　强　王万兴	景德镇市广播电视台

形象包装（3件）

电视剧《借枪》暗杀版宣传片	陈小红　封　瑞　杨显本　许忠瀚	江西电视台
2011“中国红歌会”片头	周继革　谭颖琳　季　文　李　宁	江西电视台
印象吉安	集体创作	吉安电视台

公益广告（1件）

莫伸手　伸手必被捉	吴轩宇　雷永强　董敏焘	抚州电视台

三等奖（15件）

歌舞节目（1件）

“唱红青春”江西省首届百县百场百万青年青春红歌会	沈　欢　李有友　管戈亮　鄢劲松　周　欢　罗　攀	江西电视台公共频道

综艺节目（4件）

“幸福放歌”乡村红歌赛总决赛暨颁奖晚会	唐以欣　罗　隽　周丁丁　万少玮　曾　艳　肖　苑	赣州电视台
中华（樟树阁皂山）道教灵宝文化学术论坛专场音乐会	陈　瑶　南惠娟　杨勇翀　谢剑勇　刘志刚　陈　勇	樟树市广播电视台
步步为赢	李　坚　钟志强　罗　巧　周兢业　吴璐昕　林　琳	宜丰县广播电视台
吉安市庆祝建党90周年文艺晚会	郭　平　贺　俊　曾　贤　陶　亮　陈光明　金　妍	吉安电视台

少儿节目（2件）

“宝贝在行动”江西六套祈福濒危动物大型公益晚会	张小军　周　凡　梅洪钧　一　娜　黄　勤　王　浩	江西电视台
“超级童星我最红”少儿才艺大赛	沈　欢　李有友　管戈亮　鄢劲松　罗　攀　邵　薇	江西电视台公共频道

动画片（1件）

小虫乐事	单　勇　袁亮宇　文行志　龙　维　易西勇　李　鹏	江西笛卡传媒有限公司

公益广告（2件）

珍惜“她”，那远逝的绿色家园	王　可　唐　阳　冯江泓	江西电视台
爱惜水资源	王　可　唐　阳　王文春	江西电视台

形象包装（5件）

都市频道资讯节目宣传片	虞　勇　刘志刚　郑　敏　胡　敏	江西电视台
电视剧《画皮》宣传片	廖　芸　曾　华　陆　一	江西电视台
“十大好人”颁奖盛典晚会	管戈亮　鄢劲松　朱建磊　蔡　锋	江西电视台公共频道

《北河之春》宣传片	张　宁　张桂荣	宜春市广播电视台
《宜春人在外地》江苏苏州篇宣传片	张　宁　易　峰　张桂荣　焦若愚	宜春市广播电视台

2011年度江西广播电视奖
——优秀广播电视报刊获奖作品目录

一等奖(7件)

评论(1件)

“琢磨人”之我见	苏辑黎	抚州广播电视报

专稿(3件)

从警4年为20余名流浪者找到亲人 抚州高速交警“雷锋哥”蹿红网络	刘　毅　陈联生	抚州广播电视报
“抬车救人”感动英雄城	舒民强　李　俊　黄华兰	南昌广播电视报
樟树药帮	陈菊萍　刘建赟	宜春广播电视报

专访(2件)

剑锋所指　云开雾散——访江西卫视《金牌调解》栏目调解员胡剑云	徐春晖　潘　丹　吴　舜	上饶广播电视报
对而联者　一以贯之——访对联名家潘一之	陈菊萍　张莉蓉　石　瑛	宜春广播电视报

论文(1件)

从“走转改”兼谈新闻报道的生命力	戴小泉	赣南广播电视报

二等奖(16件)

消息(2件)

吉安学子王峰卫冕世界脑力锦标赛冠军	彭小安　黄继红　叶　华	吉安广播电视报
我市1959名村官养老有保障	鲍　萍	新余广播电视报

评论(2件)

新闻工作者的神圣使命	张奇敏	赣南广播电视报
和谐家庭的艺术——观电视连续剧《幸福来敲门》有感	张莉蓉	宜春广播电视报

专稿(6件)

“死婴”复活记——“弃婴门”事	彭小安　叶　华　谢慧瑜	吉安广播电视报

件调查		
上饶“90”后农民工街舞跳进春晚	胡饶红	上饶广播电视报
骑楼：即将消失的历史风景	张 霞 陈 洁	赣南广播电视报
小小心灵 义举如山——记火海救人的12岁女生夏娟	张金洁 彭金鸿 李 俊	南昌广播电视报
萍乡建行蹊跷官司隐现放贷漏洞	黄庆宇 彭葵华	萍乡广播电视报
青春无悔	黄程伟 陈菊萍 孙雯霞	宜春广播电视报
专访(4件)		
踏遍青山人未老——专访井冈山精神宣讲第一人毛秉华	彭小安 谢慧瑜	吉安广播电视报
当一天“义工”	童 莉	江西广播电视报
我的远征我的抗战 抚州最后一位远征军	邓全恩 过怀明	抚州广播电视报
风暴眼中的王才亮	曾 娟 徐卫民 程希平	景德镇广播电视报
摄影(1件)		
浮梁7·27抢劫杀人犯指证犯罪现场	徐卫民	景德镇广播电视报
广告(1件)		
抵御·围歼	王晓燕 叶 旸	赣南广播电视报
	三等奖(32件)	
消息(5件)		
庐陵文化生态公园古樟创保护性移植成活最大古樟世界纪录	彭小安 黄继红 叶 华	吉安广播电视报
革命摇篮井冈山宣传片亮相纽约时报广场	彭小安 黄继红 叶 华	吉安广播电视报
万年民营企业家出资千万上央视为本县做形象广告	朱首清	上饶广播电视报
南昌投资300亿治堵	舒民强 彭金鸿 李 俊	南昌广播电视报
芦溪银河镇突发地陷地质灾害	黄庆宇 张少华	萍乡广播电视报
评论(4件)		
该扶起的是道德、人心	涂 辉	江西广播电视报
郭美美进军娱乐圈 有点难	童 莉	江西广播电视报
关于食品安全问题的问题	程希平	景德镇广播电视报
规范何需统一	黄庆宇	萍乡广播电视报
专稿(13件)		
三十载“特奥长征”路	彭小安 黄继红 叶 华	吉安广播电视报
我市文化艺术硕果满枝	孙 照 鲍 萍 王眷眷	新余广播电视报
婴儿列车遇险 好医生出手相助	李 宏	江西广播电视报

作品	作者	单位
王继宗：我亲眼目睹董存瑞舍身炸碉堡	李景林　王才东	上饶广播电视报
东北小伙与上饶女孩的悲情绝恋	陈　红	上饶广播电视报
泸溪河畔的水文人	刘　毅　章卿波	抚州广播电视报
“中国鸡王”的乡梓情结	刘　毅　过怀明	抚州广播电视报
一位农村电影放映员 37 载的坚守	陈联生	抚州广播电视报
高油价时代来了	孟婷婷	赣南广播电视报
我的民工兄弟	张　霞　孟婷婷	赣南广播电视报
传承红色·飞扬青春	林　燕　万　萍	赣南广播电视报
守望昌江——渡峰坑水文站和水文人的故事	吴爱飞　徐卫民	景德镇广播电视报
两个小学老师的“孤独世界”	童福萍　程希平	景德镇广播电视报
专访(6件)		
胡剑云：全力演绎调解之魅力	李　宏	江西广播电视报
“钻石女人”伊能静	潘　丹　程希雪	上饶广播电视报
放声高唱主旋律	陈联生	抚州广播电视报
武术套路女子太极拳冠军李亚	张金洁　李　俊　汪丽婷	南昌广播电视报
李佳明：主持人应该是绿叶	陈菊萍　刘建赟　张莉蓉　欧阳梦影	宜春广播电视报
探访老革命功臣潘万九	陈菊萍　易丽君　陈临航	宜春广播电视报
摄影(1件)		
月亮脸偷偷地改变　上饶市民争看十年来最美月全食	程希雪	上饶广播电视报
论文(3件)		
扬长避短　加强选题策划　提升广播电视报的社会影响力	刘　毅　过怀明	抚州广播电视报
新媒体时代传统媒体的出路	易丽君	宜春广播电视报
地方广播电视报如何做好深度报道	张莉蓉	宜春广播电视报

2011 年度江西广播电视奖
——优秀市县电视新闻获奖作品目录

一等奖(6件)

消息(4件)

作品	作者	单位
两架直八直升机圆满完成索马里护	朱年德　程敬新　况昌勋	景德镇市广播电视台

作品	作者	单位
航任务		
山村教师李雨才：病魔缠身　教学无悔	张洁明　黄　龙　吴　丹　陈　静	鹰潭电视台
一批有史以来最大的吉州窑复烧瓷器在景德镇现身	时新苗　左　珺　魏望来	景德镇市广播电视台
陈丽君：笑着走向生活	赵　弘　黄　慧　卢晓燕　施　萍	新余电视台
系列、连续报道（1件）		
走基层·记者调查："疯狂"的石头	吴春一　祝卫明　黄　龙　吴　丹　蒋兆慧　徐　恬	鹰潭电视台
专题（1件）		
不能说的秘密	黄晓铭　陈　昊　郑益邦　翟　萌	南昌电视台
二等奖(12件)		
消息（7件）		
夏侯继顺老人和他的黄鳝朋友	樊远平　邱杨根　华　蓉	吉安电视台
C919大型客机首个零件今天在洪都下线投产	李良生　唐慧民　罗志伟　刘　钰	南昌电视台
老虎墩遗址考古获得四项新发现　填补江西新石器时代考古空白	吴运星　陈月华	靖安县广播电视台
婺源旅游业亟待转型升级	吴峻峰　江卫平	上饶电视台
七旬老人唐才英三十年含辛茹苦收养六名弃婴	袁建兵　钟梅根　钟艳艳　金　昕	分宜县广播电视台
让我的眼睛陪你看风景	钟春生　林　英　胡　瑾　黄惠倩	赣州电视台
上饶县：四个农民剧团做"火"农村文化市场	姜　涛　刘小卫	上饶县广播电视台
评论（1件）		
龙南玩具：壁垒中突围	李　帆　袁　源　王　丹　俞雅丽	赣州电视台
专题（4件）		
废油流向何处	柯书波　肖　楠　程　俊　徐希宏	九江电视台
周国桢传奇	李　祥　赵景宁　蔡　睿　罗荣辉	景德镇市广播电视台
王大平和49名空巢老人的绵绵深情	苏国祥　陈　茜　刘国庆	上饶电视台
正在消逝的乡村记忆·古法榨油	钟瑞龙　董　艳　温勇华　万少玮	赣州电视台
三等奖（23件）		
消息(14件)		
德国游客钟情庐山别墅	胡晓山　蔡　伟　叶　茜　朱凌云	庐山区广播电视台
面包车翻下山谷　十乘客幸运获救	岳绪敏　胡　骏　刘　蓉　吴家芸	吉安电视台
油画成为我县文化产业名片	李　刚　付　翔　王　葵	黎川县广播电视台
江西省第一所山区学校免费爱心午	李　桃　尚　婧　俞雅丽　廖秀香	赣州电视台

餐今日开餐

村官张希：为民架起致富桥　谢剑勇　陈　勇　周凤荣　敖湖萍　樟树市广播电视台

湖北阳新与江西瑞昌交界处发生4.6级地震　我市立即启动三级应急预案紧急应对　张利荣　熊茂峰　林　海　王　岳　九江电视台

挂羊头卖狗肉　药店居然卖教材　刘峥嵘　康美权　刘　蓉　吴家芸　吉安电视台

我市首次发现小天鹅　侯剑平　祝卫明　王力梅　鹰潭电视台

小车侧翻五人被困　村民舍身及时救助　黄晓河　杨建海　董儒敏　路婷婷　程　浮　乐平市广播电视台

县实验小学开展国学启蒙教育进校园活动　丁　健　徐志勇　广昌县广播电视台

盛德社区：邻里一家亲　温馨新家园　黄　慧　胡华为　朱　瑛　施　萍　新余电视台

与“稻草人”约会　赖丽卿　何伟江　赖学阳　刘　佳　赣州电视台

谣言止于智者　市民无需恐慌抢购食盐　黄晓铭　邓振华　袁海涛　舒　丹　南昌电视台

上饶县：干部进厂考察为农民工找工作　姜　涛　刘小卫　上饶县广播电视台

系列、连续报道（3件）

吉安与沿海发达地区打响年后招工“拉锯战”返乡创业　农民的新天地　校企合作　破解招工难题　郑云军　郭　婷　郭　龙　黄晨智　吉安电视台

贫困挡不住求知的渴望　走进浮梁清溪小学　李　薇　余乐毅　高　靖　景德镇市广播电视台

问渠哪得“清”如许　赖丽卿　钟鸣海　何伟江　董家吉　邬庆华　衷　宁　赣州电视台

评论（1件）

农民剧团　何时化蛹成蝶　集体创作　吉安电视台

专题（5件）

让春蕾绽放　周　枫　贺　贞　宋海之　梁　可　欧阳卓　萍乡电视台

首创“陶瓷公仔”——大学毕业生吴长亮的创业故事　谌筱萍　邹清英　胡　杨　景德镇市广播电视台

卫生院乱象调查　齐霞明　余　菁　杨小军　李　超　吴江根　上饶电视台

回家　周桂平　李柏睿　吴轩宇　饶　芳　抚州电视台

上饶信河乱弹腔　徐明位　姜　涛　上饶县广播电视台

2011 年度国家广电总局广播节目技术质量奖（金鹿奖）

录制技术质量奖

音乐类 三等奖

节目	获奖者	单位
红旗颂	刘云龙 涂晓路 高 远	江西人民广播电台

语言类 三等奖

节目	获奖者	单位
又见映山红	鲍 吉 贺 其 漆辉杰	萍乡市广播电影电视发展中心

片花广告类 三等奖

节目	获奖者	单位
重回汶川	侯晓毅 邓秋波 邬 涛	江西人民广播电台

2011 年度国家广电总局电视节目技术质量奖（金帆奖）

标清录制技术质量奖

专题类 三等奖

节目	获奖者	单位
心有闲云共鹤飞	高 勇 陈吉夫 潘辛芊 王浩铭	江西电视台

综合文体类 三等奖

节目	获奖者	单位
2011 中国红歌会（120 进 80 第一场精选）	张 琪 王礼雄 饶建夫 胡 燕 汤 跃 余 彬 熊 辉 周 彧	江西电视台

高清录制技术质量奖

专题类 三等奖

节目	获奖者	单位
苍茫景德镇	祁 冰 高 勇 陈吉夫 刘兴龙 张涌江 韦建新	江西电视台

体育类 三等奖

节目	获奖者	单位
英雄传奇——中国（南昌）世界自由搏击拳王争霸赛精选	高 勇 罗会勇 周小剑 朱 正 冯 爽 李 纬 刘 钧 王鸿宇	江西电视台

电视剧类 三等奖

节目	获奖者	单位
红色恋歌	王玉锦 范晓琳 祁 冰 陈 坚 周 芸 崔群鸣	江西电视台

视频图形质量奖

片头类 三等奖

中国红歌会	胡 克 陈雯菁 虞 勇	江西电视台

播出技术质量奖

二等奖

彭子舟 涂长炜 曾广华 郭寿南 张 洪 何向晖 陈朝明 罗晓松 龚立军 赵小风 谢晓云 肖 文	江西电视台

2011年度国家广电总局科技创新奖

科技成果应用与技术革新类

三等奖

基于集群与SQL发布、订阅环境下的播出数据库2+1安全架构	范晓琳 卢晓健 彭子舟 郭寿南 曾广华 涂长炜	江西电视台

2011年度全国广播电视（广播中心系统、电视中心系统）技术能手

广播中心系统

三等奖	江西人民广播电台	戴国栋
三等奖	抚州人民广播电台	胥明俊

电视中心系统

一等奖	江西电视台	曾广华
三等奖	新余电视台	罗蕴军

江西省广电局2011年度广播电视节目技术质量奖

广播节目录制技术质量奖

一等奖

又见映山红　鲍　吉　贺　其　漆辉杰　萍乡人民广播电台新闻综合频率

《非常好听》宣传片花　肖承彪　钟　亮　周　锐　赣州人民广播电台

二等奖

2011萍乡交通文艺广播交广早班车版头　贺　其　漆辉杰　鲍　吉　萍乡人民广播电台交通文艺频率

音乐杂志　贺丽强　柯　牧　胡　宵　吉安人民广播电台

三等奖

总理来到抚州灾民中　曾天娥　王　琼　胥明俊　抚州人民广播电台

盛世中国　胡　宵　贺丽强　柯　牧　吉安人民广播电台

电视节目技术质量奖

录制技术质量奖新闻类　一等奖

吉安新闻联播　刘春根　余红英　马小英　王建平　吉安电视台

录制技术质量奖新闻类　二等奖

社会广角　范　伟　周　磊　李　静　王家裕　九江电视台

宜春新闻　罗　丹　袁立新　黎汝源　兰　华　宜春市广播电视台

录制技术质量奖新闻类　三等奖

民生直通车　易彬丽　袁立新　黎汝源　兰　华　宜春市广播电视台

新余新闻　刘学文　罗蕴军　罗绍峰　李　斌　新余电视台

录制技术质量奖专题类　一等奖

晚间800　周　芸　熊　凡　张凯戎　欧阳磊彬　江西电视台都市频道

录制技术质量奖专题类　二等奖

《江西·新余》中国未来的动力之源　刘学文　罗蕴军　罗绍峰　廖庆龙　新余电视台

东南西北九江人　汤　炜　舒　捷　王　宽　万　军　九江电视台

大转移　胡　怡　周俊光　杜　飚　付　璟　抚州电视台

录制技术质量奖专题类　三等奖

明月访谈　刘海鸥　袁立新　黎汝源　兰　华　宜春市广播电视台

坚持党对军队的绝对领导　刘仁发　贺海军　林枧晗　永新县广播电视台

录制技术质量奖综合文体类 一等奖

都市星主播	周 芸 熊 凡 闵建国 严 洪 张凯戎 欧阳磊彬	江西电视台都市频道

录制技术质量奖综合文体类 二等奖

2011年赣州电视台春节联欢晚会	韩超英 朱荣华 钟 华 杨中武 吕玉生 邱俊毅 邹 晨 张鸿伟	赣州电视台

录制技术质量奖综合文体类 三等奖

《有才你就来》总决赛	陈 坚 王志军 郭 华 邹成明	江西电视台影视频道

视频图形制作技术质量奖片头类 一等奖

都市现场	虞 勇 周 芸 熊 凡	江西电视台都市频道
HELLO 九江	范 伟 汤 炜 王 宽	九江电视台

视频图形制作技术质量奖片头类 二等奖

都市星主播	虞 勇 周 芸 熊 凡	江西电视台都市频道

视频图形制作技术质量奖片头类 三等奖

渴望就是力量	陈 坚 曹慧芳 郭 华	江西电视台影视频道
魅力抚州	胡 怡 周俊光 杜 飚 付 璟	抚州电视台

2011年度江西省广电局科技创新奖

一等奖

基于集群与 SQL 发布、订阅环境下的播出数据库 2+1 安全架构	范晓琳 卢晓健 彭子舟 郭寿南 曾广华 涂长炜 阚言亮 黄 琼 陈朝明 罗晓松	江西电视台

二等奖

江西电视台都市频道3G新闻直播系统	周 芸 欧阳磊彬 王 巍 鹿 恒 熊 凡 张凯戎 梁 峰 胡 克	江西电视台
江西人民广播电台南昌发射中心遥控遥测系统	周 安 戴宁江 唐 龙 吴晓飞 王 毅 吴 涛 邹璐璐 简晓洪	江西人民广播电台

三等奖

六讯道数字电视转播车	刘春根 余红英 贺永夫 王建平 胡绪伸 马小英	吉安电视台
广播数字音频网络系统的升级和改造工程	彭云才 漆辉杰 贺 其 鲍 吉	萍乡市广播电影电视发展中心

高性价比 300 平米综艺演播室的设计与实现	斯 琼 林远江 吴 静 蔡 镇	上饶电视台
智能型音频处理器在电视播出中的应用	傅亚军 苏巩建 刘学文 罗蕴军 罗绍峰 李 斌	新余电视台
硬盘播出、台标发生、字幕一体化系统	郭海红 夏侯寅 邓 婧 刘麓峰 曾厦妮	吉水县广播电视台

表 彰

2011 年度全国广播电视收听收看工作先进集体

江西省广电局

第二十一届全国优秀新闻工作者

徐一雳 江西电视台卫视频道社教部主任

2011 年度全国广播电视技术维护先进台站（集体）、先进个人

先进台站（集体）

三等奖

江西人民广播电台南昌发射中心

赣州人民广播电台技术部

先进个人

一等奖

魏继有 江西省广电局动力保障中心

二等奖

斯 琼 上饶市广电局

赵 敏 吉安市文广局

2011 年度全省广播电视技术维护先进集体和先进个人名单

管理奖（7 个）

抚州市广电局
赣州市文广局
南昌市广电局
吉安市文广局
萍乡市广电局
江西电视台
江西人民广播电台

先进台站（23 个）

南昌广播电视网络传输中心
九江电视台网络播出部
九江八〇三台
江西省上饶八二一台
江西省七〇五电视台
抚州电视台播出部
江西省七〇三电视台
宜春市广播电视台技术中心
吉安电视台技术部
吉安人民广播电台技术部
赣州人民广播电台技术部
赣州八五二台
石城县广播电视发射台
景德镇市广播电视台广播电视发射中心
江西萍乡八〇五台
新余人民广播电台技术部
鹰潭人民广播电台技术部
江西省广电局动力保障中心电力科
江西电视台制作部编辑科
江西人民广播电台南昌发射中心
江西省广电网络公司九江市分公司技术处
江西省广电网络公司安福县分公司工程技术科
江西省广电网络公司宜春市分公司客服中心

先进个人（53 名）

魏继有　赵　敏　斯　琼　周晓民　李良勇
傅　强　张成崧　曹亚平　周　磊　任　俊
周忠华　余达兴　徐金生　陈　晟　饶智华
万小春　胥明俊　李东风　任　飞　许　宁
岳　城　胡　杰　蒋小梅　王海华　李　健
周　剑　刘文豪　巫开华　宋绿林　程志民
吴玉明　陈　罂　漆辉杰　陈郭浩　邓石萍
苏巩建　刘学文　高　鑫　毛新民　刘晓平
吴智勇　樊　波　唐　龙　胡　克　周耿民
汪振忠　宋　科　徐万峰　许　朝　吴　波
刘之芳　黄一飞　肖发明

2011 年度“省广电局宣传工作创新奖”获奖项目名单

江西电视台卫视频道的栏目《金牌调解》
江西电视台公共频道的“一起来跳舞”全省百姓广场舞蹈大赛活动

江西人民广播电台综合新闻频率的“爱在党旗下，红动中国心”活动
江西电视台都市频道的专栏《记者长驻计划》
《声屏世界》杂志社的栏目《特别策划》
江西人民广播电台民生广播的科普栏目《康医生故事》
江西电视台影视频道的创新团队品牌推广部
江西人民广播电台的“文明出行”大型公益系列活动
江西电视台的大型系列片《红色故事汇》
今视网的“谁来做主——第二届江西网络电视主持人大赛”活动

2011年省广电局先进集体和先进工作者名单

先进集体

江西人民广播电台办公室
江西人民广播电台信息交通频率
江西人民广播电台民生广播
江西电视台广告中心
江西电视台新闻中心
江西电视台都市频道
江西广播电视节目中心
江西省广电局网络中心
江西省广电局宣传管理处

先进工作者

周俊杰　汪　勇　蔡　静　张吉昌　许运交
徐一雳　张小辉　胡　克　陶维高　章　亭
彭　怡　魏继有　龚江闽　周党华　刘　影
沈　欢　周　安　周　清　余冰冰　张　蔷
叶修怡　温劲楠　陈道生　罗贤忠　宋志刚
黄建球

其他表彰

△江西省广电局、江西人民广播电台综合新闻频率《新闻110》栏目组、江西电视台都市频道《晚间800》栏目组、江西电视台公共频道《目击者》栏目组获2006-2010年全国广播影视系统法制宣传教育先进单位，施翔龙、刘绍军、刘军华、许星胜获法制宣传教育先进个人，江西省上饶市广播电影电视局普法办、江西省新余市广播电影电视局普法办获法制宣传教育先进办公室，李帆、石泉获法制宣传教育先进工作者。

△江西省广电局获2010年度全国广播电视设施安全保护工作示范单位。

△江西省广电局获全省“建设鄱阳湖生态经济区，探索科学发展新路子”主题教育

活动先进单位。

△江西省广电局获2010年省直机关党的工作先进单位。

△江西省广电局获第五届“金圣杯”江西省十佳文明机关和省直机关第七届文明单位。

△江西省广电局获2011年度《中国广播电视年鉴》工作先进单位；江西省广电局宣传管理处处长万里波被评为优秀特约编辑。

△江西省广电局获2010年度省直单位国家安全小组工作先进单位。

△江西省广电局获2010年度全省社会治安综合治理目标管理先进单位。

△江西省广电局获2011年省财政厅部门预算编制工作先进单位。

△江西省广电局获“十一五”全省公共机构节能先进单位。

△江西省广电局获“党旗引领致富路，携手共建新农村”定点包贫贫困村先进单位。

△江西省广电局获2011年度省直机关党的工作优秀奖。

△江西省广播电影电视局、江西人民广播电台、江西省广播电影电视局七〇二台、江西广播电影电视学校、江西省广播电影电视实业总公司被省直机关工委、省直机关文明委授予2011年度“省直机关第八届文明单位”称号。

△江西省广电局获全国广电系统法制宣传教育先进集体。

△江西省广电局获全省“颂歌献给党、爱我新江西”大型群众歌咏比赛一等奖。

△江西省广电局获全省机关纪念中国共产党成立 90 周年文艺调演一等奖及优秀组织奖。

△江西省广电局获省直单位定点包扶贫困村工作先进单位。

△江西省广电局推荐的 3 个栏目获国家广电总局2010年度少儿节目精品及国产动画发展专项资金项目奖励：江西电视台《加油！好儿女》获优秀少儿电视栏目二等奖，江西人民广播电台《七巧板乐园》获优秀少儿广播栏目鼓励奖 ，江西电视台《宝宝乐园》获优秀少儿电视栏目鼓励奖。

△由江西省广电局编纂的《江西广播电影电视年鉴》（2010年版）获第五届全国年鉴编校质量检查评比特等奖。

△戴国栋、曾广华、胥明俊、樊波、罗绍峰获2011年度全省广播电视（广播中心、电视中心系统）技术能手一等奖；黄志强、任飞、贺其、刘金、周俊光、聂海波获二等奖；李文琦、漆辉杰、李良勇、吕玉生、舒靓、斯琼、肖正兴获三等奖。

△宜春市广电局、江西省广电网络传输有限公司、景德镇市文广局、新余市广电局、九江市广电局、吉安市文广局、江西人民广播电台、萍乡市广电局、江西电视台、抚州市广电局获2011年江西广播电影电视年鉴工作先进单位；卢杰春、朱燕琳、王平凡、黄媛斌、吴宏雁、邱明、万小初、李洪辉、王子荣、黎楠获2011年江西广播电影电视年鉴优秀特约编辑。

△新余电视台台长王晓峰获第七届“全国德艺双馨电视艺术工作者”荣誉称号。

△吉安市文广局被吉安市人民政府表彰为2011年度市直机关工作考评先进单位。

△抚州市广电局被国家体育总局评为2010年全民健身活动先进单位。

△抚州市广电局获2011年度抚州市先进基层党组织。

△抚州市广电局获2011年度抚州市直挂点帮扶新农村建设先进单位。

△抚州市广电局获2011年度抚州市消防工作先进单位。

△抚州市广电局获2011年度抚州市安全生产工作先进单位。

学术研究与出版

学术研究活动

2011 年“声屏世界论坛”在南昌举办

由江西省广播电视协会学术部、江西广播电视《声屏世界》杂志社共同主办的 2011 年“声屏世界论坛”于 2011 年 12 月 22 ~ 24 日在南昌举行。

此次论坛以“加强创意研发，提高新闻宣传有效性”为主题，共收到 87 篇论文，有百余人次作者参与论文写作。论坛与会人员围绕舆论引导的有效性、加强节目内容的创意研发、新媒体新技术应用等议题展开讨论，共有 30 多位作者做了发言。

江西省广播电影电视局副局长、省广播电视协会常务副会长梁勇在会上作了重要讲话。他要求全省广播影视工作者加强理论学习，注重理论研究，提高理论素养，尤其是从事广播影视工作的领导同志更要带头加强学习，积极将理论成果应用于实践，引领全省广播影视工作迈上新台阶。

省广播电视协会顾问李立功、陈柏森到会作了主旨发言并对宣读的论文进行点评。部分设区市广电局分管领导，省两台协会、各设区市协会负责人及部分作者共 60 余人参加本次论坛。

2011 年《声屏世界》业务文章要目

第 1 期

提高政策解读能力，准确宣传中央经济工作会议精神　廖望劭

明确方向，攻坚克难，扎实推进，切实做好全省有线电视数字化整体转换工作　黄晔明

我国广电产业“十二五”展望及政策创新　陈共德

从数字电视透视信息产业“十二五”规划的困惑与创新　申其辉

盘点“十一五”时期的广播影视产业（上）　黄金良　黄海霞

第2期

第 3 期

第4期

第 5 期

第6期

第7期

第 8 期

第9期

第 10 期

第 11 期

第 12 期

广播电视报刊

《声屏世界》月刊

主管单位：江西省广播电影电视局
主办单位：江西省广播电视协会
江西人民广播电台
江西电视台
月刊，公开出版。

江西广播电视报

主管单位：江西省广播电影电视局
主办单位：江西广播电视报社
周报，公开出版。

南昌广播电视天下闻摘

主管单位：南昌市广播电影电视局
主办出版：南昌广播电视报社
周报，公开出版。

九江广播电视周报

主管单位：九江市广播电影电视局
主办单位：九江电视台
周报，公开出版。

景德镇广播电视报

主管单位：景德镇市广播电视台
主办单位：景德镇市广播电视台
周报，公开出版。

萍乡广播电视报

主管单位：萍乡市广播影视发展中心
主办单位：萍乡广播电视报社
周报，公开出版。

新余广播电视

主管单位：新余市广播电影电视局
主办单位：新余广播电视报社
周报，公开出版。

鹰潭广播电视报
主管单位：鹰潭市文化事业发展中心
主办单位：鹰潭广播电视报社
周报，公开出版。

赣南广播电视报
主管单位：赣州市文化和广播电影电视局
主办单位：赣州市文化和广播电影电视局
周报，公开出版。

宜春广播电视报
主管单位：宜春市广播电影电视局
主办单位：宜春市广播电视台
周报，公开出版。

上饶广播电视报
主管单位：上饶市广播电影电视局
主办单位：上饶广播电视报社
周报，公开出版。

吉安广播电视报
主管单位：吉安市文化广播电影电视局
主办单位：吉安电视台
周报，公开出版。

抚州广播电视周报
主管单位：抚州市广播电影电视局
主办单位：抚州广播电视报社
周报，公开出版。

广播电视书籍

江西广播电影电视年鉴 2011 年版
江西省广播电影电视局《江西广播电影电视年鉴》编辑委员会编纂
中国传媒大学出版社出版
2011 年 12 月出版

机　　构

注：该栏目登载截至2011年12月31日的机构人员情况。

省级广播电影电视机构

江西省广播电影电视局

邮编：330046
地址：南昌市洪都中大道207号
电话：（0791）88321168（局总机）
局党委书记、局长：黄晔明
局党委委员、副局长、局直属机关党委书记：梁　勇
局党委委员、副局长、江西电视台党组书记、台长：杨玲玲
局党委委员、副局长：杨　松
局党委委员、副局长：王朝新
局党委委员、纪委书记：刘玉东
局党委委员、江西人民广播电台台长：龙和南
局副巡视员：陈　峰

局办公室（法制处、党委办公室）
主任（处长）：兰丽华
副主任（副处长）：罗贤忠
调研员：华三庆
副调研员：刘本文

局宣传管理处
处长：万里波
副处长：凌文勇

局电影管理处
处长：陈建文

局社会管理处
副处长：谭燕凌

局科技处
处长：曹曙光（兼局安全播出调度中心主任）
副处长：蔡旦颖

局计划财务处
副处长：胡桂香
调研员：汤进科
副调研员：林　燕

局产业管理处
处长：肖　鹗

局组织人事处
处长：李炳江
调研员：王富华　宋志刚

局保卫处
处长：黄文宁
副调研员：吴乾生

局离退休干部处
副调研员：杜　红

局直属机关党委（宣传处）
专职副书记兼直属机关纪委书记（处长）：丁晓胜
副调研员：徐家伟

局直属机关团委
书记：徐家伟

局纪委（监察室）
副书记（主任）：汪东旺

副调研员：陈国庆

局机关后勤服务中心

副主任：陈　东

局动力保障中心

主任：蔡　克

党总支部书记：雷必佑（正处级）

副主任：周吉芳　余灿国　罗　涛

局节目传输中心

主任：徐天源

副主任：肖　军　熊晓华　苏　干　姜　鹏

局七〇二台

台长：王利明

副台长：陈会华

江西广播电影电视学校

校长：苏晓东

党支部书记：肖必请（正处级）

副校长：章　辉　吴新谱　周晓虹

江西电影制片厂（江西电影制片厂有限责任公司）

厂长（执行董事兼总经理）：余冰冰

党总支部书记、副厂长（监事）：张振平（正处级）

江西电视台红色经典频道

总监：余冰冰（兼）

副总监：刘颐静　汤军庆

江西省音像资料馆

副馆长：刘　星

局五〇五台

法定代表人：李炳春

局监测中心（局安全播出调度中心）

主任：叶修怡（兼局安全播出调度中心副主任）

副主任：杨汉洪（兼局安全播出调度中心副主任）　严　勇

局财务管理中心

副主任：胡桂香

江西省广播电视稽查总队

副总队长：施翔龙（副处级）

江西广播电视报社

副社长：陶梅玲

副总编：许小平

局服务公司

总经理：余书辉

党支部书记：李安保（正处级）

局发展中心

主任：李炳春（兼江西省广播电影电视实业总公司总经理）

副主任：刘建平　龚平海

局节目中心

主任：刘建芳

副主任：陈小勇

江西音像出版社

社长：刘建芳（兼）

副社长：陈小勇（兼）

江西电视台公共频道

总监：刘建芳（兼）

副总监：李大成

局网络中心

主任：吴建钢

副主任：周　安　陈之彦　邓小雯

江西省广播电视网络传输有限公司

党委书记、董事长：吴建钢

党委委员、总经理：周　安

党委委员、监事会主席：邓小雯

党委委员、副总经理：陈之彦

党委委员、副总经理：朱少波

党委委员、副总经理：游志榕

党委委员、纪委书记：陈昌大

江西省广播电视“今视网”网站

总监：钟定娴（正处级）

江西广播电视《声屏世界》杂志社

副社长兼副总编：邱学锋（副处级）

江西人民广播电台

邮编：330046
地址：南昌市洪都中大道 207 号
电话：（0791）88321498（台办公室）
网址：www.jxgdw.com/jxgbdt
台长：龙和南
副台长：邓季芳　周俊杰　程　普
机关党委专职副书记：肖学辉（正处级）
台长助理：温燕霞
办公室
　主任：刘　政
　副主任：胡建新　张广彪
人力资源部
　主任：陆伟芳
　副处级纪检员：李永全
　团委书记：戴宁江
总编室
　主任：周　围
　副主任：王小平（保留副处级）
研究室
　副主任：王平湖（保留副处级）
　　程　敏
技术部
　副主任：龚新华（副处级）
　　王　勇　刘云龙
广告经营管理中心
　副主任：张小鹰　侯　强
产业开发部
　主任：王　茉
　副主任：吕　莉（保留副处级）
新媒体发展部
　主任：杨永刚
新闻中心
　主任：罗春瑜（兼）
　副主任：史建春（副处级）　何　灵
　　杨盛海　吴晓勤
记者通联部
　主任：顾建强
　副主任：王小斌
设区市记者站
　站长（副处级）：
　　熊晓芸（南昌）（保留正处级）
　　肖远义（景德镇）
　　徐人勋（上饶）　樊荣江（鹰潭）
　　袁建平（萍乡、宜春）
　　曾令斌（赣州）
　副站长：王文华（九江）
　　仇小达（抚州）
综合新闻频率
　总监：熊丽萍
　副总监：徐建华　卢洁华　罗春瑜
　总监助理：陈　芳
广告部
　主任：陈　芳
管理部
　主任：亢　路
都市广播
　总监：吴立芳
　副总监：钟志荣
　总监助理：刘红玉
文艺音乐频率
　副总监：罗峻伟　上官小正
　总监助理：涂晓路
信息交通频率
　副总监：周海平（主持工作）
　　张　明
农村频率
　副总监：邓萍辉（主持工作）
　　刘崇智　王征球
民生广播
　总监：温燕霞
　副总监：曾学优　汪　勇

江西电视台

邮编：330046
地址：南昌市洪都中大道 207 号
电话：（0791）8337945（台办公室）
传真：（0791）8331432
网址：www.JXTV.com

党组书记、台长：杨玲玲
党组成员、副台长：刘　宁　张晓建　李建国　许运交　李广成
党组成员、台长助理：朱育松　王志奇
机关党委专职副书记：舒礼荣（正处级）

办公室
主任：邱国荣
副主任：刘　伟　王胜利　彭江红（兼）孙宏翌

人力资源部
主任：傅安生
副处级纪检员：黄红卫

总编室
主任：周继革
副主任：廖　昕　谭颖林

新闻中心
主任：王志奇
副主任：郭浔生　温小力　尹毅剑

通联部
主任：万沪金

联播部
主任：朱　林

社教部
主任：徐一雳
副主任：吴学敏

精品创作部
主任：罗琍珍（保留正处级）
副主任：柳春江

大型节目部
主任：居丽娜
副主任：潘　平

电视剧制作中心
主任：辜建刚
副主任：徐正浩　张　勇

播出部
主任：卢晓键
副主任：刘会苗

制作部
主任：祁　冰
副主任：刘　洋　张　琪

技术规划部
主任：范晓琳
副主任：孙春华

广告中心（广告部）
主任：张晓建（兼）
副主任：王　可（副处级）冯　磊　孟乐曲

覆盖推广办公室
主任：廖远奎
副主任：陈善红

数字电视节目部
副主任：曾素萍

产业部
主任：李朝晖
副主任：许志程

研究发展部
主任：王　澍

北京节目制作营销部
主任：彭江红

都市频道
总监：朱育松
副总监：郑忠杰　颜宗祥

经济生活频道
总监：刘小军
副总监：金石明

影视频道

副总监：万良朋（主持工作） 陈 坚 高兴全

少儿频道

副总监：张小军 李熙坤

工会

主席：王维佳（保留副处级）

副主席：杨 群

团委

书记：黄 斌

市级广播电影电视机构

南昌市广播电影电视局

邮编：330038

地址：南昌市红谷滩新区绿茵路

电话：（0791）83988885（局办公室）

局长、党委书记：涂宗勤

副局长：林乃祚 杨 虹 万家帮 徐洪伟

纪委书记：谢为民

副调研员：肖小毛 刘用长

办公室

主任：肖小毛（兼）

副主任：熊筱莉 朱 莉

组织人事处

副处长：刘永伟 魏 娟

宣传管理处

处长：程荣富

科技处

处长：高陈平

社会管理处

处长：姜 晖

计划财务处

处长：徐 红（兼）

副处长：崔晓霞

监察室

主任：张 敏

副主任：赵立萍

工会

主席：李祚信

副主席：魏国保

机关支部

副书记：殷 俊

南昌电视台

台长：许海霞

党支部书记：罗 兰

调研员：徐 红

新闻综合频道总监：史琦茜

新闻综合频道党支部书记：卢昌汉

都市资讯公共频道总监：谢 斌

都市资讯公共频道党支部书记：黄筱明

南昌人民广播电台

台长：李良生

党支部书记：张金洁

党支部副书记：邹湘军

副主任：范 弘 吴建华 孟晓燕 李华慧

八○一台

台长、党支部书记：张东平

副台长：辜 勇

副书记：吴义光

南昌广电传媒有限责任公司

总经理：张金洁（兼）

党支部书记：舒民强

副总经理：王 斌 刘志勇 毛 萍

南昌广播电视报

总编辑、党支部书记：张金洁（兼）

副总编辑：丁湘林 曾继红 万凤琪

南昌新闻网

总监：刘 欣

党支部书记：万义华

南昌广电物业管理有限公司

主任：陈建辉

党支部书记：张 荣

副主任：陈乐强

南昌广电信息网络集团公司

支部书记：许海霞（兼）

总经理：刘之成

监事：杨蕾

副总经理：王士钦 涂伊丽 饶力勇 杨绍飞

副书记：曾祥草

南昌广电文化发展有限公司

经理：刘 赋

党支部书记：罗 强

副经理：孙忆浦

南昌市电影公司

经理：周 强

支部书记：赵 兵

副经理：程小琴 罗 琳

副书记：熊 蕾

九江市广播电影电视局

邮编：332000

地址：九江市长虹大道 84 号

电话：（0792）8224081（局办公室）

局长：朱 凌

党委书记：欧阳文成

副局长：钱双成 刘昌池 文剑峰 黎小红

纪委书记、机关党委书记：邹时金

调研员：董 群 江规亲 刘湘礼

办公室

主任：石 泉

宣传管理科

科长：吴宏雁

电影管理科

科长：易德华

社会管理科

科长：李广平

副科长：张华珍

科学技术科

科长：张成崧

副科长：张忠芹

安全播出调度科

科长：梅秀峰

产业管理科

科长：廖 燕

保卫科

科长：聂丽华

机关党委

专职副书记：时良红

监察室

主任：郭育能

九江人民广播电台

台长：杨东风

党支部书记：何绍元

副台长：周升航 孙国庆 张 杰 蔡冬冬

九江电视台

台长：陈新刚

党总支书记：江晓坚

副台长：陈 谦 傅 东 吕少荣 唐国旭

江西省七〇一电视台

台长、党支部书记：尹仁平

副台长：朱 飞 冯桂生 涂 勇

九江市影视艺术中心

负责人：陈 谦

党支部副书记：吕晓林

副主任：陈益夫 周三友 郭小宁

九江市电影发行放映公司

副经理：何顺燕 张南平 张智勇 杨 平

九江实验台

台长：张　萍

党支部书记：胡启飞

副台长：杨　健　李　进　吴　军

九江广播电视报社

社长、总编：杨　春

副总编：张　勇　杨征帆

九江市广播电视服务部

主任：朱自力

党支部书记：吴美才

九江市音像发行管理站

副站长：钱润生　黄　彬

广播电视广告中心

主任：韩瑞丽

九江传媒网

总监：张　杰（兼）

景德镇市文化和广播电影电视局

邮编：333000

电话：（0798）8224728

市委宣传部副部长、局长：江　华

党委书记：黄武高

党委副书记、副局长：程　群（正处级）

党委委员、副局长：潘一莹（正处级）

赵　纲　吴巨龙

冯旭亮　龚　谦

纪检书记：王晓春

副调研员：余祖录　胡文会　涂传经

江碧霞

党委办公室

主任：王平凡

行政办公室

主任：彭国红

产业发展科

科长：汤亚凡

艺术科

科长：李跃春

社会文化科

副科长：刘　斌

文物科

科长：任碧珈

文化市场管理科

科长：付方林

广电科

负责人：张　明

行政审批服务科

科长：冯炳南

宣传科

科长：叶道明

科技科

科长：余莉华

电影管理科

科长：郑卫人

监察室

主任：程桂盛

景德镇市广播电视台

市委宣传部副部长、台长：钱鸣华

副台长：罗博生　魏望来　江　东

廖尼峰

调研员：王　建

景德镇市电影公司

总经理：万时平

党总支副书记：詹继云

副总经理：江建会

工会主席：刘景春

萍乡市文化广电新闻出版局

邮编：337000

电话：（0799）6832542

局长：陈建国

党委书记：刘先跃

副局长：肖德军
纪委书记：张建萍
副局长：李小虎
调研员：李振德
副调研员：糜仁礼
办公室
　　主任：刘忠信
文化市场管理科
　　科长：罗思纯
扫黄打非办
　　主任：刘　洪
机关党委专职
　　副书记：李　红
组织人事科
　　科长：丁煊森
新闻出版科
　　负责人：艾华林
文物科
　　主任科员：袁文亮
产业科
　　副科长：叶永明
艺术科
　　副科长：邱忠发

萍乡市广播电影电视发展中心

邮编：337000
地址：萍乡市滨河西路江湾里
电话：（0799）6669008
党组书记、主任：谭小燕
党组成员、副主任、电台台长：李文进
党组成员、纪检组长：肖高萍
党组成员、副主任：张　波　郑炎辉
党组成员、电视台台长：欧东兵
调研员：叶胜萍　胡远宏　刘战辉
副调研员：周国顺　孙建生
办公室
　　主任：刘　华
组织人事编制科
　　科长：刘学军
机关党委
　　专职副书记、正科级监察员：邬　建
总编室（新闻中心）
　　主任：李洪辉
　　副主任：周满娇
电影管理科
　　科长：易爱民（兼产业中心主任）
事业管理科
　　负责人：黄焕萍
电台新闻综合频率
　　总监：刘　霞
电台交通文艺频率
　　总监：潘小斌
　　副总监：章小毛
电视台新闻综合频道
　　总监：刘　洋
　　副总监：李胜波　彭一均　张少华
电视台公共频道
　　总监：易显奇
　　副总监：黄猛猛
电视台科教频道
　　总监：胡迎春
　　副总监：叶伟萍
广电报社
　　总编：刘　钢
　　副总编：黄庆宇
八〇五台
　　台长：胡自奎
广播电视发射台
　　台长：黄文宾
播出中心
　　主任：何章松
　　副主任：邱润波

技术中心

主任：张丙泉

副主任：李素忠

广告中心

主任：朱四萍

副主任：尹 昕

主任助理：王剑锋 毛金明

物管办

主任：宋小勇

新视角广播电视影视文化传播有限公司

经理：周建萍

副经理：刘 瑜

新宇广播电视数字传媒有限公司

经理：肖雁斌

电影公司

经理、总支书记：彭 程

副经理：李 艳 何敢峰

总支副书记：李 江

新余市广播电影电视局

邮编：338000

地址：新余市仙来中大道49号

电话：（0790）6441990

党组副书记、局长：彭建亚

党组书记：万晓明

党组成员、副局长：傅亚军 张广胜 干华明

党组成员、副调研员：闵小晶 郭 敏

党组成员：简志坚 王少勇

机关党委

副书记：王 力

办公室

主任：雷 平

副主任：何 华 章小军

宣传科

科长：黄媛斌

科技科

科长：苏巩建

社会管理科

科长：肖晓瑜

电影管理科

科长：彭菊生

新余人民广播电台

台长：王少勇（兼）

党支部书记：曾建国

副台长：喻 星 丁禹军 王 弇

工会主席：黄平江

台长助理：胡文明 陈燕萍

新闻综合频率总监：郭永忠

经济交通频率总监：叶 翔

故事频率总监：陈 亮

新余电视台

党支部书记：简志坚（兼）

台长：王晓峰

副台长：李晓春 李 林 苏巩建 唐 斌

台长助理：刘学文 罗以勒 黄 涛

新余八〇四台

台长：潘卫华

副台长：周文萍

党支部副书记：余 帆

台长助理：高 鑫

新余广播电视报社

总编：孙 昭

党支部书记兼副总编：陈瑞光

副总编：谭 辉

新余市电影发行放映公司

经理：廖小春

党支部书记、副经理：陈 俊

副经理：曾 嵘 黎 晖

新余市广播电视物业管理中心

主任：赖国平

鹰潭市文化广电新闻出版局

邮编：335000
地址：鹰潭市建设路 3 号
电话：（0701）6221080（办公室）
党组副书记、局长：周佐明
党组书记：徐礼丰
党组副书记：黄顺茂
党组成员副局长：郑卫国　李平春
副局长：徐双文
党组成员、副调研员：陈饶文　童理玲
党组成员、纪检组长：郑兴云
调研员：陈特明　姜朝皋　严荣祥
副调研员：桂建华　徐光友　黄　涛
办公室
　主任：张克胜
行政服务科
　科长：周　柏
文化艺术和文物科
　副科长：陈　林
广播影视科
　科长：毛新民
新闻出版科
　科长：俞智敏
文化市场和产业科
　科长：许星胜
人事财务科
　负责人：于红英
文化市场综合执法支队
　支队长：陈　辉
　副支队长：雷鸿璋　申　波
　副书记：叶　鹏
鹰潭人民广播电台
　台长：徐炳德
　副台长：杨清潭　胡求堂
鹰潭电视台
　台长：汪白杨
　副台长：吴拓宇（副县级）　吴春一　姜富文
　台长助理：侯剑平
八〇七台
　台长：刘晓平
电视发射台
　台长：王玉林
广播电视报
　总编：刘　平
　副总编：王雅萍

赣州市文化和广播电影电视局

邮编：341000
电话：（0797）8391398
党组书记：夏之明
党组副书记、局长：钟家伟
副局长、党组成员、新闻出版局局长：章隆元
副局长、总编辑、党组成员：张　菁
副局长、文物局局长：韩振飞
副局长、党组成员：李宪华　周丽萍
党组成员：罗　璘
副局长、党组成员：朱小宁　彭　玲
纪检组长、党组成员：饶正飞
副局长、党组成员：黄宗请　姚富桂
调研员：邹征华　李　岳
副调研员：刘卫国　曾庆池　刘建中
办公室
　主任：康建强
　副主任：何定胜　龙庚云
宣传科
　科长：洪　峰
艺术科
　科长：肖子民
社会文化和电影科
　科长：刘小萌

文物科

科长：朱思维

科技科

负责人：雷 军

行政审批科

科长：夏晓云

副科长：张鹏展

产业发展科

科长：王春华

机关党委

副书记：肖丽莉

监察室

主任：赖常青

培训站

站长：黄 斌

赣州人民广播电台

台长、书记：肖益涵

副台长：周春玲

台长助理：刘照龙 肖承彪

新闻频率总监：张 群

音乐频率总监：邓桃英

交通频率总监：袁 娟

赣州电视台

台长：罗 璘

党总支书记：李作铭

副调研员：曾凡才 万义明

副台长：刘圣鸿 黎庆琮 曹 勇

台长助理：钟瑞龙 韩超英 郭 琳

新闻综合频道总监：董太金

经济民生频道总监：赖丽卿

科教农业频道总监：戴志云

中心城区频道总监：肖明海

江西省七〇七电视台

台长：刘小雄

赣州市文化市场稽查支队

支队长：黄卫华

赣南广播电视报社

社长：张奇敏

赣州八五二台（八五一台）

台长：卢建平

兴国微波站

站长：徐世芳

赣州广播电视节目传输中心

主任：罗晓明

赣州市电影公司

负责人：胡海跃

宜春市广播电影电视局

邮政编码：336000

地址：宜春市行政中心宜阳大厦西座 1330 室

电话：（0795）3990991

党组书记、局长：闵潜志

党组成员、副局长：王洪清 廖正全 刘绍军

党组成员、副调研员：龙杰鹏

党组成员、纪检组长：吴俊平

机关党委

专职副书记：辛云春

人秘科

科长：付誉贵

宣传科

科长：杨雪平

电影科

科长：应燕军

事业科

科长：曹 阳

社管科

科长：蔡庄荣

监察审计室

主任：罗海华

稽查支队

支队长：辛云春

宜春市广播电视台

台长：彭家森

副台长：罗　丹　俞　旭　张　敏　孙卫东

台长助理：蔡广伟　陈小萍

明月之声

总监：陈小萍

七〇三电视台

台长：周蒙松

副台长：许　宁　邓　纯　余小弟

宜春八一一台

台长：李兵根

副台长：邓来春　任　飞

临江微波站

站长：许　宁

副站长：叶新敏

宜春市电影公司

经理：赵波勇

副经理：余晓萍　刘　军

上饶市广播电影电视局

邮编：334000

电话：（0793）8300601（局人秘科）

市委宣传部副部长、局长：邓少华

副局长：苏如兴　上官甫贵　吴广山　王　炜

纪检组长：陈冬平

副调研员：刘　涛　吴钟洲　姜芳英

人秘科

负责人：吴钟洲

电影科

科长：符臣汉

技术科

科长：余达兴

宣传科

科长：徐　晖

社会管理科

负责人：刘　涛

监察室

主任：杨国安

局机关党委

专职副书记：蒋　云

上饶电视台

台长：吴广山

书记：盛　璆

专职副书记：杜财盛

副台长：李元兴　易中野　杨绍伟

台长助理：蒋发平　支少蓉

江西七〇五电视台

党支部书记：孔令春

台长：华立林

上饶广播电视报社

总编：孔令春

副总编：吴志刚　徐春晖　朱首清

上饶八二一台

台长：刘文斌

党支部书记：许　晶

副台长：詹昌彪　周忠华

上饶人民广播电台

台长：周良明

台长助理：丁　旭　陈星海

吉安市文化广播电影电视局

邮编：343000

地址：吉安市北门街19号

电话：（0796）8222784（局办公室）

局长、吉安电视台台长：彭培述

党委书记：刘少之

市政协副主席、副局长：肖　斌

副局长、市文化传媒发展中心主任：赖卫东

副局长：肖加迪　刘宗彬　欧阳亮

纪委书记：何福生

调研员：曾富善 冯为民

副调研员：彭三元 梁萍茹 张永江 于江铁

办公室（党委办公室）

主任：汤尔星

副主任：王绍德

党办副主任：邱 明

宣传科

科长：于江铁（兼）

副科长：邱 明

文化艺术科（广电影视科）

科长：张永江（兼）

社会及文化市场管理科（行政服务科）

科长：刘军华

行政服务科副科长：肖 渝

科技科

科长：赵 敏

产业科

科长：姚 新

监察室

主任：温 洁

正科级纪检员、监察员：肖长明

工委

主任：赵 玫

吉安电视台

台长：彭培述（兼）

副台长：郭 平 孔 弘 陈扬明 刘春根 彭小安 龚建斌

台班子成员、广播电视报社社长：曾小文

吉安人民广播电台

台长：刘 琼

副台长、交通频率总监：曾传文

副台长、新闻综合频率总监：钟兴楠

副台长：贺丽强

台长助理：肖剑冬

吉安八〇二台

副台长、主持工作：肖家钦

副台长：黄应福 肖幼军 杨怡

江西七〇六电视调频台

台长：刘英贤

副台长：李思勤 刘启明 胡珍仁 陈长建

台长助理：万小川

吉安八四一台

台长：朱春华

副台长：严贫志 黄 萍

台长助理：胡 云

吉安市加扰电视管理办公室

主任：李 霞

副主任：李 辉

吉安市音像发行站

站长：李 辉

吉安市广播电视报社

社长：曾小文

副总编：黄继红

吉安市广播电视服务公司

经理：（暂缺）

吉安市广播电视稽查支队

支队长：李文彬

副支队长：张文斌

吉安市电影公司

经理：钟振远

副经理：王燕明

抚州市广播电影电视局

地址：抚州市临川大道228号

邮编：344000

电话：（0794）8253921（局人秘科）

党组书记、局长：杨大进

党组副书记、副局长:刘 东

副局长：彭晓建 戴小文 李国光 吴乐明

纪检组长：朱 靖
副调研员：黄勤国 丁水隆
人事秘书科
科长：吴友明
宣传管理科
科长：黎 楠
社会管理科
科长：田肃清
科技科
科长：余能文
监察室
主任：黄勤国
抚州电视台
台长：吴乐明
总编：戴小文
副台长：饶文章 罗慈锋 胡 怡
抚州人民广播电台
台长：袁志鸿
副台长：曾天娥 谢慧星
江西七〇八台
台长：钟仕彪
副台长：饶迟祥 邱 津
台长助理：万小春
抚州八三一台
台长：饶智华
抚州广播电视报社
总编：刘 毅
抚州广播电视服务部
经理：（空缺）
抚州广播电视稽查支队
队长：胡小云
抚州市电影公司
经理：严红宇

县级广播电影电视机构

南昌市

东湖区文化广播电视旅游局
邮编：330006
电话：（0791）86216659
局长：郭小玲
副局长：龚武红 程 航
西湖区文化广播电视旅游局
邮编：330009
电话：（0791）86564931
局长：林 峰
党组书记：于贵平
副局长：余 勇 张 红 查振强
青云谱区文化广播电视旅游局
邮编：330001
电话：（0791）88463103
局长：罗洪斌
副局长：韩 艳
青山湖区文化广播电视旅游局
邮编：330029
电话：（0791）88100080
局长：陶 平
党委书记、副局长：徐文平
纪检书记：熊中华
青山湖区广播电台
邮编：330029
电话：（0791）88102096
台长：宋 萍
副台长：吴 成 吴小平 易宾祥
湾里区教育文化体育局
邮编：330004
电话：（0791）83760263（传真）
局长：卢永新

副局长：雷先云　俞卫花

湾里区广播电视台

邮编：330004

电话：（0791）83762186　83760407

台长：雷伍华

副台长：龚建国　葛　颖

南昌县文化广播电视旅游局

邮编：330200

电话：（0791）85712619

党组书记、局长：陈小妹

副局长：熊青利　李玉龙　周天兵

南昌县广播电视台

邮编：330200

电话：（0791）85730032

台长：赵腾益

书记：秦　涛

副台长：杨明亮　姜润平　樊　勇　李　斌

南昌县有线广播电视网络传输中心

邮编：330200

电话：（0791）85728096

主任：戒必强

书记：万仁杰

副主任：万　辉　涂小林　管　晓

副书记：周涌霖

进贤县文化广播电视旅游局

邮编：331700

电话：（0791）85622613

党组书记：吴振明

局长：雷俊明

副局长：龚晓春　胡万锋　曹国林　吴冬娥　万根友　陈灵燕

进贤县广播电视台

邮编：331700

电话：（0791）85675139

台长：胡铁峰

副台长：余广珠　王三明　葛　武　付静静　桂绍祥

副书记：周　芸

安义县文化广播电视局

电话：（0791）83422217

局长：刘　枫

副局长：骆银根　刘莉珍　余登亮　易子平　甘菊龙　杨传富

局党组成员：肖安龙　李烈伟

安义县广播电视台

电话：（0791）87191333

党支部书记兼副台长：肖安龙

副 台 长：万萍才　刘　苑　于建明

新建县文化广电旅游新闻出版局

邮编：330100

电话：（0791）83752445

局长：刘明慧

副局长：李党生　傅　斌　熊中意

党组成员：程小鹿　张　丽

新建县广播电视台

邮编：330100

电话：（0791）83747271

台长：程小鹿

副台长：杨启蛟　彭志坚　肖　琦　田　斌　董祥涛

九江市

庐山区广播影视事业发展中心

邮编：332005

电话：（0792）8255801

主任、党支部书记：张桂芳

副主任：陈仕妹　李群喜　王　显

庐山区广播电视站

邮编：332005

电话：（0792）8255781

站长：陈　功

共青城市文化旅游广播电影电视局

邮编：332020

电话：（0792）4346487

局长：张　浔

副局长：杨秋芬

共青城市电视站

邮编：332020

电话：（0792）4342077

站长：杨秋芬

副站长：郭玉滚　张忠鑫

九江县文化广播电影电视新闻出版局

邮编：332100

电话：（0792）6812132

局长：王事建

党总支书记：凌仕同

副局长：张友华　宋增祺

九江县广播电视台

邮编：332100

电话：（0792）6811187

台长：叶忠超

党支部书记：陈　雅

副台长：张　华　徐龙贵

九江县电影发行放映公司

邮编：332100

电话：（0792）6811526

经理：周　旋

瑞昌市文化广播电影电视新闻出版局

邮编：332200

电话：（0792）4222543

局长：祝炳光

党组书记：朱黎民

副局长：王定荣　文　斌　何将仁

瑞昌市广播电视台

邮编：332200

电话：（0792）4222237

台长：柯红斌

党支部书记：许红云

副台长：刘晓明　刘堂河　张友敏

瑞昌市电影发行放映公司

邮编：332200

电话：（0792）4229089

经理：邹永平

武宁县文化广播影视新闻出版局

邮编：332300

电话：（0792）2769000

局长：柯亨达

党委书记：黄国政

副局长：黄国政（兼）毕建国　许祖平　张一冰

武宁县广播电视台

邮编：332300

电话：（0792）2781066

台长：柯亨达（兼）

党支部书记：李梦华

副台长：李梦华（兼）　黄建军　聂媛媛　卢　煌

武宁县电影发行放映公司

邮编：332300

电话：（0792）2762068

经理：黎　明

党支部书记：崔　勇

副经理：柳　蓉　刘　中

修水县文化广播影视新闻出版局

邮编：332400

电话：（0792）7221921

局长：戴嵩青

党委书记：饶小鹏

副局长：周秋平　荣年生　丁洪阶　张鑫博

修水县广播电视台

邮编：332400

电话：（0792）7236278

台长：饶小鹏（兼）

党支部书记：周美庆

副台长：熊丹玮 徐 可 吴群英
吴 帅

修水县电影发行放映公司

邮编：332400
电话：（0792）7221827
经理：李昆生
党支部书记：冷兴国
副经理：徐飞鸣 揭 晓

湖口县文化广播影视局

邮编：332500
电话：（0792）6336095
局长：石小荣
副局长：王月初 陈美清 施永成

湖口县广播电视台

邮编：332500
电话：（0792）6332248
台长：陈美清（兼）
副台长：龚 丹 杜晓波

湖口县电影发行放映公司

邮编：332500
电话：（0792）6339635
经理：欧阳智
副经理：王 敏 邹春红

都昌县文化广播影视出版局

邮编：332600
电话：（0792）5223064
局长：邵伦秀
副局长：曹开东 潘敏祚 伍菁华

都昌县广播电视台

邮编：332600
电话：（0792）5232956
台长：邵剑虹
副台长：邱 林 杨 农 朱 浩

都昌县电影发行放映公司

邮编：332600
电话：（0792）5237796
经理：黄纪华
副经理：余传平 汪志清

彭泽县文化广播电视局

邮编：332700
电话：（0792）5669376
局长：黄彭声
副局长：吴应根 高金珠 吴 平

彭泽县广播电视台

邮编：332700
电话：（0792）5663697
台长：欧阳春荣
副台长：乐 燕 刘纯邑

彭泽县电影发行放映公司

邮编：332700
电话：（0792）5625327
经理：李 平
副经理：卢 斌 朱雷明 朱燕玲

星子县文化体育广播电视局

邮编：332800
电话：（0792）2663010
局长：夏茂臣
党总支书记：徐天骄
副局长：涂林金 查劲松 陈维明
刘 城

星子县广播电视台

邮编：332800
电话：（0792）2670300
台长：杨振平
党支部书记：黄响玲
副台长：徐向阳 王云秋 钱少军

庐山人民广播电台

邮编：332900
电话：（0792）8282281
副台长：向朝晖

永修县文化广播电视局

邮编：330300
电话：（0792）3223319
局长：杨祚育

党支部书记：詹美英
副局长：熊立海 陈道和 宋小平
纪检组长：吴 洪

永修县广播电视台

邮编：330300
电话：（0792）3229910
台长：詹美英（兼）
副台长：罗小宁 熊 伟 徐 彬

永修县电影发行放映公司

邮编：330300
电话：（0792）3221926
经理：吴 洪
党支部书记：宋金保
副经理：冯勇红

德安县文化旅游广播电影电视局

邮编：330400
电话：（0792）4332226
局长：柯宁安
党总支书记：刘劲楠
副局长：徐晓红 王立胜 程 英 万小平

德安县广播电视台

邮编：330400
电话：（0792）4332216
台长：刘劲楠（兼）
副台长：邹 翔 吕 亮 钟一粟

德安县电影发行放映公司

邮编：330400
电话：（0792）4366258
经理：应光辉

景德镇市

乐平市文化广播影视新闻出版局

邮编：333300
电话：（0798）6833320
局长：王小平
党委书记：肖万生
副局长：田 磊 董 斌 梁忠平 曾文波

乐平市广播电视台

邮编：333300
电话：（0798）6227094
台长：黄晓河
副台长：程 伟 汪乐辉 倪志勇

浮梁县文化广播影视新闻出版局

邮编：333400
电话：（0798）2626379
党委书记：胡柳忠
局长：吴乾发
副书记：涂耀明
副局长：吴新发 肖 晓 李新才
工会主席：汪丽萍

浮梁县广播电视台

邮编：333400
电话：（0798）2627726
负责人：舒金莲

珠山区文化旅游广播影视新闻出版局

邮编：333000
电话：（0798）8502056
局长：徐智勇
副局长：屈蕾芬 任伯芳

昌江区文化广播影视新闻出版局

邮编：333000
电话：（0798）8339680
局长：马莉萍
副局长：余泉明 王家林

萍乡市

莲花县文化广播电视局

邮编：337100
电话：（0799）7221274
局长：刘春明

党委书记、副局长：刘桂忠
副局长：陈海红　邓燕青
纪委书记：李新峰
党委委员：彭水莲

莲花县广播电视台
邮编：337100
电话：（0799）7224949
台长：谭慧军
副台长：管　飞

莲花县电影发行放映公司
经理：陈海红

湘东区文化广电新闻出版局
邮编：337016
电话：（0799）3377516
局长：何建明
副局长：李香兰

湘东区广播电视台
邮编：337016
电话：（0799）3444210
台长：刘　益
副台长：刘正华　钟　磊　陈　婷

芦溪县文化广电新闻出版局
邮编：337200
电话：（0799）7551816
党组书记、局长：李忠生
党组成员、副局长：黄爱兰　胡胜梅

芦溪县广播电视台
邮编：337200
电话：（0799）7551921
台长：易忠和
副台长：尹冬香　漆　威　王　玮

安源区文化广播电视局
邮编：33700
电话：（0799）6661800
局长：文　博
党组书记：王金安
副局长：曾丽萍

安源区广播电视台
邮编：337000
电话：（0799）6661809
台长：周　霞
副台长：李　瑛　陈　莹　欧阳韬

上栗县文化广播电视局
邮编：337009
电话：（0799）3661231
局长：黄绍良
副局长：陈明其　文常敏　何宜萍
邓科香

上栗县广播电视台
邮编：337009
电话：（0799）3661239
台长：彭世军
副台长：夏万霖　李　原　黄　明
王正良

上栗县电影发行放映公司
电话：（0799）3666360
经理：刘中海

新余市

分宜县文化广电新闻出版局
邮编：336600
电话：（0790）7037900　5899518
党组书记、局长：钟智安
党组成员、副局长：黄春明
党组成员、副局长兼工会主席：袁勇义
党组成员、副局长：黄春花
党组成员：李曰威

分宜县广播电视台
邮编：336600
电话：（0790）7037911
副台长：李建艳（负责全面工作）

渝水区文化广电新闻出版局
邮编：338025

电话：（0790）6222810
党组书记、局长：彭梅根
党组成员、副局长：钱 昕（正科） 胡小虎
副局长：张小兵

渝水区广播电视台
邮编：338025
电话：（0790）6230999 6221916
党支部书记、台长：过元庆

鹰潭市

余江县文化广电新闻出版局
邮编：335200
电话：（0701）5881303（局办公室）
局长：姜秋开
党组副书记：李克坚
副局长：晏亮保 彭 敏

余江县广播电视台
电话：（0701）5897316
台长：吴小云

贵溪市文化广电新闻出版局
邮编：335400
电话：（0701）3771665
局长：郭映龙
党组书记：万旭珍
副局长：蔡 强 李 峰 苏慧芳
纪检组长：孙财发

贵溪市广播电视台
电台台长：胡媛媛
电视台总编：江小明
电视台副台长：吴长兴 李亿正

赣州市

章贡区文化和广播电影电视局
邮编：341000
电话：（0797）8294905
党委书记：李禾丰
局长：殷芝萍
副局长：曾志远 刘日龙

章贡区广播电影电视新闻中心
主任：李禾丰（兼）
副主任：曾志远（兼） 金国友

章贡人民广播电台
邮编：341000
电话：（0797）8294440
台长：张 跃

赣县文化和广播电影电视局
邮编：341100
电话：（0797）4441219
书记、局长：刘友军
副局长：刘金明 黄锦莲 陈晓兰

赣县广播电影电视新闻中心
邮编：341100
电话：（0797）4442618
主任：钟仁华
副主任：刘安化 李锡忠 郭 明

赣县广播电视台
邮编：341100
电话：（0797）4442618
台长：钟仁华（兼）

上犹县文化和广播电影电视局
邮编：341200
电话：（0797）8541339
局 长：张继茂
副局长：刘太游 古赞伟 方秀兰
纪检组长：余先中

上犹县广播电影电视新闻中心
邮编：341200
电话：（0797）8540709
主任：温世奇
副主任：曾少兵 凌乐瑞

上犹县广播电视台

邮编：341200

电话：（0797）8547360

台长：陈源洪

副台长：薛家钟　黄宇亭　钟源耀

崇义县文化和广播电影电视局

邮编：341300

电话：（0797）3812175

局长：王受传

副局长：古　钟　范和金　华川爱

纪检组长：郭继莲

崇义县广播电影电视新闻中心

邮编：341300

电话：（0797）3812509

主任：古　钟

副主任：郑景佳　邹声优

崇义县广播电视台

邮编：341300

电话：（0797）3812509

台长：邹声优（兼）

南康市文化和广播电影电视局

邮编：341400

电话：（0797）6612451

局长：朱吉祥

党总支书记、新闻中心主任：刘述洗

副局长：林红艳　刘庭福

南康市广播电影电视新闻中心

邮编：341400

电话：（0797）6612966

主任：刘述洗（兼）

副主任：朱华清　周善明

南康市电视台

邮编：341400

电话：（0797）6611035

副台长：何耀飞　廖章瀛　刘志华

南康市人民广播电台

邮编：341400

电话：13970701786

台长：黄禄辉

大余县文化和广播电影电视局

邮编：341500

电话：（0797）8722314

局长：钟余珍

副局长：蔡云捷　廖君福　叶　峰　钟志洪

大余县广播电影电视新闻中心

邮编：341500

电话：（0797）8732289

主任：蔡云捷（兼）

大余县广播电视台

邮编：341500

电话：（0797）8732289

台长：蔡云捷（兼）

副台长：黄　权　黄克华

信丰县文化和广播电影电视局

邮编：341600

电话：（0797）3335086

局长：陈鸣飞

书记：肖生祥

副局长：李坊裢　郭元明　赖财生　刘红明

信丰县广播电影电视新闻中心

邮编：341600

电话：（0797）3331991

主任：肖生祥

副主任：赖财生　徐献忠

信丰县广播电视台

邮编：341600

电话：（0797）3331991

台长：徐献忠（兼）

龙南县文化和广播电影电视局

邮编：341700

电话：（0797）3521136

局长：徐晓虹

副局长：刘发胜 钟诗昊 全红梅
钟东阳 张贤忠 廖盛莲

龙南县广播电影电视新闻中心

邮编：341700
电话：（0797）3514021
主任：刘发胜
副主任：许艳平

龙南县广播电视台

邮编：341700
电话：（0797）3511203
副台长：廖房鹏 唐为民 钟立明
黄红民

龙南县电视（转播）台

邮编：341700
电话：（0797）3521382
台长：凌晓标

全南县文化和广播电影电视局

邮编：341800
电话：（0797）2632240
局长：陈 辉
书记：兰海洋
副局长：黄小才 朱卫平 谭裕文

全南县广播电视台

邮编：341800
电话：（0797）2633393
台长：王 隽
副台长：曹智华 陈明建 黄凌志

全南县八五四台

邮编：341800
电话：（0797）2632240
台长：李兆伟

定南县文化和广播电影电视局

邮编：341900
电话：（0797）4292963
局长：周扬晶
副局长：孙秦赣 赖卓智 郭伟胜

定南县广播电影电视新闻中心

邮编：341900
电话：（0797）4293549
主任：钟文周
书记：郭树贤
副主任：钟素平 谢琳珍 吴 涛

定南县广播电视台

邮编：341900
电话：（0797）4296582
台长：钟素平（兼）
副台长：李江晏 冯志远

安远县文化和广播电影电视局

邮编：342100
电话：（0797）3732379
党总支书记、局长：赖德新
副局长：刘红光 尧喜生 魏启强
李 贺 甘建军

安远县广播电影电视新闻中心

邮编：342100
电话：（0797）3732483
主任：刘红光（兼）
副主任：甘建军 郭 峰 李 贺

安远县人民广播电台

邮编：342100
电话：（0797）3732483
台长：宋筱媛

安远县电视台

邮编：342100
电话：（0797）3732483
台长：黄工华

寻乌县文化和广播电影电视局

邮编：342200
电话：（0797）2842727
局长：温康平
书记：林兆荣
副局长：钟兹旺 陈洪林 刘春辉
潘小强

寻乌县广播电影电视新闻中心
邮编：342200
电话：（0797）2837973
主任：陈洪林
副主任：凌石铭　刘万辉

于都县文化和广播电影电视局
邮编：342300
电话：（0797）6233329
局长：袁尚贵
书记：胡　华
副局长：杨汉华　张县春　钟南昌

于都县广播电影电视新闻中心
邮编：342300
电话：（0797）6233479
主任：胡　华（兼）
副主任：肖承明　黄育坚　张文东

于都县广播电视台
邮编：342300
电话：（0797）6233479
台长：胡　华（兼）
副台长：黄育坚（兼）

兴国县文化和广播电影电视局
邮编：342400
电话：（0797）5305380
党组副书记、局 长：邓京红
党组书记：刘　毅
党组成员：肖　林
副局长、党组成员：曾宪炜　刘汉明
吴小琴　谢昌炳
宋光灿　李年锦
副局长：张　宁
党总支副书记、党组成员：钟艳平

兴国县广播电影电视新闻中心
邮编：342400
电话：（0797）5305737
主任：肖　林
副主任：李　群

兴国县广播电视台
邮编：342400
电话：（0797）5305737
台长：李年锦（兼）

瑞金市文化和广播电影电视局
邮编：342500
电话：（0797）2523137
局长：钟瑞春
党组书记：刘立平
副局长：宋东岚　朱晓敏　钟春斌
杨振昌　黄迎春　朱文军

瑞金市广播电影电视新闻中心
邮编：342500
电话：（0797）2536168
主任：刘立平（兼）
副主任：黄　涛　谢春明　钟义春

会昌县文化和广播电影电视局
邮编：342600
电话：（0797）5622133
局长：许永春
党组书记：刘向东
副局长：许伶青　赖加红　杨洪浩

会昌县广播电影电视新闻中心
电话：（0797）5630996
主任：廖红波
副主任：邹爱秀

会昌广播电视台
邮编：342600
电话：（0797）5630996
台长：欧小华

石城县文化和广播电影电视局
邮编：342700
电话：（0797）5703362
局长：徐根雄
党总支书记：黄荣琳
副局长：黄俊波　陈剑恬　叶琴琨
张树清

石城县广播电影电视新闻中心

邮编：342700

电话：（0797）5721760

主任：孔德彬

副主任：廖小斌

石城县广播电视台

邮编：342700

电话：（0797）5700371

台长：廖小斌（兼）

宁都县文化和广播电影电视局

邮编：342800

电话：（0797）6832551

局长：夏章奎

书记：谢小珊

副局长：刘慧忠　向伟英　黄玉兰
曾小平　龚国荣　饶人美
赖续生　李明生

宁都县广播电影电视新闻中心

邮编：342800

电话：（0797）6817736

主任：谢小珊

副主任：肖智敏　李明生　饶人美
武福林　赖　圣

宁都县人民广播电台

邮编：342800

电话：（0797）6832410

台长：李　晟

宁都县八五三台

邮编：342800

电话：（0797）6801826

台长：胡礼林

宁都县电视台

邮编：342800

电话：（0797）6817706

台长：李明生

宁都县广播电视发射台

邮编：342800

电话：（0797）6832072

书记：邓亚群

副台长：曾结晶

宜春市

袁州区广播电影电视局

邮编：336000

电话：（0795）3273192

党组书记、局长：罗长德

党组成员、副局长：曾丽萍　卢寿生

党组成员、纪检组长：陈爱萍

广播电视站

站长：李　刚

电影公司

电话：（0795）3273217

经理：韩连英

副经理：李红卫　周建生

樟树市广播电影电视局

邮编：331200

电话：（0795）7111267

局长：熊胜亮

副局长：罗　玲　孙明炎　谢选华
游武军

樟树人民广播电台

台长：陈　芬

樟树电视台

台长：陈　强

樟树市电影公司

经理：熊厚文

丰城市广播电影电视局

邮编：331100

电话：（0795）6202536

局长：甘海鹰

党组成员、副局长：冯树玲　吕志明
屈龙泉　廖泽涛

丰城市电视台

台长：聂俊峰

副台长：罗新华 左强民 胡俊伟

丰城市广播电台

副台长：钟水芽

丰城市电影公司

电话：（0795）6422157

经理：任春华

靖安县广播电影电视局

邮编：336000

电话：（0795）4654753

党组书记、局长：吴 萍

党组成员、副局长：张景栋

党组副书记：王武松

党组成员、靖安电视台台长：周金意

党组成员、靖安广播台台长：吴运星

副局长：戴熙贵

靖安县电影公司

经理：（暂缺）

奉新县广播电影电视局

邮编：330700

电话：（0795）4604661

局长、党组副书记：贺 康

党组书记、副局长：顾永海

副局长：刘小华 曾枝勇 胡友妹 杨讲清

党组成员：许阳礼

奉新县广播电视台

台长：张晓峰

奉新县电影公司

经理：王建平

副经理：廖作仁 许居汉

高安市广播电影电视局

邮编：330800

电话：（0795）5252569

党组书记、局长：邓余良

党组成员、副局长：葛少明、徐 玮

党组成员：文发根 周计略 刘喜明

高安市广播电视台

台长：刘喜明

高安市电影公司

经理：宋惠玲

副经理：陈雪春 付勇军

上高县广播电影电视局

邮编：336400

电话：（0795）2508386

局长：廖文章

党组书记：李福兴

副局长：皮海龙 李忠平 陈卫东 吴秀成

纪检组长：仇 笛

上高人民广播电台

台长：潘向明

上高电视台

台长：陈安希

上高县电影公司

经理：冯水明

宜丰县广播电影电视局

邮编：336300

电话：（0795）2789009

党组书记、局长：彭必然

党组成员：李云军

党组成员、副局长：熊超凡 钟小丽

宜丰人民广播电台

台长：袁晓琴

副台长：周相东

宜丰电视台

台长、支部书记：李 坚

副台长：钟志强 谢晓蓉 林 琳

宜丰广电艺术团

团长：熊卫民

支部书记：张 畏

副团长：吴学俊 刘文辉 彭德兴

宜丰县电影公司

经理：黎　鑫

铜鼓县广播电影电视局

邮编：336200

电话：18770158790

党组书记、局长：张才兵

副局长：王仲昌

党组成员、副局长：蔡　燕

铜鼓人民广播电台

台长：刘　凯

副台长：刘　颖

铜鼓电视台

台长：江　红

副台长：陈　晋　何华新

铜鼓县电影公司

经理：张　义

副经理：万　蕾

万载县广播电影电视局

邮编：336100

电话：（0795）8822433

局长、党组书记：陈建才

党组成员：副局长：李德全　杨异文　郭基平

党组成员：周永春

万载县广播电视台

台长：刘仲高、

万载县电影公司

经理：巢雪勇

副经理：郭建军

上饶市

信州区文化广播电视局

邮编：334000

电话：（0793）8200545

局长：郑维民

副局长：武荣安　柴莉萍　林前飞

纪检组长：周海洪

上饶县文化广播电视局

邮编：334100

电话：（0793）8450333

局长：徐　勇

党委书记：张　冬

副局长：祝光明　林上强　苏江红

党委委员：陈　斌　廖　坚　龚炳洋

工会主席：郑忠亮

上饶县广播电视台

邮编：334100

电话：（0793）8445090

台长：陈　斌

广丰县文化广播电视局

邮编：334600

电话：（0793）2650693

局长：徐贵清

副局长：徐建华　姜建华　刘银生　俞福虎

党委书记：祝有清

党委委员：吴玉华

工会主席：毛春梅

广丰县广播电视台

邮编：334600

电话：（0793）2632076

台长：吕红飞

横峰县广播电视局

邮编：334300

电话：（0793）5782685

局长：吴荣泉

副局长：邱贵红　程保粮

横峰县广播电视台

电视台台长：谢华忠

电台台长：张拥军

玉山县文化广播电视局

邮编：334700

电话：（0793）2552107

局长：韩彬斌
副局长：叶丽平 舒源敏 许晓可
党委书记：曹卫亚
党委副书记：毛传寿 祝鲜清

玉山县广播电台

邮编：334700
电话：（0793）2550562
台长：周 晖
副台长：张 剑 邹秉俊 单泰山
党支部书记：唐群芳

鄱阳县文化广播电影电视局

邮编：333100
电话：（0793）6285233
局长：王益华
党组书记：吴龙先
副局长：应长勇 吴艳萍 刘 安
党组副书记：何益萍
工会主席：王斌惠

鄱阳县电视台

邮编：333100
电话：（0793）6265333
台长：方智裕
书记：黄 山

鄱阳县广播站

邮编：333100
电话：（0793） 6285333
站长：熊 雄

弋阳县文化广播电影电视局

邮编：334400
电话：（0793）5889113
局长：余亮赣
党组成员：涂新华 李晓龙
副局长：郑五三 周志强 葛新华
吴 波 吴礼全
工会主席：余小娟

弋阳县广播电视台

邮编：334400
电话：（0793）5880728
台长：刘 喜
副台长：罗晓明 张燕玲

铅山县文化广播电视局

邮 编：334500
电 话：(0793)5339178
局 长：于晓明
书 记：叶玉才
副局长：张志宇 王新红
人武部长：杨青海

铅山县广播电视台

邮编：334500
电话：（0793）5331085
台长：王新红
支部书记：郑 重

德兴市文化广播电视局

邮编：334200
电话：（0793）7588299
局长：徐润金
副局长：徐和根 张志新 张文新

德兴市广播电视台

邮编：334200
电话：（0793）7588185
台长：张文新
副台长：占寿全 吴亚卿 龚晓罗
总编辑：汪楚光

婺源县广播电影电视局

邮编：333200
电话：（0793）7348386
局长：江进民
书记：王群英
副书记：程阳春
副局长：王 卫

婺源县广播电视台

邮编：333200
电话：（0793）7348386
台长：程阳春

书记：詹卫华
副台长：俞炎保　俞华荣

余干县广播电视局
邮编：335100
电话：（0793）3187335
局长：甘春兰
书记：张宏远
副局长：崔永泉　余　莹
纪委书记：徐少谦

余干县广播电视台
邮编：335100
电话：（0793）3214373
台长：崔永泉
总编：张李红

万年县文化广播电视局
邮编：335500
电话：（0793）3842211
局长：胡宏照
副局长：彭思华　江清华　李云霞　李　巍
纪检组长：胡淑萍

万年县广播电视台
邮编：335500
电话：（0793）3842210
台长：何小久
党支部书记：李平山
总编：蔡　霖
副台长：刘修平　陈仰权

吉安市

吉州区广播电影电视局
邮编：343000
电话：（0796）8931810
局长：郭　瑜
副局长：刘英敏　肖青峰

吉安市吉州区新闻中心
邮编：343000
电话：（0796）8931800　8931801
主任：罗　龙
副主任：彭向农　袁吉华

吉安市吉州区《吉州通讯》编辑部
邮编：343000
电话：（0796）8931818
总编：刘昌明

青原区文化广播电视新闻出版局
邮编：343009
电话：（0796）8203996
局长：张　斌
副局长：胡安平　李　超

吉安市青原区广电新闻中心
邮编：343009
电话：（0796）8203327
主任：胡安平（兼）
副主任：罗小军

井冈山市广播电影电视局
邮编：343603
电话：（0796）6891939
局长：李美兴
副局长：谢龙华　肖义烈　谢志龙
纪检组长：林朝霞

井冈山市广播电视台
邮编：343603
电话：1375551116　13755451115
台长：刘中明
副台长：张行生　谭小丽　李忠德

江西七〇四电视转播台
邮编：343600
电话：（0796）6552689
台长：李厚德
书记：杨　凡
副台长：李学才　李建林

吉安县文化广播电视新闻出版局

邮编：343100
电话：（0796）8442172
局长：李才生
副局长：何秋文　鲁先发　胡文昌
纪检组长：周中道

吉安县广播电视台

邮编：343100
电话：（0796）8443517
台长：王修开
副台长：郭天山　刘　群

泰和县文化广播电视新闻出版局

邮编：343700
电话：（0796）5373512
局长：温双凤
书记：刘时迁
副局长：彭初根　肖卓霖
人武部长：孙爱华

泰和县广播电视台

邮编：343700
电话：（0796）8636512
台长：温双凤
副台长：肖卓霖　张瑞明　李　敏
彭伟群　宋学荣

遂川县文化广播电视新闻出版局

邮编：343900
电话：（0796）6322354
局长：黎育清
书记：钟文开
副局长：李团启　肖云华　叶珊珊
纪检书记：肖桂华
人武部长：段绍书

遂川县广播电视台

邮编：343900
电话：（0796）6326161
台长：余安生
副台长：刘小民　王晓娟　刘新萍

万安县文化广播电视新闻出版局

邮编：343800
电话：（0796）5701065
局长：罗国强
副局长：郭志锋　桂满莲　杨德雨
纪检组长：廖洪达

万安县广播站

邮编：343800
电话：（0796）5701331
站长：李文峰
副站长：周　群

万安县有线电视台

邮编：343800
电话：（0796）5701331
台长：　唐兆金

万安县电视差转台

邮编：343800
电话：0796—5701331
台长：庄刚健

永新县文化广播电视新闻出版局

邮编：343400
电话：（0796）7722939
局长：贺海春
书记：王巨荣
副局长：黄敏华　董海涛　周建忠
纪检组长：吴淑琴

永新县广播电视台

邮编：343400
电话：（0796）7722327
台长：刘仁发
党支部书记：汪洪云
副台长：贺海军　尹小林

安福县文化广播电视新闻出版局

邮编：343200
电话：（0796）7622275
局长：彭丽志
副局长：王兴才　左焕兴　王炳良

安福县广播电视台

邮编：343200

电话：（0796）7620997

台长：刘安锋

副台长：刘新蕾　何晓童　王峙峻

党支部书记：王东风

吉水县文化广播电视新闻出版局

邮编：331600

电话：（0796）3520779

局长：刘春秀

副局长：曾秋星　罗鹏翔　尹长庚

纪检组长：罗国华

吉水县广播站

邮编：331600

电话：（0796）3520779

站长：郭海红

副站长：毛龙辉

吉水县有线电视台

邮编：331600

电话：（0796）3522541

台长：刘麓峰

副台长：周井平　上官志春　李之扬

永丰县文化广播电视新闻出版局

邮编：331500

电话：（0796）2511332

局长：金有亨

副局长：刘金燕　郭传贤　谢晓芳　刘美云

永丰县广播电视台

邮编：331500

电话：（0796）2527601

台长：刘小军

副台长：蔡永红

峡江县文化广播电影电视局

邮编：331409

电话：（0796）3672021

局长：裴　诚

副局长：艾珠华　罗玉兰　王守正

纪检组长：廖庆生

峡江县广播电视台

电话：15179662089

台长：刁凡民

副台长：王晓文

新干县文化广播电影电视局

邮编：331300

电话：（0796）7136899

局长：陈　琳

副局长：王国云　曾文根　邹永红

党委副书记、武装部长：聂小荣

新干县广播电视台

邮编：331300

电话：（0796）7136889

台长：张晓云

党支部书记：段学林

副台长：罗小敏　杨海军　熊志红

抚州市

临川区文化体育广播电视局

邮编：344000

电话：（0794）8469559

局长：范成龙

党委书记：徐希静

副局长：郭曼霞　封志平

工会主席：周志明

临川区广播电视台

邮编：344100

电话：（0794）8430111

台长：邹永辉

副台长：连美昌　万春迎

工会主席：冯　霞

崇仁县文化体育广播电视局

邮编：344200

电话：（0794）6333633

局长：熊兴华
党组书记：杜友根
副局长：周飞汉　缪文辉

崇仁县广播电视台

邮编：344200
电视台电话：（0794）6333978
电台电话：（0794）6322474
电视台台长：章冠华
电台台长：唐国华
电台书记：张付良
电视台副台长：陈剑波　许　红
电台副台长：周剑芳　张慧明　黄素芳

乐安县文化体育广播电视局

邮编：344300
电话：（0794）6591251
局长：游娟娟
党委书记：曾乐平
党委副书记：陈　健
副局长：谢华勇　陈云根　陈小群

乐安县广播电视台

邮编：344300
电话：（0794）6599310
台长：陈立新
党支部书记：胡　江
总编：黄理华
副台长：孙小平　徐淑珍　王丽平

宜黄县文化体育广播电视局

邮编：344000
电话：（0794）7610769
局长：吴　萍
党组书记：朱建宜
党组副书记：吴小刚
副局长：李迅华　吴方灿　蔡　浩
邓　华　熊　健
工会主席：杨　帆

宜黄县广播电视台

邮编：344000
电话：（0794）7611988
台长：熊　健
副台长：陈岳泰　许国辉　邹海燕

南丰县文化体育广播电视局

邮编：344500
电话：（0794）3287549
局长：饶爱华
党组书记：陈飞龙
副局长：黎建华　封　霞

南丰县广播电视台

邮编：344500
电话：（0794）3221826
台长：迟向东
党支部书记：胡义平
副台长：王小平

黎川县文化体育广播电视局

邮编：344600
电话：（0794）7522452
局长：雷旭东
副局长：姚庆云　周兴民　刘志强
工会主席：刘献金

黎川县广播电视台

邮编：344600
电话：（0794）7503955
台长：邓歌东
副台长：尧志强

南城县文化体育广播电视局

邮编：344700
电话：（0794）7254971
局长：刘慧能
党委书记：崔小玲
副局长：冯雨声　徐瑞芬　梅建忠
人武部长：刘泉水
工会主席：周云鹏
党委委员：危建明

南城县广播电视台

邮编：344700

电话：（0794）7211735
台长：崔钟义
副台长：曾新民　陶　松

金溪县文化体育广播电视局

邮编：344800
电话：（0794）5292654
局长：张建龙
党委书记：舒　虎
党委副书记：郑　理
副局长：吴小平　王新景　周爱龙
工委主任：郑　卉

金溪县广播电视台

邮编：344800
电视台电话：（0794）5293002
电台电话：（0794）5292315
电视台台长：江伟华
电视台书记：薛飞云
电台台长：龚亮保
电台书记：唐建荣
电视台副台长：吴国娣　元文红　饶旺盛

广昌县文化体育广播电视局

邮编：344900
电话：（0794）3622538
局长：赖劲松
党委书记：叶　诚
副局长：付松仕　刘　军　江　华
工会主席：邱晓清

广昌县广播电视台

邮编：344900
电话：（0794）3612666
台长：谢昌健
副台长：王卫东　李海平

东乡县文化体育广播电视局

邮编：331800
电话：（0794）4232205
局长：李巧仁
党委书记：徐公正
党委副书记：徐小龙
副局长：于军标　饶中华　乐锦平
工会主席：李春霞

东乡县广播电视台

邮编：331800
电话：（0794）4232249
台长：李伯平
书记：吴　宇
副台长：乐晓辉
工会主席：万　芸

资溪县文化体育广播电视局

邮编：335300
电话：（0794）5792370
局长：章建华
副局长：王荣星　刘永清　徐江英

资溪县广播电视台

邮编：335300
电话：（0794）5790898
台长：肖满霞
副台长：艾木兰　李海防

江西省广播电视网络传输有限公司及各分公司负责人名录

江西省广播电视网络传输有限公司

董事长：吴建钢
总经理：周　安
副总经理：陈之彦　朱少波　游志榕

监事会主席：邓小雯
纪委书记：陈昌大

九江市分公司
总经理：李小林
支部书记、副总经理：段勤刚
副总经理：张启观　黄海庭　程　斌

星子县分公司
总经理：张理农
副总经理：熊艳平　刘云峰

彭泽县分公司
总经理：王明敏
副总经理：姚顺瀚　马成照

九江县分公司
总经理：刘义钦
副总经理：王品瑜　蒋佳华

瑞昌市分公司
总经理：田军强
副总经理：田海青

湖口县分公司
总经理：王　斌
副总经理：乐中平　王力

武宁县分公司
负责人：黄贤钧
副总经理：黄建军　赖庆文

德安县分公司
总经理：杨　明
副总经理：刘贵滨　潘　安

都昌县分公司
总经理：郭汉城
副总经理：伍恒金　冯志斌

庐山分公司
总经理：冯桂生
副总经理：胡志刚

永修县分公司
总经理：胡小平
副总经理：袁　刚

上饶市分公司
总经理：潘　明
副总经理：谭　波　张　晖　赵立群

万年县分公司
总经理：黄怀林
副总经理：吴发明（常务）　陈志新

德兴市分公司
总经理：刘　华
副总经理：黄长松（常务）　周梦贤

铅山县分公司
总经理：梁照辉
副总经理：林双前　陈迎任

鄱阳县分公司
总经理：尚建华

横峰县分公司
总经理：吴　忠
副总经理：李富国　黄自新

余干县分公司
总经理：余康生
副总经理：芦　苇　孙　玮

婺源县分公司
总经理：董　群
副总经理：汪向华　汪伏虎

上饶县分公司
总经理：乌卫平
副总经理：周炳明　杨维满

弋阳县分公司
总经理：周惠林
副总经理：舒昌彪　方弋军

抚州市分公司
总经理：李志民
副总经理：黄泽民　周宾荣　邓　艺

南丰县分公司
总经理：王　矛
副总经理：万智俊

南城县分公司
总经理：程小春

副总经理：黄曙琴　崔云如

广昌县分公司

总经理：黄继玉

副总经理：袁小明　杨　勇

宜黄县分公司

总经理：吴诗华

副总经理：邱金龙　邹志辉

东乡县分公司

总经理：罗云龙

副总经理：陈勇华　张志勇

乐安县分公司

总经理：傅德勇

副总经理：董　辉　程晓英

黎川县分公司

总经理：武伦辉

副总经理：过子辉　张小锋

资溪县分公司

总经理：林文辉

副总经理：胡莉涓

临川区分公司

副总经理：胡应龙　张武龙　李宝香

金溪县分公司

总经理：饶志强

副总经理：饶德明　曹高峰

崇仁县分公司

总经理：罗振刚

副总经理：许伟福

宜春市分公司

总经理：李锦胜

副总经理：郭林祥（常务）　章晓飞　熊丽蒙

丰城市分公司

总经理：胡德凡

副总经理：袁新雄　龚建平

上高县分公司

总经理：刘发金

副总经理：陈　萍　易小明

铜鼓县分公司

总经理：邵　辉

副总经理：兰新伟　朱文彬

万载县分公司

总经理：郭林祥

副总经理：宋红艳

宜丰县分公司

总经理：陈建平

副总经理：刘　赣　胡恒如

靖安县分公司

总经理：赖学文

副总经理：彭声洪　董前进

奉新县分公司

总经理：甘登东

副总经理：贺　文　张相金

高安市分公司

总经理：胡祖华

副总经理：李绍根

樟树市分公司

总经理：孙文达

副总经理：黎木生　黄　威

袁州区分公司

总经理：欧阳普武

副总经理：陈绍云　钱昌盛

吉安市分公司

总经理：彭少波

副总经理：康征贤　吴卫东

峡江县分公司

总经理：龙以江

副总经理：钟小惠　张桦

井冈山市分公司

总经理：戴国富

副总经理：石原勇　刘　辉　胡荣南

安福县分公司

总经理：王丽华

吉水县分公司

总经理：郭烈涌

副总经理：谢景荣　陈忠龙

遂川县分公司

总经理：梁礼和

万安县分公司

总经理：肖尔文

副总经理：彭卫东　刘莉萍

永丰县分公司

总经理：符　斌

副总经理：邹国华　聂锦泉

泰和县分公司

总经理：王　涛

副总经理：梁文明

新干县分公司

总经理：肖文武

副总经理：黄小平　姚桂飞

永新县分公司

总经理：刘桂华

副总经理：周小铨

吉安县分公司

总经理：刘邦治

青原区分公司

总经理：李　峻

副总经理：左红卫　贺家毅

赣州市分公司

总经理：温永波

副总经理：黄　刚（常务）刘嘉明
　　　　　邝先平　陈顺平

大余县分公司

总经理：王召文

副总经理：李贤林　吕洁萍

上犹县分公司

总经理：冯挺福

副总经理：赖卓群　聂卫东

瑞金市分公司

总经理：杨小春

副总经理：吴中久　钟绍江

兴国县分公司

总经理：黄开兴

副总经理：谢伟东　胡海涛

定南县分公司

总经理：郭树贤

副总经理：黄春先　赖卓宏

石城县分公司

总经理：赖德阳

副总经理：温志华　陈　堃

安远县分公司

总经理：汪日华

副总经理：孙　飞　谢志强

于都县分公司

总经理：严文忠

副总经理：张红平　杨益民

赣县分公司

总经理：蓝志轩

副总经理：陈晓斌　黄瑞洪

龙南县分公司

总经理：廖京振

副总经理：陈少华　刘碧清

全南县分公司

总经理：袁长生

副总经理：刘禹军

寻乌县分公司

总经理：廖忠明

副总经理：温玉森　刘廷芳

崇义县分公司

总经理：肖秋生

副总经理：张忠平　刘道荣

宁都县分公司

总经理：巫显庭

会昌县分公司

总经理：何世平

副总经理：李明章　余　珍

信丰县分公司

总经理：李永生

副总经理：卢成旺

南康市分公司

总经理：潘忠明

副总经理：伍秋平 廖美华

景德镇市分公司

总经理：叶梅英

副总经理：熊小平 徐春华

乐平市分公司

总经理：李立新

副总经理：帅 霞 汪 洋

浮梁县分公司

总经理：张清祥

副总经理：方学福 胡迎春

萍乡市分公司

总经理：傅新伟

副总经理：彭雪幸 邱永丹

莲花县分公司

总经理：尹小斌

副总经理：吴军华 严新武

湘东区分公司

总经理：谭成林

副总经理：颜君华 黄 萍

上栗县分公司

总经理：刘梅秀

芦溪县分公司

副总经理：聂文剑（常务，主持工作）
彭 安

新余市分公司

总经理：熊 安

副总经理：袁卫斌 胡彦琪 裴自毅

渝水区分公司

总经理：廖火生

副总经理：周红文 严新华

分宜县分公司

总经理：郭军生

副总经理：袁志刚（常务） 黄道真

鹰潭市分公司

总经理：徐群胜

副总经理： 徐文生

贵溪市分公司

总经理：张贵师

副总经理：朱永芬 徐建洪

余江县分公司

副总经理：徐文生（主持工作）
陆国际 万 荣

安义县分公司

总经理：刘 珠

副总经理：肖安龙 熊小义 黄 晖

广播电视节目制作经营机构名录

江西电视台电视剧制作中心

法人代表：杨玲玲

地址：南昌市洪都中大道207号

联系电话：（0791）88339689

许可证号：甲第019号

江西和平影视传播有限公司

法人代表：袁悟正

地址：南昌市北京西路184号核工商务楼206室

联系电话:(0791)86350245 13697099002

许可证号：赣字第006号

江西省东方文化传媒有限公司

法人代表：涂馨之

地址:南昌市北京西路188号航空大厦9

楼 902 房
联系电话:(0791)82159688 13807003377
许可证号：赣字第 015 号

江西花季文化艺术有限公司
法人代表：钱如鹤
地址：南昌市八一大道阳明景城 10 栋 1 单元 501 号
联系电话:(0791)86293191 13907916260
许可证号：赣字第 018 号

江西金阳影视制作中心有限公司
法人代表：李俊宝
地址：南昌市子固路 136 号
联系电话:(0791)86702188 13970972607
许可证号：赣字第 019 号

江西博泓影视文化传播有限公司
法人代表：许建军
地址：南昌市青云谱井冈山大道 247 号
联系电话:(0791)88527337 13803514658
许可证号：赣字第 020 号

巴士在线传媒有限公司
法人代表：王献蜀
地址：南昌市高新开发区火炬大街 201 号
联系电话:(0791)88112528 13607918711
许可证号：赣字第 030 号

九江市影视艺术中心
法人代表：陈 谦
地址：九江市莲花池 76 号
联系电话：(0792)8225690 13807028845
许可证号：赣字第 031 号

江西大江传媒网络有限责任公司
法人代表：赵抗援
地址：南昌市阳明路 190 号
联系电话：(0791) 86849848
许可证号：赣字第 032 号

江西艺锦传媒有限公司
法人代表：虞桂芳
地址：江西省南昌洪都中大道 207 号瑞迪大厦 408 室
联系电话:(0791)83951189 13807090220 13870671911
许可证号：赣字第 035 号

江西泰豪动漫有限公司
法人代表：李 华
地址：南昌市高新区火炬大街 807 号
联系电话:(0791)88194496 13807034466
许可证号：赣字第 036 号

江西电视发展总公司
法人代表：杨玲玲
地址：南昌市洪都中大道 207 号
联系电话:(0791)8333551 13907913990
许可证号：赣字第 037 号

江西泛美动画影视传媒有限公司
法人代表：杨孜
地址：南昌市二七北路 742 号南昌市红谷滩新区红角洲学府大道 899 号
联系电话:(0791)83969977 13755666837
许可证号：赣字第 039 号

江西省网络传播有限责任公司
法人代表：邱尚仁
地址：南昌市抚河北路 297 号银源大厦 12 楼
联系电话:(0791)86730686 13803541019 13607917330
许可证号：赣字第 040 号

江西省景德镇市竟成影视剧制作中心
法人代表：周元强
地址：景德镇市里村后街
联系电话：(0798)8489434 13979888702
许可证号：赣字第 041 号

江西红色大篷车影视传播有限公司
法人代表：余冰冰
地址：南昌市省府北二路 87 号
联系电话:(0791)88302909 13006200299 13870619871

许可证号：赣字第042号

江西省广播电视“今视网”网站

法人代表：钟定娴

地址：南昌市洪都中大道207号

联系电话：(0791)88324119 13807912628

许可证号：赣字第043号

江西华闻影视制作有限公司

法人代表：何春明

地址：南昌市学院路1587号

联系电话：(0791)88312368 13601211021

许可证号：赣字第054号

九江市大博精文化传媒有限公司

法人代表：刘善主

地址：九江市十里大道59号2楼204室

联系电话：(0792)8225560 13970258906

许可证号：赣字第049号

南昌市电影电视创作研究所

法人代表：邓必刚

地址：南昌市抚河北路73号

联系电话：(0791)86615990 13807062021

许可证号：赣字第050号

江西省金视影业有限公司

法人代表：徐 波

地址：南昌市洪城路6号国贸广场A区1901室

联系电话：(0791)86496209 13970025677

许可证号：赣字第048号

江西省广播电影电视实业总公司

法人代表：李炳春

地址：南昌市洪都中大道207号

联系电话：(0791)88301889

许可证号：赣字第055号

江西广播电影电视局发展中心

法人代表：李炳春

地址：南昌市洪都中大道207号

联系电话：(0791)8301889

许可证号：赣字第056号

江西金臻影视制作有限公司

法人代表：游晓华

地址：南昌市西湖区洛阳东路69号1栋2单元404室

联系电话：13687088938

许可证号：赣字第057号

南昌广电影视文化发展有限公司

法人代表：刘赋

地址：南昌红谷滩绿茵路1号广电中心

联系电话：(0791)83988197 13807087211

许可证号：赣字第058号

江西电视剧制作有限公司

法人代表：辜建刚

地址：南昌市高新区京东大道698号浙大科技园A区8层

联系电话：(0791)88302766 13870878617

许可证号：赣字第059号

赣州华亿影视动漫发展有限公司

法人代表：李华义

地址：赣州市章贡区长征大道6号金鹏雅典园三楼

联系电话：(0797)8297777 13766368888

许可证号：赣字第060号

江西华广电影视科技有限公司

法人代表：邹季孙

地址：南昌洪都中大道187号-30号

联系电话：(0791)88335805 13803539619

许可证号：赣字第061号

江西巨星影业有限公司

法人代表：江强华

地址：南昌市红谷滩新区绿荫路669号1212室

联系电话：(0791)83339339 13807098170

许可证号：赣字第062号

江西笛卡传媒有限公司

法人代表：单勇

地址：南昌市高新开发区高新大道（泰

豪工业园 A 座四楼）
联系电话：15070096905
许可证号：赣字第 064 号

江西交广文化传播有限公司
法人代表：龚邦国
地址：南昌市洪都中大道 207 号瑞迪大厦
联系电话：（0791）88328568
许可证号：赣字第 065 号

江西泓雅数字传媒有限公司
法人代表：谢毅
地址：江西省动漫产业基地（江西省上栗县彭高镇）
联系电话：18651851835
许可证号：赣字第 066 号

江西金帛影业有限公司
法人代表：王玉锦
地址：江西电视台办公楼 B 栋 2 层 209 室
联系电话：13807090220
许可证号：赣字第 067 号

鹰潭龙虎山水影视制作传播有限公司
法人代表：于立清
地址：江西省鹰潭市南站路 46 号
联系电话：13907019910　18607010215
许可证号：赣字第 068 号

南昌翔雁影视文化传播有限公司
法人代表：刘小军
地址：南昌市青山湖区塘山镇涂黄村工业园
联系电话：（0791）88337771
许可证号：赣字第 044 号

江西省经典文化传媒有限公司
法人代表：李英英
地址：南昌市三纬路 85 号
联系电话：(0791)86822053 13870900312
许可证号：赣字第 033 号

萍乡市凯天网络有限责任公司
法人代表：张　凯
地址：萍乡市安源区井冈山大道东方巴黎 D–2 栋
联系电话：(0799)6334666 13907995759
许可证号：赣字第 069 号

江西港视文化传播有限公司
法人代表：张　云
地址：南昌市红谷中大道红谷经典办公楼 1620 室
联系电话：13707088111
许可证号：赣字第 070 号

南昌赣风堂文化开发有限公司
法人代表：胡海珍
地址：南昌市东湖区福州路 98 号金昌利大厦 B 座 1102 室
联系电话：（0791）86391622
许可证号：赣字第 071 号

中广传播江西有限公司
法人代表：孙朝晖
地址：南昌市高新区京东大道 698 号创业大厦 A 区 406 室
联系电话：(010)83915986 13870911482
许可证号：赣字第 072 号

江西瀚皇典影视文化传媒有限公司
法人代表：王一茹
地址：江西省新余市劳动路国贸新天地 6 楼
联系电话：13177532599 15979899199
许可证号：赣字第 073 号

江西喜洋洋文化传媒有限公司
法人代表：张　洁
地址：江西省鹰潭市龙虎山风景区排衙石大道 1 号
联系电话：(0791)86350240 13697099002
许可证号：赣字第 074 号

上饶市司艺文化传媒有限公司
法人代表：徐知音

地址：上饶市信州区滨江东路 8 号 21–2 幢 1–502 室
联系电话：(0793)8169665 15270506888
许可证号：赣字第 075 号

江西红韵文化影视传媒有限公司

法人代表：李大成
地址：南昌市广场南路 205 号恒茂国际华城 16 栋 B 座 2010 室
联系电话：13803538286
许可证号：赣字第 076 号

新媒体机构名录

获《信息网络传播视听节目许可证》网站

网站名称	开办单位
大江网	江西大江传媒网络有限责任公司
今视网	江西省广播电视“今视网”网站
景视网	景德镇市广播电视台
江西新闻网	江西省网络传播有限责任公司
巴士在线	巴士在线传媒有限公司
时空赣州网	赣州市电视台
江西文明网	江西省文明网络传播有限责任公司
南昌新闻网	南昌市广播电影电视局
赣州广播网	赣州市人民广播电台
新余电视台	新余市电视台
江西电视台官方网站	江西电视台
江西吉安网	吉安市电视台
江西广播网	江西人民广播电台
上饶电视台	上饶市电视台
萍乡传媒网	萍乡市电视台
宜春传媒网	宜春市广播电视台

手持电视

名称	开办单位
江西手机电视	江西省广播电视“今视网”网站

移动电视

名称	开办单位
江西移动数字电视	江西传媒移动电视有限公司

人 物

省广电局新任负责人简介

王朝新 江西省广播电影电视局党委委员、副局长。1961年9月出生。山东烟台人。中共党员。在职硕士研究生学历，管理学博士学位。1980年9月起在江西冶金学院冶金系有色金属冶炼专业学习；1984年8月起历任江西省南昌硬质合金厂干部、团委副书记，江西冶金技校团委副书记、党办副主任、主任，江西省新余市中外合资新丰钢琴有限公司筹建处主任；1990年5月起历任江西新余高新工程机械集团公司副总经理，新余市机械电子局副局长，新余市经委副主任、党组副书记；1993年7月起历任新余市轻工业局局长、党组书记兼手工业联社主任，新余市渝水区副书记、区长，新余市渝水区委书记、区人大常委会主任；2004年3月起任萍乡市人民政府副市长；2011年8月起任现职。

龙和南 江西省广播电影电视局党委委员、江西人民广播电台台长。1966年3月出生。江西遂川人。中共党员。高级记者。1990年毕业于吉林大学中文系，曾任《江南都市报》副总编辑，江西日报社江南信息广告中心主任、广告中心主任、大江网站主任、大江传媒网络有限责任公司总经理。曾获“全省报业广告先进个人”、“全国报业先进经营管理工作者”、“中国当代杰出广告人”荣誉称号；2006年、2007年采制的网络专题分获中国新闻奖二、三等奖；2009年获江西省“百千万人才”称号、“全国优秀新闻工作者”称号，网络新闻专题《生态文明舞动鄱阳湖》获中国新闻奖一等奖；2010年荣获全国宣传文化系统“‘四个一批’人才”称号。2011年8月起任现职。

设区市广电局、台负责人简介（续）

南昌市

涂宗勤 女，南昌市广播电影电视局党委书记、局长。1957年1月出生。江西黎川人。中共党员。大学本科学历。1989年被市直机关评为优秀党员；1991年、1992年、1996年、1997年被市委宣传部评为先进工作者；1999年被评为南昌市劳模，2011年被评为江西省劳模，获全国“五一”劳动奖章。2011年11月任现职。

九 江 市

黎小红 女，九江市广播电影电视局党委委员、副局长。1966年7月出生。江西九江人。中共党员。大学学历。1986年7月江西商校财会专业毕业，10月分配至共青团九江市委工作；1993年11月起历任共青团九江市委青工青农部副部长、部长；1996年12月调至中共九江市委宣传部工作，历任文教科副科长、党教科科长；2005年3月任九江市文联副主席；2011年10月任现职。

萍 乡 市

陈建国 萍乡市文化广电新闻出版局局长、党委副书记。1956年1月出生。江西萍乡人。中共党员。大专学历。1980年10月宜春农校毕业，分配至萍乡市林科所工作；1984年3月起历任萍乡市林业局办公室副主任、办公室主任、局长助理兼办公室主任；1989年12月起历任萍乡市芦溪区政府副区长、区委副书记；1996年4月起历任萍乡市体委党组副书记、副主任；2002年7月起任萍乡市体育局局长、党组书记 ；2011年7月起任现职。曾获“全国环保宣传工作先进个人”、“全国群众体育先进个人”荣誉称号。

刘先跃 萍乡市文化广电新闻出版局党委书记。1954年4月出生。江西萍乡人。中共党员。大专学历。1972年12月起在福州军区某部服役，曾任副连参谋、正连；1985年10月起历任萍乡市纪委秘书，市委办公室副科级秘书、科长；1991年7月起任萍乡市委办公室副主任；1992年9月起历任上栗区委副书记、政法委书记；1996年3月起任湘东区委副书记；1997年4月起任湘东区委副书记、区长 ；1999年9月起任萍乡市纪委副书记；2001年8月起任萍乡市物价局局长、党组书记；2002年12月起任萍乡市人防办主任、党组书记；2007年2月起免职待安排；2009年6月起任萍乡市文化局、新闻出版局党组副书记，市新闻出版局局长、市文化局副局长；2010年3月起任萍乡市文广新局党委副书记、副局长；2011年6月起任现职。

肖德军 萍乡市文化广电新闻出版局党委委员、副局长。1961年7月出生。江西萍乡人。中共党员。大专学历。1981年7月宜春师专毕业，分配至上栗县长平中学任教；1985年1月起任上栗县教育局股长、副局长；1990年6月起历任上栗县委宣传部副部长、上栗县委组织部副部长、上栗县赤山镇党委书记、上栗县委办主任、上栗中学校长；2001年9月起任上栗县政府党组成员、县长助理；2011年7月起任现职。

张建萍 萍乡市文化广电新闻出版局党委委员、纪委书记。1962年8月出生。江西萍乡人。中共党员。大学学历。1981年7月萍乡师范学校毕业，分配至上栗县三田中学任教；1988年7月起历任萍乡市教育局干事、副主任科员、副科长、科长；2001年1月起历任萍乡市纪委正科级纪检员、服务中心主任、纪检监察二室副主任、纠风室副主任；2007年8月起任萍乡市体育局纪检组长；2011年4月起任现职。

李小虎 萍乡市文化广电新闻出版局党委委员、副局长。1968年5月出生。江西萍乡人。中共党员。大专学历。1989年起任萍乡市文化局办公室文书；1992年起任萍乡市文艺学校办公室主任 ；1994年起任萍乡电视台办公室副主任、萍乡市广电局监察室副主任；1997年起历任萍乡市广电局机关党总支专职副书记、机关党委专职副书记、人事科长、党办主任、社管科长；2009年起任现职。

新余市

彭建亚 新余市广播电影电视局党组副书记、局长。1960年5月出生。江西新余人。中共党员。大学本科学历。1978年10月起部队服役；1988年7月起在新余市外事办工作，历任侨务科副科长、科长，党组成员、市侨联主席；2000年12月起任新余市水电局党组成员、副局长；2002年4月起任分宜县委常委、常务副县长；2002年12月起任新余市渝水区委副书记、区纪检书记；2006年11月起任新余市发改委党组成员、副主任；2007年4月起任新余市旅游局党组书记、局长；2011年9月任现职。第六届中国侨联委员、第四届江西省侨联常委、第七届江西省政协委员。

宜春市

孙卫东 宜春市广播电视台党组成员、副台长（副县级）。1960年5月出生。江西宜春人。大学学历。中共党员。高级记者。1976年下放，1978年参军，1984年分配到宜春市人民检察院工作。1985年9月，应聘考入宜春电视台，历任新闻、专题部负责人，副主任，主任，台长助理等职。主持创办《宜春新闻》等多个电视栏目，采编制作了一批有影响的电视新闻、专题节目。有近40件作品获省级或国家级奖项。发表论文10余篇，出版专著《纪录宜春》。2010年4月任宜春市广播电视台台长助理。2011年11月任现职。

吉安市

彭培述 吉安市文化广播电影电视局局长兼吉安电视台台长。1965年10月出生。江西吉安人。中共党员。硕士研究生学历。高级编辑。2003年1月任吉安市广电局党委委员、吉安电视台台长，2011年12月任现职。（详见《江西广播电视年鉴》2009年版）

肖 斌 吉安市文化广播电影电视局副局长。1956年7月出生。江西泰和人。民进党员。大学学历。一级演员。1980年江西师范学院井冈山分院毕业分配在江西省文艺学校吉安分校任教，1981进入吉安市歌舞团工作，1989年任吉安市歌舞团副团长，1992任吉安市歌舞团团长，1996年至2004年任吉安市文化局副局长，2006年任政协吉安市第二届委员会副主席，2007年任政协江西省第十届委员会常务委员，2011年12月任现职。

欧阳亮 吉安市文化广播电影电视局副局长兼吉安市采茶歌舞剧院院长。1963年10月出生。江西吉安人。中共党员。研究生学历。二级演员。1994年毕业于江西师范大学，2000年上海华东师大研究生结业。1981年至1984年在吉安市采茶剧团工作；1990年起在吉安市文艺学校工作，历任副校长、党支部书记；1995年担任井冈山学院附属艺术学校校长；2001年至2005年担任吉安市文联副主席；2011年12月起任现职。

抚州市

吴乐明 抚州市广播电影电视局副局长、抚州电视台台长。1961年4月出生。江西崇仁人。中共党员。大学本科学历。主任记者。2007年10月起任抚州电视台台长，2011年7月起任现职。抚州市新闻协会副主席、广电协会副主席、影视家协会主席，江西省影视家协会会员。（详见《江西广播电视年鉴》2008年版）

2011 年全国优秀新闻工作者

徐一雳 女。1972 年 11 月出生。浙江永康人。中共党员。大学本科学历。主任编辑。1996 年进入江西电视台工作，现任江西卫视社教部主任和《传奇故事》、《经典传奇》、《金牌调解》栏目总制片人。该同志始终把学习党的方针政策、观察社会、深入生活、贴近群众作为节目创新的源泉；秉持强烈的敬业精神，全身心扑在工作上；注重团队建设，在学习中提升人才，在实战中历练人才，在合作中打造团队。她带领的社教部培养出《传奇故事》、《经典传奇》、《金牌调解》三支优秀团队，为江西卫视社教节目不断开拓创新，打造电视品牌栏目，提升江西卫视的影响力，创造了突出业绩，做出了突出贡献。其中,《传奇故事》荣获第十六届中国新闻奖名专栏奖;《经典传奇》荣获国家广电总局电视艺术交流学会颁发的“2010 年年度创新节目奖”;《金牌调解》自创办以来，获广泛好评。2008 年至 2010 年，连续三年被评为江西电视台优秀共产党员。2011 年被评为全国优秀新闻工作者。

全省广电系统获得正高级专业技术职务任职资格人员简介（续）

省广电局直属单位

徐天源 1956 年 6 月出生。江西余干人。中共党员。大学本科学历。2011 年 12 月获教授级高级工程师任职资格。1972 年 3 月参加工作，1992 年进入江西省广播电视厅工作，现任江西省广电局节目传输中心主任。2005 年获国家广电总局科技创新三等奖；2006 年获江西省科技进步三等奖；2007 年获中国新闻技术工作者联合会第三届“王选新闻科学技术奖”三等奖；2008 年获国家广电总局科技创新一等奖。（详见《江西广播电视年鉴》2003 年版）

吴建钢 1958 年 12 月出生。浙江松阳人。中共党员。大学本科学历。2011 年 12 月获教授级高级工程师任职资格。1982 年 7 月毕业于江西大学物理系无线电专业，现任省广电局网络中心主任兼省广电网络公司党委书记、董事长。中国广播电视协会有线电视工作委员会常务理事、中国新闻技术工作者联合会理事、中国电子学会高级会员、中国电子学会广播电视技术分会委员、中国电子学会有线电视综合信息分会委员、国家广电总局科技委监测专业委员会委员、全国广播影视标准化技术委员会无线传输与覆盖分技术委员会委员、江西省广电局科技委副主任委员。（详见《江西广播电视年鉴》2006年版）

省电台

罗春瑜 1966年3月出生。江西吉安人。中共党员。大学本科学历。2011年10月获高级编辑任职资格。1988年7月大学毕业后分配至江西人民广播电台从事新闻采编工作，现任江西人民广播电台综合新闻频率副总监兼新闻中心主任。从业24年来，多次参加全国“两会”、省“两会”、广州亚运会、全国城运会等重大采访报道，组织策划“中博会”、上海世博会、泛珠三角经贸大会、纪念红军长征胜利70周年特别报道等多项有重大影响的活动。编辑采写的新闻作品中有50余篇获全国、省级新闻奖。多篇作品被收录于全国公开发行的专业书籍和音像资料带中。（详见《江西广播电视年鉴》2002年版）

蓝 蔚 女，1970年2月出生。吉林洮南人。中共党员。大学本科学历。2011年10月获高级编辑任职资格。1992年7月起在江西人民广播电台新闻部从事编辑记者工作；2006年起任江西人民广播电台信息交通频率新闻资讯部主任。（详见《江西广播电视年鉴》2007年版）

王 琍 女，1973年6月出生。江西九江人。中共党员。大学本科学历。2011年10月获高级编辑任职资格。1995年8月进入江西人民广播电台从事专题、新闻采编和宣传管理工作。2008年度、2009年度被评为江西人民广播电台先进工作者。（详见《江西广播电视年鉴》2006年版）

省电视台

许运交 1964年3月出生。江西瑞金人。中共党员。大学学历。2011年10月获高级编辑任职资格。1985年参加工作，先后任江西电视台宣传办公室节目组和总编室节目组编辑、专题部记者，青少部副主任、主任，新闻部主任，台长助理兼新闻部主任，台长助理兼都市频道副总监、总监，副台长。2009年入选江西省新世纪百千万人才工程。（详见《江西广播电视年鉴》2009年版）

高兴全 1968年2月出生。江西九江人。中共党员。大学学历。2011年10月获高级记者任职资格。1990年毕业于江西大学新闻系；1998年10月任江西电视台青少部副主任，主持工作；2001年6月任青少部主任；2005年11月创办江西电视台少儿频道并负责频道工作；2007年9月起任江西电视台影视频道副总监。主要作品有30集系列片《92′昌九工业走廊》、《赣港中学生军事夏令营纪行》、《水库边的童年》等。1994年获省委、省政府“面向全国、宣传江西”突出贡献奖表彰；2004年获团中央、全国少工委“一级星星火炬奖章”。九届全国青联委员，江西省青联常委、副秘书长。

南昌市

尹小玫 女，1956年1月出生。江西南昌人。大学本科学历。2011年10月获高级记者任职资格。1979年5月起在南昌人民广播电台工作，参与并执笔创作的作品《京九千里行》、《珠帘暮卷西山雨》、《大法官梅汝璈》等50多篇作品在全省、全国获奖。

范 弘 1966年5月出生。大学本科学历。中共党员。2011年11月获高级记者任职资格。1987年进入南昌人民广播电台工作,采写的消息、录音报道等作品多次在全国、省、市获奖。先后被评为南昌市优秀新闻工作者、南昌市宣传思想工作先进个人、南昌市创建卫生城市先进个人等。2011年担任责任编辑的广播剧《大法官梅汝璈》获中国广播影视大奖。

九江市

谢 华 1966年6月出生。江西九江人。大学本科学历。2011年10月获高级记者任职资格。1985年9月至1989年7月在江西大学新闻系学习,1989年9月起在九江电视台工作。消息《庐山动物园室外成功放养孔雀》获中国电视奖和江西优秀广播电视奖一等奖;纪录片《决战九江》获中国电视金鹰奖;专题片《正义许俊》获江西新闻奖一等奖;纪录片《心网》获江西新闻奖二等奖。论文《媒体的“法”力》、《娱乐节目雷同现象的解决办法》等在《声屏世界》杂志发表。政协九江市第十二届、第十三届、第十四届委员会常委。(详见《江西广播电视年鉴》2002年版)

罗 琳 女,1967年10月出生。江西泰和人。大学学历。2011年10月获高级编辑任职资格。1989年毕业于江西大学新闻系,现任九江电视台台长助理。论文《创制本地化的特色栏目》、《贴着地皮办电视》、《以本土化策略突出重围》发表于《声屏世界》、《电视研究》等专业刊物,主要作品《钱钱钱 不要让民营船企止步融资难》、《王一民 一个老百姓的生活》、《石刻庐山》曾获中国广播电视奖和江西广播电视奖。2010年出版专集《新闻深度》。(详见《江西广播电视年鉴》2004年版)

新余市

熊 芳 女,1963年10月出生。江西南昌人。大学本科学历。2011年10月获高级编辑任职资格。1983年进入新余人民广播电台从事记者编辑工作。有110余篇稿件在中央台、省台播出,31件作品在江西广播电视奖评选中分获一、二、三等奖,主要论文有《如何维护和提高市级广播电台公信力》等。承担和参与了宣传党的十七大、“科学发展抓项目”、抗灾救灾等大型采访活动。多次受到新余市委宣传部、市广电局的表彰和奖励。(详见《江西广播电视年鉴》2006年版)

赣州市

黎庆琮 1970年6月出生。江西南康人。中共党员。大学本科学历。2011年10月获高级记者任职资格。1992年毕业于江西师范大学教育传播系,1995年起在赣州电视台工作,2001年起任赣州电视台台长助理(正科),2002年起任赣州电视台副台长。《与互联网合作:城市台发展的必由之路》、《机制创新提升城市台经营水平》、《彰显媒体社会责任》等多篇论文在国家级、省级专业刊物发表,《用“爱心”提升“民生”品牌》在2009年度江西广播电视奖评选中荣获二等奖。赣南师范学院兼职教授、赣州市十大杰出青年、江西省百千万人才。

宜春市

孙卫东 1960年5月出生。江西宜春人。中共党员。大学学历。2011年10月获高级记者任职资格。2011年11月任宜春市广播电视台党组成员、副台长。(详见本卷第244页)

陈菊萍 女，1963年9月出生。江西樟树人。大学本科学历。2011年10月获高级编辑任职资格。1985年起从事报纸编辑工作，1997年12月任宜春广播电视报副主编，2005年12月破格晋升为主任编辑，2008年10月主持报社全面工作，2010年4月起任宜春市广播电视台网络中心主任，筹建宜春传媒网。2010年12月，宜春传媒网开通，全面负责报纸和网站两家媒体日常运营工作。独立策划40多个精品栏目，采写的新闻稿件有40多篇在江西省广播电视奖和全国城市广电报优稿评选中获奖，在国家级、省级学术刊物上发表论文12篇。（详见《江西广播电视年鉴》2006年版）

抚州市

饶文章 1956年1月出生。江西抚州人。大学本科学历。2011年10月获高级记者任职资格。2004年4月获江西省广电局先进个人。作品《山窝窝里飞出金凤凰》、《十万农民铸造物流航母》分获江西广播电视奖一、二等奖。多篇论文发表在《声屏世界》杂志上。现任抚州电视台副台长。

全省广电系统获得副高级专业技术职务任职资格人员简介（续）

省广电局直属单位

熊方扬 1964年2月出生。江西南昌人。大学本科学历。2011年11月获高级工程师任职资格。1983年参加工作，先后任省广电局动力保障中心机修科副科长，电力科副科长、科长。先后主持和参与电力科三路电源技术改造、中央空调以及楼宇控制系统技术改造。2006年获全省广播电视技术维护先进个人。多次被评为省广电局先进工作者。

姚昕凡 1974年6月出生。江西南昌人。中共预备党员。在职研究生学历。2011年11月获高级讲师任职资格。1996年8月南昌水利水电高等专科学校毕业分配到江西广播电视学校至今。2005年被中国传媒大学聘为成人高等教育兼职教师。曾被评为省广电局先进工作者、省优秀指导教师、省优秀班主任等。发表论文《校园网络安全的分析对策与探讨》、《基于扩展的构件依赖关系图聚类的体系结构重构策略研究》、《浅谈MPLS构建VPN网络的运用》等。

朱　胜 1975年9月出生。江西南昌人。中共党员。大学本科学历。2011年11月获高级工程师任职资格。1997年9月参加工作，曾任江西广播电视卫星地球站维护工程师，现任省广电局节目传输中心19楼中心机房副主任。多次评为全省广播电视技术维护先进个人。参与完成的卫星地球站编码器改造工程获2006年度江西省广播电视科技创新奖三等奖；参与地球站上行系统数字化改造项目获2008年度江西省广播电视局科技创新奖二等奖；参与完成的卫星地球站广播通道数字化改造工程项目获2009年度江西省广电局科技创新三等奖。代表作有《冰雪灾害等对地球站安全播出的影响与对策》、《江西卫星地球站监测及网管系统的建设和改造》、《CMMB卫星信号接收故障分析》等。

雷茶珍 女，1976年10月出生。江西南昌人。中共党员。大学本科学历，会计硕士学位。2011年12月获高级会计师任职资格。1995年毕业分配到江西有线电视台影视频道工作，2001年4月进入江西省广电局财务管理中心，被委派至江西电视台工作至今。主要论文有《部门决算与部门预算对比性缺失的原因分析及对策》和《关于广电行业公司内部控制的调查》。2005年被评为省广电局先进工作者，2006～2007年连续两年考核优秀。企业法律顾问、中国注册师非执业会员。

曹 蓉 女，1979年4月出生。江西宜春人。在职研究生学历。2011年11月获高级工程师任职资格。2000年参加工作，现在省广电局动力保障中心技术科工作。2007年7月获南昌大学电气工程及其自动化专业硕士学位。2009年分获"江西省广播电视技术能手（供、配电）"、"全国广播电视技术能手（供、配电）"称号。

省电台

夏晓辉 1978年4月出生。江西南昌人。大学本科学历。2011年11月获高级工程师任职资格。1998年8月毕业分配到江西信息广播电台工作，2000年10月调入江西人民广播电台工作至今。广播覆盖效果远程监测记录系统获国家广电总局2005年度科技创新奖三等奖，2006年获"全国广播电视技术能手"称号。主要论文有《广播覆盖效果远程监测记录系统》、《江西电台数字化播控系统》等。

省电视台

曾 军 1965年10月出生。江西南昌人。中共党员。大学本科学历。2011年10月获主任记者任职资格。1983年至1986年服兵役，1986年起在江西电视台新闻中心工作，现任新闻中心联播部摄像组组长。《地震灾区第一夜》获第十六届中国新闻奖电视消息类一等奖；《巍巍井冈情意浓——胡锦涛总书记同井冈山革命老区人民共迎新春》获第十七届江西新闻奖一等奖。

李建国 1965年12月出生。江西九江人。中共党员。大学本科学历，美国纽约理工学院工商管理硕士。2011年10月获主任记者任职资格。1988年参加工作，历任江西电视台记者、都市频道总监，现任江西电视台副台长、卫视频道总监。曾获"江西省有突出贡献人才"、"江西省宣传文化系统优秀拔尖人才"、"江西省宣传文化系统十大突出贡献人才"等荣誉，所创办的《传奇故事》、"中国红歌会"、《金牌调解》等品牌节目，在全国产生巨大影响，多次获国家级大奖。

李 伟 1966年10月出生。江西分宜人。中共党员。大学本科学历。2011年10月获主任编辑任职资格。1988年8月大学毕业先后在江西人民广播电台和江西电视台工作，历任江西电视台公共频道广告部、总编室主任，现任江西电视台广告中心卫视业务二科科长。多次获中国新闻奖、江西新闻奖三等奖。

周小剑 1974年6月出生。江西泰和人。大学本科学历。2011年11月获高级工程师任职资格。1997年8月大学毕业进入江西电视台工作至今，先后在江西电视台技术部、办公室、制作部外录科工作。曾获2006年度江西省广电局科技创新一等奖、2010年度金帆奖专题类及体育类二等奖、“2010年度全省广播电视技术能手”称号等。

方丽萍 女，1975年5月出生。浙江义乌人。中共党员。研究生学历。2011年10月获主任记者任职资格。1995年8月起在江西电视台经济生活频道工作，现任《天天健康》栏目制片人。作品《太阳旗下的罪恶》和《跨越大洋的爱心拯救》均获2009年度江西广播电视奖二等奖和第十七届江西新闻奖二等奖。

南昌市

张　莉 女，1967年5月出生。江西九江人。研究生学历。中共党员。2011年10月获主任记者任职资格。1993年10月进入南昌电视台从事新闻工作。作品《梁峻事件》系列报道、《下岗女工办起托送中心》、《厚田沙漠护路人》等多次在全国、省、市获奖。曾在省级刊物刊载论文多篇。

夏军平 1975年1月出生。江西新建人。大学本科学历。中共党员。2011年11月获高级工程师任职资格。1994年7月进入南昌市广电局八〇一台工作。先后荣获2002年“十六大”重要播出先进个人，2005年、2008年、2009年全省广播电视技术维护先进个人，2006年江西省广播电视科技创新奖二等奖，南昌市直机关2009~2010年度优秀共产党员，2011年南昌市优秀党务工作者。

九江市

冯桂生 1973年12月出生。江西都昌人。中共党员。大学学历。2011年11月获高级工程师任职资格。1997年参加工作，现任江西省七〇一电视台副台长和江西省广播电视传输有限公司庐山分公司总经理。代表作品有《发射机监控系统取样电路问题的分析》、《创新 Anyplay 硬盘播出系统的分析和故障处理》等。曾获江西省广播电视技术竞赛一等奖、全国广播电视技术竞赛三等奖、国家广电总局广播电视技术维护先进个人一等奖，荣获“全国广播电视发射技术能手”称号。曾被人事部和国家广电总局评为“全国广播电视系统先进工作者”，荣获“九江市劳动模范”和“江西省劳动模范”等荣誉称号。

新余市

徐　琼 女，1965年11月出生。江西高安人。大学本科学历。2011年10月获主任编辑任职资格。1993年调入新余电视台从事新闻编辑工作，长期担任《新余新闻》栏目编辑，承担并完成许多重大电视新闻宣传报道稿件的编辑制作任务。有多部作品获江西新闻奖和江西广播电视奖。代表作有《爱心无国界》、《江西赛维LDK在美国纽交所成功上市》、《把GDP变成老百姓口袋里的钱》等。

赣州市

钟春生 1966年2月出生。江西瑞金人。中共党员。研究生学历，硕士学位。2011年10月获主任记者任职资格。1997年8月进入广西有线电视台工作，1998年调入赣州电视台工作，现任赣州电视台新闻综合频道民生新闻《630播报》栏目制片人。新闻作品《630爱心桥：救助脑瘤女孩钟小青》获2010年江西广播电视奖一等奖，《跨省爱心行动：高墙外的相见》、《助学老人周惠民》、《零岁女婴索赔启示》获江西广播电视奖二等奖。主要论文有《创意成就栏目品牌活力》、《电视媒体在社会管理创新中的作用初探》等。

张　群 女，1970年8月出生。江西赣州人。中共党员。大学本科学历。2011年10月获主任编辑任职资格。1995年进入赣州人民广播电台工作，先后担任电台总编室主任、频率总监等职。主要论文有《浅议主持人中心制向编辑中心制转移》、《基层广播精品创作的两个重要环节》等。参与编辑、制作的广播特别节目《万里长歌》获2007年江西新闻奖一等奖，参与编辑、制作的广播对农节目《高山蔬菜的品牌之路》获2010年江西新闻奖一等奖。2002年被评为第二届全市“十佳新闻工作者”。

吉 安 市

李思勤 1964年7月出生。江西南昌人。大学本科学历。2011年11月获高级工程师任职资格。现任江西七〇六电视调频台副台长。

罗晓民 1965年8月出生。江西吉水人。大学本科学历。2011年11月获高级工程师任职资格。现任江西七〇六电视调频台技术带班长。

抚 州 市

姜 萍 女，1979年2月出生。江西抚州人。大学本科学历。2011年10月获主任播音员任职资格。1997年9月起在抚州电视台从事播音主持工作，现任抚州电视台播音主持部副主任。作品曾获江西广播电视奖一等奖。

县市区广播影视简介

南昌市

南昌县

南昌县文化广电旅游新闻出版局内设办公室、文化科、广播电视科和旅游科，下辖广播电视台、有线广播电视网络传输中心、文化馆、博物馆、图书馆、采茶戏剧团、文化市场稽查大队、电影发行放映公司及16个乡（镇）广播电视站。现有干部职工170人，其中局机关干部职工15人。

广播电视台电视自办节目有《新闻》、《警方750》、《澄湖社区》等，新推出《变化》、《今日视点》、《记者观察》3档专题栏目。全年新闻用稿3000余条，专题220余期；在南昌人民广播电台用稿48条，在南昌电视台用稿32条；在江西人民广播电台用稿40条，在江西电视台用稿8条；在中央电视台用稿1条。

全年发展有线电视用户3000余户，广播电视人口覆盖率99%。

新建县

新建县文化广电旅游新闻出版局内设办公室、广播电视科、文化科、旅游科、新闻出版科，下辖广播电视台、电影发行放映公司。局机关现有干部职工18人。全县19个乡镇均设有文化广播电视站。

广播电视台自办节目有《新建新闻》、《魅力新建》、《话说新建》等4个专题专栏。全年新闻用稿2000余条，专题70期；在上级媒体用稿200余条，其中在中央人民广播电台《新闻和报纸摘要》用稿1.5条，在中央电视台《新闻联播》用稿0.5条。在江西广播电视奖评选中，1件作品获二等奖。

全年贷款1700万元，完成网络改造、数字电视前端平台搭建、机顶盒招投标。收购联圩镇老网，改造发展用户1000余户；完成樵舍镇朱坊村、坝上村分配网建设。

进贤县

进贤县文化广电旅游新闻出版局下辖广播电视台和21个乡镇广播电视站。现有干部职工181人，其中，局机关有干部职工16人。

广播电视台自办节目有《进贤新闻》、《法制进贤》、《百姓话题》等。全年在《进贤新闻》中播发稿件2000等条，在《百姓话题》中开辟专栏106期；在上级媒体中用稿1044条，其中，在江西人民广播电台用稿64条，在江西电视台用稿19条，在中央人民广播电台用稿3条，在中央电视台用稿1条。在南昌广播电视奖评选中，4件作品获一等奖、3件作品获二等奖。

全县城乡广播电视事业稳步发展。县城

实现有线电视全覆盖；农村有线电视“村村通”工程顺利实施，行政村通达率100%，自然村通达率90%以上。

安义县

安义县文化广电旅游新闻出版局内设广电事业股、办公室，下辖广播电视台及10个乡镇文化广播站。全系统干部职工61人。

广播电视台自办节目有《安义新闻》、《潦河两岸》、《信息资讯》、《百姓财经》等。全年在本台用稿1135条；在南昌人民广播电台、南昌电视台用稿315条；在江西人民广播电台、江西电视台用稿126条。在南昌广播电视奖评选中，2件作品获一等奖，2件作品获二等奖，1件作品获三等奖。

全县实施有线电视光缆联网，有有线电视用户2.6万户，广播电视人口覆盖27.16万人，广播电视网络覆盖率97%。

湾里区

湾里区文化广播电影电视新闻出版局下设办公室、旅游管理科、文化广电新闻出版科、行政审批服务科、文化稽查大队等5个科室，其中文化广电新闻出版科具体承担全区的广播电视行政管理、“村村通”工程、广播电视安全播出等工作。科室现有工作人员4名，内设文化广播电视稽查大队。局下辖广播电视台和4个乡镇文化广播电视站。全区基层从事广播电视工作的职工57人。

广播自办节目有《湾广新闻》、《生活综艺》、《空中导游》等，每天正常播音330分钟；电视自办节目有《湾里新闻》、《旧城改造换新颜》、《四区互动看变化》等。广播电视自办节目共播出各类新闻稿件385条，被市级新闻单位采用51条，被省级新闻单位采用10条。

全区各镇投人有线电视光缆建设资金都在百万元以上。全区有线电视用户端口数1.15万户，架设电视光缆主干线86.8千米。全区39个行政村基本开通有线电视，广播节目覆盖率72.51%以上，有线电视节目覆盖率92.12%以上。

青山湖区

青山湖区文化广电旅游新闻出版局内设办公室、文化新闻出版科、广播电影电视科、旅游科、行政审批科，下辖广播电视台、文化馆、图书馆、有线电视网络传输中心、文化市场稽查大队、电影发行放映公司。局机关干部10人，广播电视台职工13人，有线电视网络传输中心职工12人。

广播推出多个系列报道、专题栏目，播发《青广新闻》260余期，用稿2360余条。全年在南昌人民广播电台、南昌电视台用稿100余条，在江西人民广播电台、江西电视台用稿60余条，在中央人民广播电台、中央电视台用稿5条。在南昌广播电视奖评选中，1件作品获一等奖，1件作品获二等奖。

全年新增城区用户2000余户，数字电视用户5000余户，逐步完成数字电视转换。

九江市

庐山区

庐山区广播影视事业发展中心（庐山区

广播电视站）内设办公室、新闻部、总编室、节目部、广告部、中控部、技术部、农网部、稽查大队、银屏网络中心、魅力 945 音乐资讯广播 11 个部门，下辖 6 个乡镇广播电视站。现有干部职工 168 人。

广播自办节目有《城市早班车》、《音乐 fun 轻松》、《新闻麻辣烫》等；电视自办节目有《庐山区新闻》、《都市现场》等。全年在九江人民广播电台用稿 253 条，在九江电视台用稿 348 条；在江西人民广播电台用稿 23 条，在江西电视台用稿 20 条；在中央人民广播电台用稿 4 条。在第十八届江西新闻奖评比中，1 件作品获三等奖；在江西广播电视奖评比中，1 件作品获三等奖；在九江广播电视奖评比中，1 件作品获一等奖，4 件作品获三等奖。

全年新装有线电视用户 6000 户；完成十里大道延伸线、105 国道等市、区重点工程有线电视管线拆迁预埋；做好有线电视数字整体转换前期准备工作。

全年完成农村电影公益性放映 968 场，观影人数达 10 万人。

共青城市

共青城市文化旅游广播电影电视局内设办公室、文化科、旅游科、广播电影电视科。

电视自办栏目有《共青新闻》、《每周话题》。在九江人民广播电台用稿 213 条，在九江电视台用稿 142 条；在江西人民广播电台用稿 27 条，在江西电视台用稿 17 条。在九江广播电视奖评选中，3 件电视作品获一等奖，2 件作品获二等奖。

有线电视光缆覆盖全市所有乡镇，100%的行政村和 90%以上的自然村通有线电视，有线电视终端户逾万户，传输中央、省、市电视频道 59 套，自办节目 1 套。

九江县

九江县文化广播电影电视新闻出版局内设人秘股、广电股、文化股、文化广播电视稽查大队，下辖广播电视台、电影公司。现有在职干部职工 74 人，其中局机关 21 人。

广播电视自办节目有《九江县新闻》、《影视剧场》、《沙城警视》等。全年在九江人民广播电台用稿 299 条，在九江电视台用稿 239 条；在江西人民广播电台用稿 41 条，在江西电视台用稿 16 条；在中央人民广播电台用稿 3 条，在中央电视台用稿 1 条。在九江广播电视奖评选中，5 件作品分获二、三等奖。

全县有广播电视站 11 个，有线广播电视光缆 894 千米，新增光节点 231 个，农网建设投入资金 245 万元。联通乡镇 14 个，行政村 118 个，自然村 1129 个，行政村覆盖率 94%。全县有线电视用户 3.9 万户，其中新增用户 7300 户。9 月 28 日实施有线电视整体平移，整转用户 1.4 户，传输数字电视节目 60 余套。

电影公司现有 11 支放映队伍，添置 9 套数字放映设备。全年完成放映任务 1749 场，观众达 30 余万人次，其中学生 480 场，学生观众 7.86 万余人次。

瑞昌市

瑞昌市文化广播电影电视新闻出版局内设人秘科、广播电视管理科、文化艺术管理科等科室，下辖广播电视台、文化市场综合执法大队、电影公司、江西省广播电视网络传输有限公司瑞昌市分公司。广播影视现有干部职工 213 人，其中局机关 24 人。

广播电视自办节目有《瑞昌新闻》、《关注》、《采风》等。全年在九江人民广播电台用稿 750 条，在九江电视台用稿 346 条；在江西人民广播电台用稿 84 条，在江西电视台用稿 60 条；在中央人民广播电台用稿 29 条，在中央电视台用稿 3 条。在第十八届江西新闻奖评比中，1 件作品获三等奖；在江西广播电视奖评比中，1 件作品获三等奖；在九江广播电视奖评比中，1 件作品获一等奖，3 件作品获二等奖，4 件作品获三等奖。

瑞昌城区数字电视整转工作进展顺利，整转率达 90%以上，农村有线电视整转启动 7 个乡镇。全年城乡新安装有线电视 3853 户。

武宁县

武宁县文化广播影视新闻出版局内设办公室、文化新闻出版股、广电股、管理股，下辖广播电视台、音像出版物管理发行站、采茶戏研究室、文化广播电视稽查大队、文化馆、图书馆、电影公司、江西省广播电视网络传输有限公司武宁县分公司、文物管理所及 21 个乡镇宣传文化站。

广播自办节目有《全县新闻联播》、《武宁新闻》、《报刊新闻选播》等；电视自办节目有《武宁新闻》、《古艾民声》、《新视点》等。全年在九江人民广播电台用稿 503 条，在九江电视台用稿 312 条；在江西人民广播电台用稿 88 条，在江西电视台用稿 40 条；在中央人民广播电台用稿 23 条，在中央电视台用稿 2 条。在九江广播电视奖评选中，9 件作品分获二、三等奖，1 件作品获二等奖。

全县有宣传文化站 21 个，差转台 1 座，有线广播电视光缆线 1000.76 千米，分配网线路 1906 余千米。县乡（村）有线电视终端户 4.62 万余户，光缆联网 20 个乡镇，实现乡乡通光缆。其中，有 173 个行政村、1456 个自然村联通光缆，行政村通光缆率 96.1%。

修水县

修水县文化广播影视新闻出版局内设办公室、广电股、文化股、财务股，下辖广播电视台、文化广播电视稽查大队、电影发行放映公司、文化馆、图书馆、黄庭坚纪念馆、秋收起义纪念馆。现有干部职工 122 人，其中局机关 45 人。

广播电视自办节目有《修水新闻》、《今日修水》、《走进修水》等。全年在九江人民广播台用稿 810 条，在九江电视台用稿 429 条；在江西人民广播电台用稿 128 条，在江西电视台用稿 41 条；在中央人民广播电台用稿 14 条，在中央电视台用稿 4 条。在九江广播电视奖评比中，6 件作品分获一、二、三等奖。

全县 36 个乡镇建有 35 个广播电视站，36 个乡镇全部实现有线广播电视县乡联网。广电干线光缆 450 千米，光节点有 700 余个，有线电视终端用户 7 万户以上。全县建有 1 千瓦广播电视转播台 1 座，转播中央人民广播电台和江西人民广播电台调频广播节目，中央电视台综合频道、少儿频道、农业军事频道和江西卫视节目，广播电视覆盖率 97%。

全年电影完成放映 7297 场，观众 107 万人次。

全年广电网络、广告创收 1300 万元以上。

湖口县

湖口县文化广播影视局内设办公室、文化艺术股、广播电视股，下辖广播电视台、电影发行放映公司、文化综合执法大队。现有干部职工 81 人，其中机关 10 人。

广播电视台自办节目有《湖口新闻》、《黄金剧场》、《健康之友》等。全年在九江人民广播电台用稿 135 条，在九江电视台用稿 305 条；在江西人民广播电台用稿 32 条，在江西电视台用稿 30 条，在九江广播电视奖评比中，6 件作品分获二、三等奖。

县电影公司在"文化三下乡"活动中，14 个放映队在农村放映电影 2519 场次。

全县有乡（镇、场）广播电视站 15 个，有线电视光缆干线总长 415 千米，城乡同步传输 117 套电视节目。光缆联网 12 个乡镇，110 个行政村。全县有线电视用户 4.3 万户。

都昌县

都昌县文化广播电视局内设办公室、广播电视股、文化股、音像发行管理站及文化广播电视稽查大队，下辖广播电视台、电影公司。现有干部职工 124 人，其中局机关 26 人。

广播电视自办节目有《都昌新闻》、《社会广角》、《经济时空》等。全年在九江人民广播电台用稿 304 条，在九江电视台用稿 495 条；在江西人民广播电台用稿 70 条，在江西电视台用稿 76 条；在中央人民广播电台用稿 14 条，在中央电视台用稿 4 条。在第十八届江西新闻奖评选中，1 件作品获三等奖；在江西广播电视奖评选中，1 件作品三等奖；在九江广播电视奖评选中，1 件作品获一等奖，2 件作品获二等奖，1 件作品获三等奖。

全县有 24 个乡镇广播电视站。县城城区有线电视终端用户 1.7 万户，农村有线电视终端用户 3.65 万余户，光缆信号联通 18 个乡镇和 260 个自然村。

电影公司围绕"2131"工程和爱国主义教育电影开展工作，全年放映电影 4121 场。

彭泽县

彭泽县文化广播电视局内设办公室、广播电视股、文化艺术股、新闻出版综合执法股、文化市场综合执法大队，下辖广播电视台、电影发行放映公司。现有干部职工 260 人，其中局机关 11 人。

广播电视自办节目有《彭泽新闻》、《健康驿站》、《龙城讲坛》等。全年在九江人民广播电台用稿 251 条，在九江电视台用稿 296 条；在江西人民广播电台用稿 6 条，在江西电视台用稿 23 条；在中央电视台用稿 1 条。在九江广播电视奖评比中，5 件作品分获二、三等奖。

全县 17 个乡（场、区）镇建立文化广播电视站，中央农村广播电视无线覆盖工程 1 个，"村村通"工程惠及 1500 户农村用户，有线电视覆盖率 96.6%。

县电影发行放映公司有 13 个数字化电影放映队伍，全年放映电影 2642 场次。2011 年度被评为全国农村电影放映先进单位。

星子县

星子县文化体育广播电视局内设办公室、文化新闻股、广播电视股、体育办公室，下辖文化馆、图书馆、文物管理所、广播电视台和文化市场综合执法大队。

广播电视开办《一路平安》、《和谐新居》、《环保之声》、《法在身边》等专题节目，自办栏目有《星子新闻》。全年制作播出专题 50 余期；在九江人民广播电台用稿 116 条，在九江电视台用稿 123 条；在江西电视台用稿 13 条。在九江广播电视奖评选中，

1 件作品获二等奖，2 件作品获三等奖。

广播电视有 41 个电视频道在本地落户，有线电视用户 2.91 万余户，其中数字电视用户 1.31 万余户。

庐山风景名胜区

庐山人民广播电台是庐山风景名胜区管理局党委宣传部下属单位，下设办公室、播出部、新闻部、技术部。现有在编人员 7 人。

庐山人民广播电台采用无线调频发射，收听调频（FM92.1）播出自办节目和转播中央人民广播电台、江西人民广播电台、九江人民广播电台节目。主要自办节目有《庐山新闻》、《人文圣山》、《名人与庐山》等。全年在九江人民广播电台用稿 45 条，与九江人民广播电台合作在中央人民广播电台用稿 9 条，其中在中央人民广播电台《新闻和报纸摘要》用稿 6 条。

永修县

永修县文化广播电视局内设人秘股、广电股、文化综合股，下辖广播电视台、电影公司、农网中心、文化广播电视综合执法大队。局机关现有干部职工 23 人。

广播电视自办节目有《永修新闻》、《创卫曝光台》等。全年在九江人民广播电台用稿 324 条，在九江电视台用稿 235 条；在江西人民广播电台用稿 99 条，在江西电视台用稿 68 条；在中央人民广播电台用稿 1 条，在中央电视台用稿 4 条。在九江广播电视奖评选中，有 7 件作品分获二、三等奖。

广播电视网络覆盖全县 19 个乡（镇、场），光缆传输 320 千米，有线电视用户 4.2 万户，网络覆盖率 86%。

全年实施农村电影“2131”工程，电影下乡 2340 场，观众超过 38 万人次。

德安县

德安县文化旅游广播电影电视局内设人秘股、文化股、广电股、旅游股、新闻出版股、文化广播电视稽查大队，下辖广播电视台、文化馆、图书馆、博物馆、电影公司。现有干部职工 110 人。

电视自办节目有《德安新闻》、《电视剧场》等。全年在九江人民广播电台用稿 276 条，在九江电视台用稿 274 条；在江西人民广播电台用稿 23 条，在江西电视台用稿 27 条。在九江广播电视奖评选中，有 3 件作品获三等奖。

有线电视光缆传输覆盖 14 个乡（镇、场），联网率 93.3%；除传输 53 余套模拟电视节目、45 套数字电视节目外，还开展数字电视、会议电视等增值业务。有线电视终端用户数近 2 万户，广播人口覆盖率 95%，电视人口覆盖率 86.27%。

县电影公司加强电影放映队伍的建设，成立农村电影部，组成 5 个农村电影放映队；投入资金对放映设备进行改造，认真做好送电影下乡和农村中小学爱国主义教育电影放映活动等工作。

景德镇市

珠山区

珠山区文化旅游广播影视新闻出版局（挂珠山区文物局、珠山区版权局牌子）积极做好旅游、广播影视、新闻出版三项新增职能的筹备和衔接工作，确定分管领导和具体的工作人员，组织班子成员学习相关业务知识以及进行相关技能的培训。

珠山区文化旅游广播影视新闻出版局在景德镇市文化和广播电影电视局领导下，认真履行工作职能，全力配合做好城区广电稽查、执法工作，查处了一批擅自接收境外卫星电视节目和违规收看有线电视行为。

乐平市

乐平市文化广播影视新闻出版局下辖广播电视台、文化馆、图书馆、博物馆、赣剧团、电影发行放映公司、八六一台。现有在职干部职工 293 人。

广播电视主要栏目有《百姓视线》、《卫生与健康》、《名医风采》等。全年在本台电视用稿 1728 条，在江西人民广播电台用稿 76 条，在中央级媒体用稿 8 条。

全市共有乡（镇）综合文化广播站 16 个。市内城区有线电视终端户 2.59 万户，农村有线电视用户 2.7 万户，拥有数字电视用户 800 户，广播电视覆盖率 98.5%。完成“村村通”广播电视 20 个自然村。

全年放映电影 4928 场，行政村电影放映覆盖率 100%，观看人数达 98 万人次。

浮梁县

浮梁县文化广播影视新闻出版局下辖广播电视台、文化馆、图书馆、博物馆、高岭陶瓷博物馆、稽查队、广播电视发射台、江西省广播电视网络传输有限公司浮梁县分公司及 18 个乡镇广播电视站。全局在职干部职工 38 人。

广播电视台开办《浮梁新闻》、《科学发展上台阶》、《记者在基层》等栏目。全年在市级以上新闻单位用稿 395 条，其中，在江西人民广播电台、江西电视台、江西日报等用稿 57 条，在中央人民广播电台用稿 12 条，在中央电视台用稿 5 条。

全县 100%行政村和 90%自然村通广播电视。广播电视台采购数字编码器、QAM 调制器等设备，将浮梁电视台模拟信号转换为数字信号。城区有线电视数字整转，发放主终端机顶盒 1.13 万余台，整转率达 97%。

昌江区

昌江区文化广播影视新闻出版局内设及下辖办公室、人秘股、稽查大队、电影放映队、版权局、文化馆、图书馆、文物管理所、广播电视管理中心及 6 个乡镇广播电视站。全局干部职工 22 人，广播电视中心 23 人。

全年在市级以上新闻单位用稿 190 条，其中，在江西人民广播电台、江西电视台、《江西日报》等用稿 28 条，在中央人民广播电台用稿 3 条。

全区架设光缆 240 千米，光节点 112 个，覆盖全区农村行政村，终端用户 8500 余户。“村村通”工作方面取得快速发展，在全市率先完成行政村和 20 户以上自然村“村村通”工作。

萍 乡 市

安源区

安源区文化广电新闻出版局下设电视

台、文化馆、文化稽查大队、文物办等部门。现有干部职工 70 余人。

安源电视台自办节目有《安源新闻》、《都市新生活》、《红歌唱响红安源》等。频道全天 24 小时连续播出，全年总播出时间 8760 小时。全年在本台用稿 1200 余条；在萍乡人民广播电台用稿 301 条，在萍乡电视台用稿 355 条；在江西人民广播电台用稿 24 条，在江西电视台用稿 39 条；在中央电视台用稿 2 条。在萍乡优秀电视节目评选中，2 件作品获三等奖。

电视信号经由萍乡市网络中心光缆传输，网络覆盖萍乡市区 50 万人，收视观众达 20 万户以上。

全年广告收入 100 余万元。

湘东区

湘东区文化广电新闻出版局内设办公室、文化股、广播电视宣传股和综合执法管理股，下辖广播电视台、文化馆和文化市场综合执法大队。现有在岗干部职工 48 人（含借用人员）。

广播电视新开办《聚焦后街》、《创建我参与》、《映日荷花别样红》等一系列专栏专题。全年编播《湘东新闻》稿件 943 条，《工业瓷都——湘东》稿件 487 条；在萍乡人民广播电台用稿 173 条，在萍乡电视台用稿 394 条；在江西人民广播电台用稿 17 条，在江西电视台用稿 26 条；在中央人民广播电台用稿 1 条，在中央电视台用稿 2 条。

全区有 11 个乡镇（街）文化广播电视中心。全年新发展有线电视用户 1000 户，广播电视人口覆盖率 99.05%。

全年送电影下乡 1937 场，完成广告创收 55 万元。

芦溪县

芦溪县文化广电新闻出版局内设办公室、文化市场综合执法大队、广播电视网络信息中心，下辖广播电视台、文物管理局、文化馆、图书馆和文化艺术中心。现有职工 36 人。

广播电视开设《芦溪新闻》、《今日芦溪》、《创先争优促发展》等栏目。全年在萍乡电视台用稿 288 条；在江西人民广播电台用稿 30 条，在江西电视台用稿 30 条。

全县有 9 个乡镇文化站，2 个乡镇广电网络传输管理站，有线电视用户 3 万余户，广播电视人口覆盖率 100%。争取中央项目资金和县财政支持，添置电视台设备 60 万元。

在农村文化“三项活动”中，县电影公司全年为群众免费放映电影 2100 场。

莲花县

莲花县文化广播电视局内设办公室、广播电视股、文化艺术股，下辖广播电视台、电影公司、文化馆、图书馆、文物办、文化广电综合执法大队、剧团、玉壶山无线发射台。广播电视从业人员 74 人。

广播电视台自办栏目有《莲花新闻》、《政法时空》、《开国英雄》等。全年在本台用稿 900 余条，播出专题 80 个；在萍乡人民广播电台、萍乡电视台用稿 372 条；在江西人民广播电台、江西电视台用稿 67 条。在萍乡广播电视奖评选中，3 件作品获二等奖，1 件作品获三等奖。

全县有 13 个乡镇有线站，其中 7 个已收并在江西省广播电视网络传输有限公司莲花县分公司，其余 6 个有线站实现联网。全县有有线电视用户 3.1 万户，完成城区有线电视数字化平移，平移用户 9000 余户。有线电视人口覆盖率 95%以上。全县 98%行政村、自然村能收看到中央、省、市广播电台、电视台以及莲花县广播电视台节目。

全县全年放映电影 2386 场。

全年广告创收 75 万元。

上栗县

上栗县文化广电新闻出版局下设文化馆、图书馆、广播电视台、综合办公室、人事财务股、服务中心、文化音像市场稽查大队、文化广电综合执法大队、事业技术科等。现有干部职工 60 人。

广播电视台自办《上栗新闻》、《政务时讯》、《栗城 246》等节目。全年在萍乡人民广播电台、萍乡电视台用稿 315 条，在江西人民广播电台、江西电视台用稿 23 条。

全县有 6 个镇 3 个乡 1 个垦殖场，其中县城区已收并在江西省广播电视网络传输有限公司上栗县分公司，其余乡镇有线电视站已实现联网。全县有有线电视用户 3 万余户。城区已完成有线电视数字化平移，其余乡镇已联网的有线电视站正进行数字平移，有线电视人口覆盖率 95%以上。全县 98%行政村、自然村能收听收看到中央、省、市广播电台、电视台以及上栗县广播电视台节目。

全县全年放映电影 2432 场。

新余市

分宜县

分宜县文化广电新闻出版局内设办公室、文化股、广播电影电视股、新闻出版股、行政审批服务股，下辖文化馆、图书馆、博物馆、广播电视台、文化市场综合执法大队、电影发行放映公司、省广播电视网络传输有限公司分宜县分公司和 14 个乡镇基层广播电视站。广播影视从业人员 169 人。

广播电视台开办《分宜新闻》、《今日分宜》、《一周新闻》等栏目。全年在本台广播用稿 1160 余条，电视用稿 1360 条，播出电视专题 197 期，文字信息 560 条；在新余人民广播电台、新余电视台用稿 383 条；在江西人民广播电台、江西电视台用稿 115 条；在中央级媒体用稿 3 条。在全国、省、市广播电视优秀节目评比中，7 件作品获奖。

全县 100%乡镇、行政村接通光缆主干线，全年新开通 14 个小区和 22 个自然村的有线电视，改造 14 个自然村，架设光缆干线 40 余千米。全县新增有线电视用户 2276 户，有线电视用户 4 万余户，自然村有线电视开通率 77.8%，广播电视人口覆盖率 98.7%。数字电视整体平移工作进展顺利，城区有线数字电视整转率达 93%。投入 35 万余元，实现自办节目每日传输到新余电视台播出，实现自办节目在分宜县政府网视频播出。

全年放映电影 2939 场，其中乡村文化工程电影放映 1727 场，农村学生电影放映 810 场，县城学生电影放映 196 场，社区电影放映 44 场，广场电影放映 110 场，敬老院电影放映 52 场。

全年出动警力、执法人员 70 多人次，出动车辆 30 辆次，查处非法销售卫星广播电视地面接收设施案件 1 起，自行拆除卫星广播电视地面接收设施 65 套。

分宜县电影发行放映公司被中国电影发行放映协会授予“建党 90 周年优秀影片展映农村数字电影优秀放映队”。

渝水区

渝水区文化广电新闻出版局内设办公室、文化股、新闻宣传股、新闻出版股，下辖广播电视台、图书馆、文化馆、文化市场综合执法大队、文博所、文化市场管理办、广播电视事业技术管理办、江西省广播电视网络传输有限公司渝水区分公司和 21 个乡镇（街道办）广播电视站。广播电视从业人员 122 人。

广播电视台自办《渝水新闻》、《渝水会客厅》、《代表、委员问政》等栏目。全年在本台广播电视用稿 2956 条；在新余人民广播电台、新余电视台用稿 352 条；在江西人民广播电台用稿 63 条，在江西电视台用稿 60 条；在中央电视台用稿 1 条。在省、市广播电视奖评选中，有 7 件作品获奖。

全区电视采用光缆电视、无线数字电视、直播卫星三种方式覆盖，信号覆盖率 90%以上，光缆电视用户及无线数字用户 4.68 万户。全年投入资金近 500 万，完成城郊网络电视数字化改造，新架设光缆 260 千米，新开通 114 个自然村光缆信号，新增光缆用户 7500 户，新增无线数字电视用户 6500 户。

鹰 潭 市

贵溪市

贵溪市文化广电新闻出版局内设办公室、财务股、文化市场综合执法大队、群文股、广电行业管理股、安全保卫股，下辖广播电视台、文化馆、博物馆、图书馆、影剧院、电影公司、艺术团、信江电影院。现有干部职工 130 名。

全年播出新闻 2260 条，编播《聚焦》48 期、《平安贵溪》24 期、《健康贵溪》24 期；在鹰潭人民广播电台用稿 392 条，在鹰潭电视台用稿 363 条；在江西人民广播电台用稿 46 条，在江西电视台用稿 42 条；在中央电视台用稿 1 条。

全年投资 2000 余万元，启动文博综合大楼建设。全县新增用户 2160 户，有线电视总用户 2.75 万户，经营总收入 588.37 万元。城区（不含江铜贵冶、贵化、贵电、火车站）有线电视网全覆盖，现有注册用户 2.2 万户（不含酒店、宾馆等娱乐场所）。农村有线电视光缆主干线通往 18 个乡镇，开通有线电视 18 个乡镇，现有农村有线电视用户 5500 户。全年 100%完成城区有线电视数字化整体转换工作。

余江县

余江县文化广电新闻出版局内设办公室、文化股、广播影视股、新闻出版股（版权股）和行政审批股，下辖广播电视台、文化馆、图书馆、博物馆、文化市场综合执法大队、电影公司等。全县有乡镇广播电视站 11 个，农垦场广播电视站 2 个。广播电视从业人员 98 人。

全年播出《余江新闻》144 期，专题片 5 部，专栏 9 个，用稿 1122 条；在鹰潭电视台用稿 364 条；在江西电视台用稿 20 条。

全县有有线电视用户约 3.4 万户，农村有线电视网络覆盖全县各个乡镇，有线电视农网覆盖率达 100%。

全年加大了对私自安装卫星广播电视地面接收设备及偷盗有线电视信号、破坏广播电视设施等违法行为的打击力度，组织稽查队员到各乡镇下发整改通知、拆除私自安装卫星广播电视地面接收设备2套。

赣州市

章贡区

章贡区广播电影电视新闻中心下辖人民广播电台、电视新闻摄制部、广播电视稽查大队、电影发行放映公司，为正科级事业单位。全系统现有在职干部职工35人，退休人员32人。

广播电视台先后开办《推进城市棚户区综合改造，建设和谐宜居家园》、《加快发展 转型发展》等20多个专栏。全年在赣州人民广播电台、赣州电视台用稿894条，在江西人民广播电台、江西电视台用稿78条，在中央人民广播电台、中央电视台用稿8条。

全年投入120余万元，在赣州市18个县（市、区）中率先开展广播应急体系建设，配合区委区政府处置应急突发事件，添置应急广播指挥车。

电影公司年初在全省率先使用GPS和GPRS卫星监控设备，实现网上上报、修改电影放映计划。全年放映电影1522场，实现经营创收25余万元。

赣县

赣县广播电影电视新闻中心内设办公室、新闻股、编辑制作播出股、网络技术股、广告项目股，下辖广播电视台、电影公司、影剧院、广播电影电视服务站。全系统有干部职工101人。

广播电影电视新闻中心开办《赣县新闻》、《科技服务》、《三送》等栏目。全年在本台电视用稿2130条，在赣州人民广播电台、赣州电视台用稿510条，在江西人民广播电台、江西电视台用稿35条，在中央电视台用稿5条。

全县完成14个乡镇广播“村村通”工程，全年免费播出安全生产标语108条，公益广告36条，实现全年播出安全零事故的目标。

全年放映农村和学校公益数字电影4392场，放映广场电影312场。

全年广播电视经营创收60余万元。

上犹县

上犹县广播电影电视新闻中心内设人事秘书股、新闻宣传股、技术股，下辖广播电视台、电影公司、卫星电视地面接收站、苏峰梅岭广播电视转播台、广播电视服务部。现有在职干部职工50人。

广播电视全年先后开设《精彩2011》、《犹江视点》、《三农天地》等专栏，编播自办节目《上犹新闻》1669条；在赣州人民广播电台、赣州电视台用稿701条；在江西人民广播电台、江西电视台用稿58条；在中央人民广播电台、中央电视台用稿2条。在赣州市外宣用稿总分排名县（市、区）第一。

县级广播站已安装调试好开始试播。扎实做好农村电影放映工作，在全县农村电影公益放映工程中全面实行GPS和GPRS监控系统，使全县农村电影放映水平和服务质量得到保证。全年放映公益数字电影2256场。

全年广播电视经营创收50万元。

崇义县

崇义县广播电影电视新闻中心内设办公

室、总编室、产业技术股，下辖广播电视台、广播电视记者站、广播电视服务部，正式编制33个。

广播电视开办《崇义新闻》、《百姓身边事》、《崇义林业》等专栏，播出新闻1800余条；在赣州人民广播电台、赣州电视台用稿465条；在江西人民广播电台、江西电视台用稿40条；在中央电视台用稿1条。

全县有16个乡（镇）广播电视站，广播综合人口覆盖率85%，电视综合人口覆盖率96%以上。全县所有乡（镇）建立有线电视站，基本实现村村通广播电视。

全年广播电视经营创收41万元。

南康市

南康市广播电影电视新闻中心内设办公室、技术股、电影股、广播电视传输中心，下辖人民广播电台、电视台。现有在职人员52人，聘用人员10人。

广播电视在赣州人民广播电台用稿701条，在赣州电视台用稿265条，播出专题6个；在江西人民广播电台用稿50条，在江西电视台用稿20条；在中央电视台用稿1条。

全年发展无线数字电视用户6000余户，数字电视用户达1万余户。投资30余万元，更换电视台播出主、备播设备，安装广播电视节目存储器和电视节目在线编辑系统。

全年广播电视经营创收208万元。

大余县

大余县广播电影电视新闻中心内设办公室、广播电视台（新闻部、播出部、技术部），另设广告服务部。现有干部职工34人，退休人员21人。

全年开办《千名干部下基层》、《搭建发展平台　促进就业创业》、《食品安全在行动》等栏目。在本台播出电视新闻1700条，专题、专栏89期，在赣州人民广播电台、赣州电视台用稿688条，在江西人民广播电台、江西电视台用稿109条，在中央人民广播电台、中央电视台用稿5条。

全年投入52.8万元购置采、编、播设备。积极做好广播电视“村村通”工程建设工作，对全县11个乡镇已通电20户以下自然村和新通电20户以上自然村未通广播电视的734户农户进行调查摸底，制定“村村响”方案。目前有广播调频发射台2个，1千瓦以下电视转播台1座，使广播电视覆盖率得到显著提高，广播综合人口覆盖率达98%，电视综合人口覆盖率达97.5%。

加强农村公益性电影和中小学爱国主义教育电影放映工作，全年放映电影1660场，观看人数达26.54万余人次。

全年广播电视经营创收80万元。

信丰县

信丰县广播电影电视新闻中心内设人秘股、技术股、内宣部、外宣部、制播部、专题部、广告部。现有干部职工46人。

全年在赣州人民广播电台用稿154条，在赣州电视台用稿228条；在江西电视台用稿9条。

全年新增无线数字电视用户2729户，总户数达7922户；新增有线电视用户5603户，总户数达4.2万余户。有线电视联网97个行政村，无线数字电视覆盖137个行政村，有线电视与无线数字电视共同综合联网（覆盖）188个行政村，行政村联网（覆盖）率71.48%。

全年广播电视经营创收100万元。

龙南县

龙南县广播电影电视新闻中心内设办公室、总编室、事业管理股、行政审批服务股，下辖电视（转播）台、广播电视台、广播电视稽查大队。现有干部职工 38 人。

广播电视台开办《讲述》、《万家灯火》、《欢乐龙南》等栏目，制作播出新闻 1162 条，简讯 563 条；在赣州人民广播电台用稿 176 条，在赣州电视台用稿 219 条；在中央电视台用稿 2 条。

全年对采、编、播设备进行更新，新增摄像机等配套设备 1 套，电脑 2 台。

全年完成农村电影放映 1260 场，中小学电影放映 420 场。

全年广播电视经营广告创收 115 万元。

全南县

全南县文化和广播电影电视局内设办公室、社会文化艺术股、产业发展股、宣传股、技术股和文化市场稽查大队，下辖广播电视台、八五四台、文化馆、图书馆、剧团和旅游局。现有在职干部职工 89 人。

广播电视台开办《平安全南》、《红色印记》、《监督岗》等栏目，制作播出稿件 1232 条；在赣州人民广播电台、赣州电视台用稿 275 条；在江西人民广播电台、江西电视台用稿 28 条；在中央电视台用稿 2 条。

投资 70 余万元启动广播“村村响”工程，现在陂头镇开展试点工作。实施城区有线电视数字化整体转换工程，已有 1.3 万余户有线电视用户完成数字化转换，占总用户数的 90%。投资 6 万余元完成县电视台节目数字化改造，全面提高广播电视传输播出质量。

全年广播电视经营创收 35 万元。

定南县

定南县广播电影电视新闻中心内设办公室、广播电视台、电视差转台。现有在职人员 31 人。

电视自办节目《定南新闻》共播出新闻 1889 条；在赣州人民广播电台用稿 187 条，得分 288 分，在赣州电视台用稿得分 334 分；在江西人民广播电台、江西电视台用稿 29 条；在中央人民广播电台用稿 3 条，在中央电视台用稿 1 条。

全县实现 100%乡镇户联网，共有有线电视用户 2.45 万余户。50 户以上自然村广播电视覆盖率达 98%。

全年电影公司放映农村公益数字电影 1715 场，其中在学校放映爱国主义教育数字电影 168 场。

全年广播电视经营创收 60 万元。

安远县

安远县广播电影电视新闻中心下辖人民广播电台、电视台、广播电视无线发射转播台、三百山电影有限责任公司。现有在职干部职工 91 人（含 17 个乡镇有线广播电视站）。

广播电视开办《安远新闻》、《创业服务年》、《招商引资》等 15 个栏目，自办节目播出新闻 1700 余条，播出专题（专栏）104 期；在赣州人民广播电台、赣州电视台用稿 400 余条；在江西电视台用稿 27 条；在中央电视台用稿 4 条。

全年送电影下乡演出 2474 场，全县 96% 行政村实现广播电视光缆联网，开通广播电视，有线电视用户 5.2 万户。

全年广播电视经营创收 150 万元。

寻乌县

寻乌县广播电影电视新闻中心内设秘书股、新闻股、总编室、广告股、网络技术股，下辖电影公司。现有在编干部职工35人。

全年在《寻乌新闻》中播出新闻1128条；在赣州人民广播电台用稿198条，在赣州电视台用稿403条；在江西电视台用稿46条；在中央人民广播电台、中央电视台用稿3条。

全年放映电影1566场，电视台广告创收近120万元。

于都县

于都县广播电影电视新闻中心与广播电视台合署办公，内设办公室、总编室、技术股、电影管理股、新闻部、播出部、广告专题部7个职能股室，核定人员编制42人。

广播电视台开办《两会报道》、《干部下基层 三送暖民心》、《创先争优先锋行》等专栏，播出新闻1506条，专题46期；在赣州电视台用稿213条；在江西人民广播电台、江西电视台用稿13条；在中央人民广播电台、中央电视台用稿2条。

全年完成梓山镇、马安乡、罗坳镇3个乡镇49个行政村“村村响”工程；筹措20万元资金添置更新一批采、编、播设备，对本台节目进行数字化升级改造。

全年放映公益性电影4600场，观影人数达100万人次。

全年广播电视经营创收120余万元。

兴国县

兴国县广播电影电视新闻中心下辖办公室、督查室、总编室、新闻部、专题部、节目制作播音部、技术指导部、广告部等8个部门。现有干部职工64人。

全年在本台用稿1598条；在赣州人民广播电台用稿710条，在赣州电视台用稿281条；在江西人民广播电台用稿166条，在江西电视台用稿45条；在中央人民广播电台用稿6条，在中央电视台用稿5条，播出专题片1部。

全年完成30个20户以下已通电自然村组“村村通”工程建设，对县自办节目进行数字化转换设备更新，使全县已领取数字机顶盒的用户能收看到本地自办节目，能接受电视节目的自然村数增加到3509个，广播电视人口综合总覆盖率97.6%。

全年广播电视经营创收84.79万元。

瑞金市

瑞金市广播电影电视新闻中心在原瑞金市广播电视台基础上组建（保留瑞金市广播电视台牌子），下设办公室、新闻部、文体部、经营和监管部、总编室、技术部、“红都之声”广播频率、石螺岭发射台。现有在职干部职工47人。

广播电视开办《瑞金新闻》、《绵江两岸》、《天气预报》等栏目。全年在江西人民广播电台用稿98条，在江西电视台用稿52条；在中央人民广播电台用稿6条，在中国国际广播电台播出专题2条，在中央电视台用稿24条。

全县广播电视综合人口覆盖率80%以上，受众通过无线方式收听收看中央一套、中央电视台七套、江西卫视、中央人民广播电台“中国之声”、江西人民广播电台等7套广播电视节目。

全年广播电视经营创收 120 万元。

会昌县

会昌县广播电影电视新闻中心现有在职干部职工 35 人。

全年在江西人民广播电台用稿 18 条；在江西电视台用稿 24 条；在中央人民广播电台、中央电视台用稿 2 条。

全县已通有线电视户数 3.62 万余户，有地面直播卫星 660 户，占全县总户数 40.2%。电视人口覆盖率 46.29%，广播人口覆盖率 41.8%。

全年在各行政村、学校放映电影 3716 场，观众约 80 万人次。

全年完成广播电视经营收入 114 万元。

石城县

石城县广播电影电视新闻中心内设秘书股、新闻部、专题部、播出部、技术股、广告部、西华山转播台。核定人员编制 39 人。

广播电视台开办《石城新闻》、《周末 30 分》、《赣江源视窗》等节目。全年在本台广播用稿 994 条，电视用稿 1039 条；在赣州人民广播电台用稿 209 条，在赣州电视台用稿 184 条；在江西人民广播电台、江西电视台用稿 82 条；在中央电视台用稿 1 条。

全年县广播电视台机房广播安全播出 2173 小时，电视安全播出 8712.5 小时。

全年广播电视经营创收 56 万元。

宁都县

宁都县广电新闻中心内设办公室、技术股、宣传股、电影管理站和广播电视技术服务部，下辖宁都八五三台、广播电视台。全系统共有职工 101 人。

广播电视台全年在江西人民广播电台、江西电视台用稿 31 条；在中央人民广播电台、中央电视台用稿 3 条。

全年投资 30 余万元，在黄陂、赖村、黄石等乡镇相继完成广播“村村响”工程建设任务。投资 30 万元，架设光缆专线到莲花山机房，购置 1KW 电视发射机，有效解决了宁都新闻综合频道在全县的无线覆盖。

全年完成农村公益性电影放映 4886 场。

全年广播电视经营创收 210 万元。

宜 春 市

袁州区

袁州区广播电影电视局内设办公室、事业股、新闻股，下辖袁州电视站、电影公司、东方红影剧院、城南电影院、中山电影院。现有干部职工 154 人。

全年广播电视站播出《袁州新闻》158 期，用稿 1076 条；在宜春人民广播电台、宜春电视台用稿 241 条（其中头条 34 条）；在江西人民广播电台、江西电视台用稿 84 条（其中头条 9 条）；在中央人民广播电台、中央电视台用稿 9 条。

全年农网新发展用户 8537 户，农村用户已达 4.45 万余户，主营业务收入突破 800 万元。全区新增 93 个行政村通广播。

全年放映电影 4723 场。其中，农村公益电影放映 4693 场，基本保证了每村每月 1 场免费电影，农村中小学每学期 2 场免费电影。

樟树市

樟树市广播电影电视局实行局台合署办公的体制，下辖人民广播电台、电视台、市电影公司 3 个副科级事业单位。现有干部职工 100 人，其中局台 44 人，电影公司及电影院 56 人。

全年制作《樟树新闻》311 期，《法治樟树》26 期，《望津楼》52 期，广播用稿 1940 条，电视用稿 2228 条；在宜春人民广播电台用稿 342 条，在宜春电视台用稿 341 条；在江西人民广播电台用稿 70 条，在江西电视台用稿 64 条；在中央人民广播电台用稿 1 条，在中央电视台用稿 10 条。

樟树市广播总功率 1000 瓦，有 40%行政村、自然村通“村村响”广播。有线电视终端用户 4.9 万余户。

丰城市

丰城市广播电影电视局实行局台合一的行政管理体制，下辖电视台、广播电台、电影公司、八一二干扰台。现有干部职工 98 人。电影公司为独立核算二级事业单位，在编干部职工 83 人。

广播电视台开办《丰城新闻》、《剑邑观察》、《零距离》等自办栏目。全年播出《丰城新闻》318 期，稿件 2580 条；在宜春人民广播电台用稿 299 条，在宜春电视台用稿 334 条（含专题 8 条）；在江西人民广播电台用稿 120 条，在江西电视台用稿 70 条；在中央人民广播电台用稿 5 条，在中央电视台用稿 16 条（含专题 1 条）。

丰城市共有 32 个乡镇广电站，全年安装农村广播 160 个村（点），安装喇叭 320 只，累计安装广播 364 个村（点）740 只喇叭。

丰城市电影公司 2011 年放映电影 7813 场，观映人次达 142 万人次。

高安市

高安市广播电影电视现有干部职工 147 人，其中广播电视从业人员 76 人，电影从业人员 71 人。

广播电视台自办《高安新闻》、《瑞州大观》、《关于医改》等节目栏目。全年在本台用稿 1360 条；在宜春电视台用稿 536 条；在江西电视台用稿 146 条；在中央人民广播电台用稿 1 条，在中央电视台用稿 7 条。

全年放映电影 7089 场，其中放映公益电影 5535 场，观众 160 万人次，实现了一村一月放映 1 场。电影公司获国家广电总局“全国优秀放映队”奖，全省农村电影放映工程年终考核一等奖，并获国家广电总局奖励 14 万元小车 1 部。

靖安县

靖安县广电部门现有在职职工 34 人，其中参照公务员执行编 24 人，事业编 4 人，合同工 6 人。

靖安电视台播发《靖安新闻》159 期，用稿 1272 条，播出电视专题片 51 部；在宜春人民广播电台用稿 289 条，在宜春电视台用稿 198 条；在江西人民广播电台用稿 44 条，在江西电视台用稿 45 条；在中央电视台新闻用稿 1 条，播出专题 2 部。

靖安县有县级无线发射台 1 座；有双溪、香田乡级广播站 2 个；有村级广播站 75 个，覆盖率达 95%；有地面卫星接收设施 150 座，电视覆盖率 98%。

全年完成全县 75 个行政村广播“村村

通”工程建设任务。向县财政争取资金11万元，购置对接宜春台FTP运行网络相关设备，解决长期以来利用班车或快递上送新闻带不及时产生的新闻不新的弊端和上送新闻带规格不统一的问题。

投入资金49.41万元，全力配合网络公司，搞好有线电视数字化转换，确保转换工作的顺利实施。

认真做好农村电影放映工作，确保一村一月放映1场电影，全年共放映电影1120场，圆满完成上级下达的任务。

奉新县

奉新县广播电影电视局内设人秘股、宣传股、事业股、社管股，下辖广播电视台、电影公司。现有工作人员66名。

广播电视台全年在《奉新新闻》中播出新闻1850余条，播出各类专题106期；在宜春人民广播电台用稿395条；在江西人民广播电台《全省新闻联播》中用稿125条，在江西电视台《江西新闻联播》中用稿50余条；在中央电视台用稿2条。

全县有有线电视干线1167.8千米，有线电视总户数4.36万余户。广播人口综合覆盖率98.5%，电视人口综合覆盖率99%。

全县成立10支电影放映队，放映电影2200余场次，观影人数45.02万余人次；完成罗市、赤岸、赤田三乡镇33个村“村村响”工程安装任务；拆除、收缴非法安装的卫星地面广播电视接收设施3100余套。12月底，实现城区有线电视整体数字平移。对设备进行更新改造，使奉新电视节目顺利进人数字有线电视网，提升了节目信号档次。

上高县

上高县广电局内设人秘股、宣传股（新闻中心）、社会稽查管理股、行政审批服务股和事业发展股，下辖广播电台、电视台和电影公司机构。现有工作人员94人（含电影公司34人）。

上高电视台主要自办《上高新闻》、《我爱上高》、《政法在线》等6个栏目。全年共播出专题类节目160期；在宜春广播电视台用稿280余条；在江西人民广播电台、江西电视台用稿30余条；在中央人民广播电台、中央电视台用稿6条。

全年完成118个行政村调频广播安装任务，完成农村电影放映2000余场，农村中小学电影放映560场，农林垦殖场放映560场。上高电影公司获全省农村电影放映工程考核评比一等奖。

宜丰县

宜丰县广电局下辖广播电台、电视台、广电艺术团、电影公司。现有干部职工91人。

宜丰电视台全年播出《宜丰新闻》139期，用稿1185条，专题21部；在宜春电视台用稿300条；在江西人民广播电台用稿66条，在江西电视台卫视频道用稿59条；在中央电视台用稿15条。

宜丰电视台有发射台和差转台1座，农村广播“村村响”入户喇叭数528只，有线电视终端用户5.13万余户，广电光缆传输1819千米。8月底，全面完成农村广播“村村响”工程任务，在全县204个行政村共安装音柱喇叭500余只，实现农村有线、无线调频广播收听覆盖率98%以上；完成电影放映任务2808场。

全年各项经营创收达60万元。

铜鼓县

铜鼓县广播电影电视局下辖人民广播电台、电视台、电影公司。现有干部职工56人（电影公司16人），退休24人（电影公司11人）。

广播 12月底正式恢复铜鼓调频广播台播音，电视台自办栏目有《党旗飘飘》、《政法在线》、《警方热线》等；在宜春人民广播电台用稿351条；在江西人民广播电台用稿69条，在江西电视台用稿28条；在中央电视台用稿6条。

全县在92个行政村安装332个点664个喇叭。铜鼓电影公司组建10个放映队，全年下乡放映电影1400余场。

万载县

万载县广播电影电视局内设办公室、社管股、事业股，现有干部14人；广播电视台设总编室、新闻部、专题部、技术部、经济部、广告部，现有干部职工25人。局机关电影公司在编员工6人（企业编），有城乡放映队2个，下辖阳乐电影院。

全年在本台《万载新闻》节目中用稿1321条，播出专题12部，在《新闻直航》节目中播出新闻56期，用稿295条；在宜春电视台用稿283条；在江西电视台《江西新闻联播》用稿21条；在中央电视台用稿3条。

电影公司放映农村电影2182场，放映学生电影580场，观影总人数达26.8万人次。

全年完成农村广播“村村响”建设78个村，超额完成年初下达的任务。

上饶市

信州区

信州区文化广播电影电视局内设电视管理科，下辖4个乡镇广播电视站。局机关现有干部职工9人。全区乡镇、行政村、街道全部光缆连网，广播电视覆盖率99.3%，全年电影放映1670余场。

上饶县

上饶县文化广播电影电视局内设办公室、文化股、广电股、新闻出版股，下辖电视台、文化稽查大队、文化馆、博物馆、图书馆、电影公司、赣剧团等。局现有行政干部16名，下属机构事业编制人员141名。

全年电视在本台用稿2019条，在上饶电视台用稿1085条，在江西人民广播电台、江西电视台用稿82条，在中央人民广播电台、中央电视台用稿4条，在全市综合考评中位居第一。

全县共有15个调频广播站，入户喇叭1000只，22个乡镇全部建有有线电视网，建光缆2300千米，终端用户4.6万户。

年初上饶县文化艺术活动中心大楼全面竣工，局、台分别于1月和3月顺利搬迁。

广丰县

广丰县文化广播电影电视局内设办公室、计划财务股、文化管理股、广播电视管理股、新闻出版版权管理股，下辖文化馆、图书馆、文物管理所、文化广播电视稽查大队、电影发行放映演出中心、广播电视台、江西省广播电视网络传输有限公司广丰县分公司和23个乡（镇、街道）文化广播电视站。全系统现有正式职工245人。

全年精心组织并策划了《给力十二五》、《“1+5”特色品牌战略》、《再生资源循环经济》等专题节目。《广丰新闻》共编播电视新闻稿件2060条，播出广播稿件2060条；在上饶电视台《天天看上饶》用稿862条；在江西电视台用稿48条；在中央电视台《新闻联播》用稿12条。在2011年度上饶市广播电视新闻协会“十佳栏目”评选中，有1件作品获一等奖。

全年累计投入事业建设资金1300余万元。县电影放映中心全年放映优秀故事影片和适合农村经济发展的科教片3497场，观影人数达103万人次。

全年电视广告创收390万元，城区有线电视收视费、初装费经营收入1050万元，农村网络完成节目传送费306万元。

玉山县

玉山县文化广播电视局下辖文化馆、图书馆、博物馆、剧团、剧院、电影公司、电影院、广播电台、电视台、塔山广播电视转播台、文化广播电视稽查大队和26个农村广播电视站。现有干部职工309人，其中广播影视系统204人（含机关）。

全年播出各类专题节目182期，《玉山新闻》播出稿件2242条；在上饶人民广播电台用稿420条，在上饶电视台用稿780余条；在江西人民广播电台用稿60余条，在江西电视台用稿65条；在中央电视台用稿3条。

全县城乡有线电视用户8.57万余户。全县16个乡镇有线电视光缆全部覆盖到位，219个行政村和社区居委会已有210个行政村和社区居委会覆盖有线电视光缆，县局至各农村站各光节点区域光缆长达705.6杆千米。广播人口综合覆盖率96%，电视人口综合覆盖率98%，县乡有线电视光缆联网率100%，行政村光缆联网率95%。

全年严厉查处非法销售卫星广播电视地面接收设施行为，拆除卫星广播电视地面接收设施310余套。

铅山县

铅山县文化广播电影电视局内设广播电视台、图书馆、文化馆、博物馆、电影公司、广电服务部、文化综合执法大队。现有干部职工65人。

全年制作《秀美北武夷》、《魅力铅山》等10余部专题片，在本台用稿2587条，在上饶人民广播电台、上饶电视台用稿941条。

全县有线电视光缆1093千米，数字平移已近完成，有线终端户5.07万余户，广播电视覆盖率98.3%。

全年农村电影放映3100余场，丰富了群众文化生活。

弋阳县

弋阳县广电局内设办公室、财会室、广电股，下辖广播电视台、网络公司、电影公司等7个单位。现有干部职工97人，行政人员19人。

全年在本台新闻用稿1390条，在上饶人民广播电台、上饶电视台用稿574条，在江西人民广播电台、江西电视台用稿31条。

全年新发展用户城网1200户，预收1000

户，农网1300户。

全年创收520万元。

德兴市

德兴市文化广播电视局内设办公室、广播电视股、文化股，下辖广播电视台、网络中心、稽查大队、文广实业公司。全局广播电视从业人员85人。

广播电视自办节目有《铜都新闻》、《铜都纪事》、《健康德兴》等。全年制作并播出专题52期，在本台《铜都新闻》用稿2110条；在上饶人民广播电台、上饶电视台用稿562条；在江西人民广播电台、江西电视台用稿63条；在中央人民广播电台、中央电视台用稿2条。

全市共有调频广播1座，电视发射台1个，光缆杆路550千米，有线电视终端用户5.25万户。全年顺利完成德兴城区1.7万户用户模拟转数字工作，德兴电视台播出设备模拟转数字工作也同步完成。

婺源县

婺源县文化广播电视局下辖广播电视台、文化广电稽查大队、文化研究所、文化馆、图书馆、徽剧团、电影公司等。现有干部职工170人。

广播电视台先后开办《创优发展环境、助推县域经济发展》、《创建全国旅游标准化试点县、国家级乡村旅游度假区》、《转变作风，为民服务，创优环境，举全县之力实现婺源进位赶超、绿色崛起》等专题栏目。全年在上饶人民广播电台、上饶电视台用稿692条，在江西人民广播电台、江西电视台用稿95条，在中央人民广播电台、中央电视台用稿48条。

全县16个乡镇全部完成光缆联网，乡镇光缆联网覆盖率100%。全年新增农网用户1378户，农村有线电视总用户2.92万余户；城网新增2094户，总户数2.27万余户。有线电视覆盖全县62%的人口。数据业务新增长1521户，总用户4956户。全县已转换城区有线电视用户1.64万余户，稳定有序完成了城区有线电视数字整转任务。

万年县

万年县广电局内设办公室、事业股、文化执法大队，下辖广播电视台。现有干部职工192人。

万年县电视台开办《万年新闻》、《稻乡文化》等栏目。全年在上饶人民广播电台、上饶电视台用稿789条，在江西人民广播电台、江西电视台用稿110条，在中央人民广播电台、中央电视台用稿21条。

全年放映电影2200余场次。

鄱阳县

鄱阳县文化广播电影电视局下设党政办公室、人事股、基层文化研究办公室、文化市场股、群艺股、社会管理股、总编技术股、电影管理股、行政服务股、文化广电稽查大队，下辖电视台、广播站、文化馆、博物馆（文物管理所）、图书馆、赣剧团（湖城歌舞团）、电影公司、电影院。现有干部职工（含电视台、广播站）127人。

鄱阳县电视台开办《饶河两岸》、《老陈说鄱阳事》、《政风行风热线》等专题。全年在上饶人民广播电台、上饶电视台用稿1000余条，在江西人民广播电台、江西电视台用稿 200 余条，在中央人民广播电台、中央电视台用稿 15 条。

全县拥有县级电视差转台 1 个，调频广播 1 个，广播电视人口覆盖率 98%。有线广播电视传输网络建设 660 余千米，有线电视用户 2.7 万余户，完成了 447 个村广播电视“村村通”工程。

全县放映电影 8503 场，观众达 210 万人次。建成多厅、多功能高清 3D、数字影城 3 家，并全部投入使用。

余干县

余干县广电局内设广播电视台、办公室广电股、行业管理股、事业建设股等。现有干部职工 87 人。

全年在本台《余干新闻》用稿 2020 条，播出电视专题 46 部；在上饶人民广播电台、上饶电视台用稿 700 余条；在江西人民广播电台、江西电视台用稿 90 条；在中央人民广播电台、中央电视台用稿 10 条。

全年新建光缆线路 300 余千米，县城区新增有线用户 1800 余户，农村新增有线用户 5000 余户。投入 500 余万元建设新办公大楼，现已完工顺利搬迁。

全年电影公司放映电影 5872 场，观影人数 128 万人次。

横峰县

横峰县广播电视局内设办公室、行业股、事业股，下辖有线电视台、广播电台。现有干部职工 48 人。

全年在本台用稿 1537 条；在上饶人民广播电台、上饶电视台用稿 579 条；在江西人民广播电台、江西电视台用稿 36 条；在中央人民广播电台、中央电视台用稿 6 条。

事业建设稳步推进，城区数字电视整转工作已近完成，整转 1 万余户，新增有线用户 138 户，全县有线用户 2.108 万户，广播电视综合人口覆盖率 98.7%。

全年广告收入突破 100 万元。

吉安市

吉州区

吉州区广播电视局内设办公室，下辖《吉州通讯》编辑部、新闻中心和电影发行放映公司。现有干部职工 32 人。

《吉州通讯》编辑部每周二、五在《井冈山报》第三版刊出《吉州新闻》，全年出刊 104 期，新闻发稿 832 条，刊载图片 100 余幅；电视《吉州新闻》播出栏目 156 期，用稿 1092 条。全年在吉安人民广播电台用稿 199 条，在吉安电视台用稿 553 条；在江西人民广播电台《江广早新闻》头条用稿 2 条，在江西电视台《江西新闻联播》头条用稿 6 条，在《江西日报》A4 版头条用稿 1 条；在中央人民广播电台《新闻和报纸摘要》用稿 2 条，在《中央新闻联播》用稿 5 条。在吉安广播电视奖评选中，1 件作品获三等奖。

全区 89 个行政村全部实现有线网络覆盖，保证了广大农民群众能收看到套数更多、质量更好的电视节目。

吉州区电影公司积极开展电影下乡放映工作，全年完成农村电影放映 1333 场。与残联、消防、社区等部门联合放映公益电影 263 场，在农村和相关企业放映农村科教知识幻灯片及企业品牌宣传片 150 余场。

青原区

青原区文化广播电视新闻出版局内设办公室、文化科、广电科、新闻出版科和旅游科，下辖广电新闻中心、文物局、文化广电稽查大队、图书馆、文化馆、文工团、东固革命根据地博物馆。乡镇文化广播站 9 个。全局现有干部职工 47 人。

《青原新闻》开办《走基层栏目》、《青原走过十周年》、《党员先锋》等专栏，播出《青原新闻》156 期，用稿 1112 条。全年在吉安电视台用稿 376 条；在江西电视台用稿 25 条；在中央人民广播电台《新闻和报纸摘要》用稿 2 条，在中央电视台用稿 6 条。

全年组织电影放映队在农村放映电影 1554 场。

新干县

新干县文化广播电视新闻出版局内设办公室、文化艺术股、社会管理股、宣传管理股、新闻出版股、科技事业股，下辖广播电视台、文化馆、博物馆、图书馆、剧团、电影公司 6 个副科级单位，文广稽查大队、广电服务部、网络中心、收转站、电影院 5 个股级单位以及 13 个乡镇文广站。全局核定编制数 166 人，现实有人员 155 人。

广播电视台开办《党旗飘飘》、《时代先锋》、《决战工业 300 亿》等专栏，在广播电视《新干新闻》节目中用稿 2586 条；在吉安人民广播电台用稿 218 条，在吉安电视台用稿 363 条；在江西人民广播电台用稿 22 条，在江西电视台用稿 37 条；在中央人民广播电台《新闻和报纸摘要》用稿 4 条，在中央电视台《新闻联播》用稿 2 条。

争取县政府支持，启动农村广播恢复工程，每建设 1 个点，由县财政奖励 5000 元。目前，莒洲村、潭丘村等首批 60 个村广播室建设示范点正在顺利实施。

峡江县

峡江县文化广播电视新闻出版局内设办公室、文化艺术股、社会管理股（社会宣传股）、新闻出版股（行政服务股）、文化广播电视新闻出版综合执法大队，下辖广播电视台、文化馆、博物馆、图书馆、文工团、电影公司 6 个副科级单位。全县共有 11 个乡镇文化广播电视站。全系统在职人员 89 人。

广播电视台自办《峡江新闻》节目，开办了《解放思想促发展》、《劳模风采》、《就业之路》等专栏。全年在《峡江新闻》中用稿 732 条；在吉安人民广播电台、吉安电视台用稿 477 条；在江西人民广播电台、江西电视台用稿 27 条；在中央人民广播电台《新闻和报纸摘要》用稿 1 条，在中央电视台《新闻联播》用稿 1 条。在吉安广播电视奖评选中，1 件作品获一等奖，1 件作品获二等奖，2 件作品获三等奖；在江西广播电视奖评选中，1 件作品获三等奖。

全年投资近 90 万元，更新改造演播大厅、添置机房传输设备及采编设备。

县电影公司组织全县 6 个放映队，放映数字电影 1918 场，观众达 48 万余人次。广播电视全年安全播出无事故。

永丰县

永丰县文化广播新闻出版局内设人秘股、广播电视股、文化股、新闻出版股，下辖广播电视台、文化馆、博物馆 3 个副科级单位，图书馆、采茶剧团、电影公司、文化市场综合稽查大队4个股级单位和21个股级乡镇文化广播电视站。全系统干部职工114人（含乡镇站人员）。

广播电视台自办节目有《永丰新闻》、《永丰风光》等栏目。全年《永丰新闻》用稿656条；在吉安人民广播电台用稿139条，在吉安电视台用稿249条；在江西人民广播电台用稿5条，在江西电视台用稿12条；在中央电视台用稿1条。

电影公司组织18个放映队，聘请20个放映员，放映数字电影3766场，占全年任务的106.4%。

吉水县

吉水县文化广播电视新闻出版局内设综合股、广播电视股、文化股、社会管理股（行政服务股）、新闻出版（版权）股，下辖广播站、有线电视台、文化馆、图书馆、博物馆、文工团、电影公司、文化广播电视新闻出版稽查大队及18个乡镇文化广播电视站。全系统共有干部职工140人。

电视自办节目有《吉水新闻》、《百姓聚焦》、《创先争优》等。全年制作《吉水新闻》186期，用稿1412条，制作专题20部，播出《百姓聚焦》8期、《法制之窗》12期；在吉安人民广播电台用稿228条，在吉安电视台用稿361条；在江西人民广播电台用稿6条，在江西电视台用稿39条；在中央人民广播电台用稿2条，在中央电视台《新闻联播》用稿3条。

投资近20万元，改造播出机房的硬盘播出系统。

县电影公司积极开展农村数字电影下乡活动，全年放映农村电影3975场，观众达61万余人次。

全年高标准高质量完成了国家“十二五”广播电视“村村通”和“户户通”规划编制工作，使全县边远山区的农户能看上高画质的电视节目。

吉安县

吉安县文化广播电视新闻出版局内设办公室、广播电视股、文化艺术股、社会管理股，下辖广播电视台、稽查大队、文化馆、图书馆、剧团、博物馆、电影公司、19个乡镇文化站、19个乡镇广播电视站。全系统共有干部职工150人。

县广播电视台在《庐陵新闻》节目中开办《创先争优、勇创一流》、《记者走基层》、《优化环境促跨越》等专栏，着力办好专题节目《行风在线》、《庐陵警方》和《交警视点》；在吉安人民广播电台用稿230条，在吉安电视台用稿380条；在江西人民广播电台《早间新闻联播》用稿28条，在江西电视台《江西新闻联播》用稿24条；在中央人民广播电台《新闻和报纸摘要》用稿5条，在中央电视台《新闻联播》用稿5条。

全年放映农村电影4628场。

泰和县

泰和县文化广播电视局内设办公室、综合执法大队、文化艺术（行政审批）股、招商办、财务股5个股室，下辖广播电视台、采茶剧团、文化馆、图书馆、博物馆、影业总公司及22个乡镇文化广播电视站。全系统共有干部职工235人。

全年《泰和新闻》节目播出168期，用稿1550余条；在吉安人民广播电台用稿261条，在吉安电视台《吉安新闻联播》用稿312

条；在江西人民广播电台用稿28条，在江西电视台《江西新闻联播》用稿32条；在中央人民广播电台《新闻和报纸摘要》用稿4条，在中央电视台《新闻联播》用稿4条。

全县有电影放映队23个，全年放映电影4858场。

万安县

万安县文化广播电视新闻出版局内设办公室（行政服务股、文化新闻出版股、广播电影电视股），下辖广播站、电视差转台、有线电视台、文化馆、图书馆、文物管理办公室、采茶剧团、电影发行放映公司等8个副科级事业单位，以及广播电视技术服务站、音像发行站、博物馆、文化广播电视稽查大队和16个乡镇文化广播电视站。全系统现有在职干部职工166人。

广播电视自办节目有《万安新闻》、《五云聚焦》、《大众话筒》等，在本台广播用稿1054条，电视用稿1001条；在吉安人民广播电台用稿124条，在吉安电视台用稿209条；在江西人民广播电台用稿19条，在江西电视台用稿18条；在中央人民广播电台《新闻和报纸摘要》用稿2条。在吉安广播电视奖评选中，2件作品获二等奖。

全县有线电视终端用户2.5万余户。投入资金197余万元，新建设杆路375.33千米。广播电视综合人口覆盖率99.1%。广播电视全年安全播出无事故。

全年放映农村数字电影2334场，观众达54.3万余人次。

遂川县

遂川县文化广播电视新闻出版局内设办公室、文化股、广播电视股、新闻出版股和文化市场综合执法大队，下辖广播电视台、文化馆、博物馆、图书馆、文艺工作团、电影公司和23个乡镇文广站。全系统现有干部职工228人。

全年广播电视在吉安人民广播电台用稿246条，在吉安电视台《新闻联播》用稿432条；在江西人民广播电台用稿46条，在江西电视台用稿33条；在中央人民广播电台《新闻和报纸摘要》用稿4条，在中央电视台《新闻联播》用稿2条。

全年放映电影4941场次，观众达85.5万人次，超额完成全年放映任务。新投入GPS数字电影放映设备24套，大大提高了农村电影放映质量。

有线电视实施数字化整体转换，峨峰广播电视无线发射台广播电视节目覆盖正常运转，全县广播电视人口综合覆盖96%。

安福县

安福县文化广播电视新闻出版局由安福县文化广播电视局与安福县新闻出版（版权）局合并组成，内设办公室、文化艺术股、社会宣传股（新闻出版股）、社会管理股（行政服务股），下辖文化广播电视稽查大队、广播电视台、文化馆、图书馆、博物馆、电影公司、文工团和19个乡镇文化广播电视站。全系统干部职工270人（含退休人员）。

广播电视台开办《安福新闻》、《社会热点》、《行风热线》等专栏，采写新闻1536条，拍摄制作《冲出山谷》、《创业的热土》等专题片近10部。全年在市级以上（含市级）广播电台、电视台用稿674条。

全县完成农村电影放映3668场，观影人数达110余万人次。

永新县

永新县文化广播电视新闻出版局内设人秘股、文化股、广电股和纪检室，下辖广播电视台、文物局、文化广播电视稽查大队、文化馆、图书馆、采茶剧团、电影公司和23个乡镇文化广播电视站。全系统现有干部职工328人。

广播电视台开办《贯彻市、县党代会》、《电视访谈》、《永新人文精神讲坛》等栏目。全年在吉安人民广播电台用稿255条，在吉安电视台用稿297条；在江西人民广播电台用稿13条，在江西电视台用稿30条；在中央人民广播电台用稿4条，在中央电视台用稿2条。

全年乡镇网络新发展有线电视用户900户，投资10余万元增设3个乡镇有线电视信号中转机房，铺设光缆30千米，新增光节点33个，新架设杆路8千米，有线电视行政村覆盖率95%。城网新增光节点119个，地埋管道30千米，杆路26千米，顺利完成城网数字电视整体转换，整转用户1.72万余户，数字平移后节目增加到66套，同时开通了42套付费节目增值业务。广播电视安全播出全年无事故。

井冈山市

井冈山市广播电视系统现有干部职工123人，下辖广播电视台、江西省七〇四电视台、电影公司。

全年电视宣传在本台用稿686条，在吉安电视台用稿156条，在江西电视台用稿53条，在中央电视台用稿15条。

全年放映电影1945场，超出任务100场。结合建党90周年纪念活动，派出专业放映队伍6支，放映优秀影片120余部。

全市有线电视终端用户1.54万余户，广播电视人口覆盖率96%。

抚州市

临川区

临川区文化体育广播电视新闻出版局内设广播电视股、广电稽查队，下辖广播电视台。广播电视从业人员66人。

临川县广播电视台全年在抚州人民广播电台用稿80条，在抚州电视台用稿308条；在江西人民广播电台用稿9条，在江西电视台用稿45条。在抚州广播电视奖评比中，有1件作品获二等奖。

广播人口覆盖率100%，电视人口覆盖率99.4%。有线电视传输干线网络总长67.45千米，有线电视用户数1.8万户。

崇仁县

崇仁县文化体育广播电视新闻出版局内设广播电视股和广电稽查队，下辖广播电视台。广播电视从业人员94人。

崇仁县广播电视台全年在抚州人民广播电台用稿100条，在抚州电视台用稿189条；在江西人民广播电台用稿45条；在江西电视台用稿36条。在抚州广播电视奖评比中，1件作品获二等奖。

广播人口覆盖率98.5%，电视人口覆盖率99.3%。有线电视传输干线网络总长213千米，有线电视用户数1.8万户。

乐安县

乐安县文化体育广播电视新闻出版局内设广电股和文化广电稽查队、广电服务部，下辖广播电视台。广播电视从业人员59人。

乐安县广播电视台全年在抚州人民广播电台用稿54条，在抚州电视台用稿168条；在江西人民广播电台用稿10条，在江西电视台用稿43条。在抚州广播电视奖评比中，1件作品获二等奖，2件作品获三等奖。

广播人口覆盖率90.9%，电视人口覆盖率95%。有线电视传输干线网络总长153千米，有线电视用户数1.4万户。

宜黄县

宜黄县文化体育广播电视新闻出版局内设广电股和文广稽查队，下辖广播电视台。广播电视从业人员61人。

宜黄县广播电视台全年在抚州人民广播电台用稿52条，在抚州电视台用稿104条；在江西人民广播电台用稿20条，在江西电视台用稿18条；在中央人民广播电台《新闻和报纸摘要》用稿1条。

广播人口覆盖率91.8%，电视人口覆盖率99.4%。有线电视传输干线网络总长289.4千米，有线电视用户数1.4万户。

南丰县

南丰县文化体育广播电视新闻出版局内设广播电视股和广电稽查队，下辖广播电视台。广播电视从业人员113人。

南丰县广播电视台全年在抚州人民广播电台用稿64条，在抚州电视台用稿142条；在江西人民广播电台用稿23条，在江西电视台用稿29条。在抚州广播电视奖评比中，1件作品获二等奖，2件作品获三等奖。

广播人口覆盖率99.6%，电视人口覆盖率100%。有线电视传输干线网络总长757千米，有线电视用户数5.1万户。

黎川县

黎川县文化体育广播电视新闻出版局内设广播电视股和文化广电稽查队，下辖广播电视台。广播电视从业人员68人。

黎川县广播电视台全年在抚州人民广播电台用稿73条，在抚州电视台用稿180条；在江西人民广播电台用稿52条，在江西电视台用稿20条；在中央人民广播电台《新闻和报纸摘要》用稿1条。在抚州广播电视奖评比中，1件作品获二等奖，1件作品获三等奖。

广播人口覆盖率97.1%，电视人口覆盖率99%。有线电视传输干线网络总长177千米，有线电视用户数1.9万户。

南城县

南城县文化体育广播电视新闻出版局内设广播电视股、文化广电稽查队，下辖广播电视台。广播电视从业人员131人。

南城县广播电视台全年在抚州人民广播电台用稿43条，在抚州电视台用稿211条；在江西人民广播电台用稿34条，在江西电视台用稿48条；在中央电视台《新闻联播》用稿1条。在抚州广播电视奖评比中，2件作品获三等奖；在江西广播电视奖评比中，1件作品获二等奖。

广播人口覆盖率100%，电视人口覆盖率100%。有线电视传输干线网络总长726千米，有线电视用户数 4.1 万户。

金溪县

金溪县文化体育广播电视新闻出版局内设广播电视股和文广稽查队，下辖广播电视台。广播电视从业人员 85 人。

金溪县广播电视台全年在抚州人民广播电台用稿 87 条，在抚州电视台用稿 247 条；在江西人民广播电台用稿 37 条，在江西电视台用稿 35 条。在抚州广播电视奖评比中，2 件作品获三等奖。

广播人口覆盖率 98.2%，电视人口覆盖率 99%。有线电视传输干线网络总长 372 千米，有线电视用户数 1.4 万户。

广昌县

广昌县文化广播电视新闻出版局内设广播电视股和文化广电稽查队，下辖广播电视台。广播电视从业人员 60 人。

广昌县广播电视台全年在抚州人民广播电台用稿 96 条，在抚州电视台用稿 193 条；在江西人民广播电台用稿 11 条，在江西电视台用稿 37 条；在中央电视台《新闻联播》用稿 1 条。在抚州广播电视奖评比中，2 件作品获二等奖，3 件作品获三等奖。

广播人口覆盖率 97.7%，电视人口覆盖率 99.3%。有线电视传输干线网络总长 298 千米，有线电视用户数 1.6 万。

东乡县

东乡县文化体育广播电视新闻出版局内设广电股、文广稽查队，下辖广播电视台。广播电视从业人员 120 人。

东乡广播电视台全年在抚州人民广播电台用稿 84 条，在抚州电视台用稿 211 条；在江西人民广播电台用稿 40 条，在江西电视台用稿 56 条。在抚州广播电视奖评比中，1 件作品获一等奖，1 件作品获三等奖；在江西广播电视奖评比中，1 件作品获二等奖，2 件作品获三等奖。

广播人口覆盖率 95.1%，电视人口覆盖率 99%。有线电视传输干线网络总长 952 千米，有线电视用户数 3.9 万户。

资溪县

资溪县文化体育广播电视新闻出版局内设广电股和文化广电稽查队，下辖广播电视台。广播电视从业人员 53 人。

资溪县广播电视台全年在抚州人民广播电台用稿 18 条，在抚州电视台用稿 96 条；在江西人民广播电台用稿 3 条，在江西电视台用稿 7 条。在抚州广播电视奖评比中，1 件作品获一等奖，1 件作品获三等奖。

广播人口覆盖率 97.5%，电视人口覆盖率 99.4%。有线电视传输干线网络总长 492 千米，有线电视用户数 9500 户。

统　计

2011 年江西省广播电视基本情况统计

无线广播（一）

	单位	2011 年	2010 年	2011 年比 2010 年	
				增长量	增幅（%）
广播电台	座	12	12	0	0
中短波发射台和转播台	座	16	16	0	0
调频发射台和转播台	座	602	644	－42	-6.53
广播人口覆盖率	%	97.06	96.78	0.28	0.29

无线广播（二）

	广播电台（座）	中短波发射台和转播台（座）	调频发射台和转播台（座）	广播人口覆盖率（%）
省级	1	1	2	—
南昌	1	1	1	97.47
景德镇	1	1	1	98.90
萍乡	1	1	1	98.66
九江	1	2	2	98.76
新余	1	1	1	99.13
鹰潭	1	1	1	94.82
赣州	1	1	1	95.74
吉安	1	2	3	94.70
宜春	1	1	2	98.03
抚州	1	—	2	97.50
上饶	1	1	4	98.41

注：此表为省、市两级情况，覆盖率含县级。

电视广播（一）

	单位	2011 年	2010 年	2011 年比 2010 年	
				增长量	增幅（%）
电视台	座	12	12	0	0
电视发射台和转播台	座	297	301	–4	–1.33
电视人口覆盖率	%	98.18	97.96	0.22	0.23

电视广播（二）

	电视台（座）	电视发射台和转播台（座）	电视人口覆盖率（%）
省级	1	2	—
南昌	1	1	98.87
景德镇	1	1	99.30
萍乡	1	1	99.70
九江	1	2	98.06
新余	1	1	99.15
鹰潭	1	1	96.67
赣州	1	1	97.63
吉安	1	2	96.70
宜春	1	2	98.05
抚州	1	2	99.00
上饶	1	2	98.56

注：此表为省、市两级情况，覆盖率含县级。

广播电视节目传送

	单位	2011 年	2010 年	2011 年比 2010 年	
				增长量	增幅（%）
微波站	座	18	18	0	0
微波线路	千米	1017.7	1017.7	0	0

无线广播宣传（一）

	单位	2011 年	2010 年	2011 年比 2010 年	
				增长量	增幅（%）
公共广播节目套数	套	104	103	0	0
全年公共广播节目播出时间	小时	351805	345482	6323	1.83
按节目来源分					
#转中央台节目	小时	63532	62214	1318	2.12
转省级台节目	小时	35471	36368	–897	–2.47
转地市级台节目	小时	6744	6929	–185	–2.67
播出制作节目	小时	211784	211440	344	0.17
购买交换节目	小时	34274	28531	5743	20.13
按节目类型分					
#新闻资讯类节目	小时	83836	86835	–2999	–3.46
专题服务类节目	小时	88639	88279	360	0.41
综艺类节目	小时	87733	88988	–1255	–1.41
广播剧类节目	小时	25306	19932	5374	26.97
广告类节目	小时	31440	33427	–1987	–5.95
其他类节目	小时	34851	28021	6830	24.38

无线广播宣传（二）

	节目套数	全年公共广播节目播出时间（小时）	转中央台节目（小时）	播出制作节目（小时）
省级	6	47069	366	45324
南昌	9	41999	2869	30065
景德镇	4	21900	1460	15959
萍乡	5	16785	3559	8867
九江	10	26444	6611	7815
新余	3	16398	990	11150
鹰潭	3	8165	1535	4855
赣州	20	63826	26590	26771
吉安	13	31516	7436	14189
宜春	10	26334	5457	13113
抚州	9	26144	4098	11011
上饶	12	25224	2560	22664

电视宣传（一）

	单位	2011 年	2010 年	2011 年比 2010 年	
				增长量	增幅(%)
公共电视节目套数	套	113	113	0	0
全年公共电视节目播出时间	小时	632617	650997	−18380	−2.83
按节目来源分					
#转中央台节目	小时	111076	115058	−3982	−3.46
转省台节目	小时	30246	28683	1563	5.45
转地方级台节目	小时	10326	9688	638	6.59
播出制作节目	小时	138450	140519	−2069	−1.48

购买交换节目	小时	342519	357049	−14530	−4.07
按节目类型分					
#新闻资讯类节目	小时	81417	73956	7461	10.09
专题服务类节目	小时	58097	56719	1378	2.43
综艺益智类节目	小时	40778	47531	−6753	−14.21
影视剧类节目	小时	307939	321234	−13295	−4.14
广告类节目	小时	66034	67078	−1044	−1.56
其他类节目	小时	78352	84477	−6125	−7.25

电视宣传（二）

	公共电视节目套数	全年公共电视节目播出时间（小时）	转中央台节目（小时）	播出制作节目（小时）
省级	9	71359	1276	27154
南昌	8	47512	4012	16561
景德镇	4	23179	913	8785
萍乡	5	24645	4313	4340
九江	12	64855	19223	9399
新余	3	15695	440	5024
鹰潭	4	26521	8506	2698
赣州	19	118633	36436	21951
吉安	13	74358	23845	11587
宜春	11	55203	7314	10208
抚州	12	59603	2317	8135
上饶	13	51053	2479	12606

有线广播电视（一）

	单位	2011 年	2010 年	2011 年比 2010 年	
				增长量	增幅（%）
总用户	户	4896996	4394686	502310	11.43
数字电视用户	户	2190433	414113	1776320	428.96
#付费数字电视用户	户	164127	121982	42145	34.55
农村有线电视用户数	户	3608634	1820096	1788538	98.27
入户率	%	41.19	34.00	7.19	21.15
有线广播电视传输网络干线总长	千米	82216.18	76087	6129.18	8.06

有线广播电视（二）

	总用户（户）	入户率（%）	有线广播电视传输网络干线总长（千米）
南昌	749993	53.27	14211.45
景德镇	137666	44.32	4158.00
萍乡	102581	47.44	3919.05
九江	546534	43.06	7686.59
新余	172231	48.55	1487.36
鹰潭	139234	45.90	676.40
赣州	779358	36.42	12387.29
吉安	495070	38.44	6983.47
宜春	558608	38.42	12701.32
抚州	391793	37.11	5194.25
上饶	637428	37.79	12811.00

队伍构成情况（一）

单位：人

	年末总人数	长期职工	按性别分		按学历分		
			男	女	本科以上	本科及大专	高中及以下
合计	20269	19446	13251	7018	247	12283	7739
省级	9259	8911	5983	3276	162	5250	3847
南昌	1835	1690	1131	704	16	1225	594
景德镇	433	409	310	123	2	253	178
萍乡	380	376	223	157	7	304	69
九江	1654	1615	1075	579	12	884	758
新余	341	334	220	121	5	295	41
鹰潭	234	227	154	80	4	211	19
赣州	1498	1461	946	552	12	954	532
吉安	1458	1458	1039	419	4	945	509
宜春	1042	898	713	329	8	637	397
抚州	673	673	460	213	2	467	204
上饶	1462	1394	997	465	13	858	591

队伍构成情况（二）

	管理人员	专业人员	编辑、记者	播音员主持人	工程技术人员	艺术人员	经营人员	其他人员
合计	3925	8261	2667	908	2477	217	281	8083
省级	1386	3640	769	177	1255	151	146	4233
南昌	245	819	372	116	178	15	7	771
景德镇	113	194	58	31	66	12	27	126
萍乡	90	204	123	29	21		2	86
九江	325	557	212	115	97	19	33	772

新余	71	156	78	38	40			114
鹰潭	64	141	91	31	7	9		29
赣州	340	574	245	103	181	1	4	584
吉安	414	535	195	86	176	2	4	509
宜春	269	546	214	52	116	1	49	227
抚州	246	237	100	45	86		2	190
上饶	362	658	210	85	254	7	7	442

队伍构成情况（三）

	按年龄分			按专业技术职务分			
	35 岁及以下	36 岁至 50 岁	51 岁及以上	正高级	副高级	中级	初级
合计	7403	10576	2290	70	525	1891	7596
省级	3898	4637	724	56	302	819	3562
南昌	638	960	237	2	38	188	1101
景德镇	124	243	66		8	41	116
萍乡	168	181	31		5	81	113
九江	442	1002	210	3	22	159	484
新余	102	184	55		16	46	94
鹰潭	92	111	31	1	19	59	57
赣州	498	801	199	2	33	111	448
吉安	504	744	210	2	33	90	391
宜春	383	450	209	3	22	122	540
抚州	204	364	105	1	15	65	158
上饶	350	899	213		12	110	532

广播电视业增加值（行政事业单位）

单位：万元

	增加值	劳动者报酬	生产税净额	固定资产折旧	营业盈余
合计	113381.95	61051.64	7675.29	6780.81	37874.21
省级	59807.25	24533.55	6020.27	3087.45	26165.98
南昌	8546.95	4888.85	599.98	214.69	2843.43
景德镇	2382.14	1837.29	29.60	240.92	274.33
萍乡	2574.55	1266.01	51.37	339.67	917.50
九江	7712.52	4981.73	328.74	427.21	1974.84
新余	1743.15	1150.03	18.16	166.86	408.10
鹰潭	1446.96	1063.11	27.40	182.46	173.99
赣州	8183.00	6302.69	321.54	463.02	1095.75
吉安	6640.33	4878.88	81.23	395.30	1284.92
宜春	4673.01	3577.94	26.41	559.88	508.78
抚州	2795.70	2262.61	47.24	232.94	252.91
上饶	6876.39	4308.95	123.35	470.41	1973.68

广播电视业增加值（企业单位）

单位：万元

	增加值	劳动者报酬	生产税净额	固定资产折旧	营业盈余
合计	46736.91	26480.89	1682.49	15418.08	3155.45
省级	40415.09	22192.79	1594.89	13163.34	3464.07
南昌	5662.61	2712.50	1057.86	1845.15	47.10
景德镇	26.50	20.00	1.00	5.50	–
九江	724.47	733.30	–19.13	285.20	–274.90
新余	61.50	68.00	4.00	2.50	–13.00
宜春	–52.40	381.74	–476.16	55.70	–13.68
抚州	5.25	13.60	1.20	6.59	–16.14
上饶	–106.11	358.96	–481.17	54.10	–38.00

广播电视财务收支情况（行政事业单位）

单位：万元

	总收入	财政补助收入	事业收入	总支出
合计	181732.85	37649.07	127443.17	175214.86
省级	110874.15	7629.41	95433.87	106490.64
南昌	12759.33	2585.22	9232.13	12887.76
景德镇	2696.89	1117.30	1264.00	2600.99
萍乡	3469.16	1177.01	1705.76	3376.80
九江	9421.33	4206.46	4553.40	8308.49
新余	2676.67	1698.67	966.00	2593.67
鹰潭	1730.77	878.37	796.43	1651.78
赣州	11637.60	5231.02	1962.55	11396.30
吉安	7063.59	4639.35	2279.38	6975.33
宜春	5875.14	3122.40	2489.81	5752.00
抚州	3763.91	2048.39	503.43	3698.52
上饶	9764.31	3315.47	6256.41	9482.58

广播电视资产负债情况（行政事业单位）

单位：万元

	资产总额	固定资产原值	专业设备	事业结余
合计	304802.51	169520.30	73762.87	6517.99
省级	176445.18	77186.26	43222.72	4383.51
南昌	10958.47	5367.17	2391.73	−128.43
景德镇	6718.40	6023.00	599.50	95.90
萍乡	9335.07	8491.71	751.10	92.36
九江	15940.23	10680.24	2754.00	1112.84
新余	4594.11	4171.40	1744.00	83.00
鹰潭	5914.22	4561.62	1252.60	78.99
赣州	20820.30	11575.59	3221.82	241.30
吉安	12048.41	9882.57	6642.62	88.26
宜春	17024.20	13996.98	2515.40	123.14
抚州	7439.46	5823.48	4628.65	65.39
上饶	17564.46	11760.28	4038.73	281.73

广播电视资产负债情况（企业单位）

单位：万元

	资产总额	固定资产净值	本年新增固定资产	负债总额	所有者权益
合计	479014.71	134575.19	22252.36	345256.78	133757.93
省级	399939.81	106386.26	20314.34	289906.81	110033.00
南昌	69227.01	21204.73	1558.00	50733.80	18493.21
景德镇	82.00	58.00	1.00	3.50	78.50
九江	5974.80	4325.40	75.00	2079.10	3895.70
新余	251.00	199.00	–	205.00	46.00
宜春	1910.22	1187.38	160.03	1087.76	822.46
抚州	267.86	82.23	–	45.84	222.02
上饶	1362.01	1132.19	143.99	1194.97	167.04

广播电视经营情况（企业单位）

单位：万元

	总收入	主营业务收入	本年应缴税金	营业利润	固定资产投资额
合计	161134.37	144279.68	4102.82	3155.45	32893.32
省级	130631.53	127231.65	2741.80	3464.07	21277.82
南昌	25036.98	13149.48	1057.86	47.10	11344
景德镇	24.00	9.50	1.00	–	–
九江	2920.24	2563.04	236.97	–274.90	47.50
新余	215.00	211.00	8.00	–13.00	–
宜春	1019.67	359.71	15.09	–13.68	78.00
抚州	35.30	35.30	1.20	–16.14	–
上饶	1251.65	720.00	40.90	–38.00	146.00

广播电视实际创收收入情况（行政事业单位）

单位：万元

	实际创收收入合计	广告收入	有线广播电视收视费收入	付费数字电视收入	其他网络收入	节目销售收入	新媒体业务收入	其他创收收入
合计	137915.45	127940.64	3780.68	4.00	866.16	–	–	5323.97
省级	98494.17	95571.72	0	0	0	–	–	2922.45
南昌	9633.76	7685.08	1312.56	0	365.33	–	–	270.79
景德镇	1568.09	1264.00	0	0	0	–	–	304.09
萍乡	2222.05	1834.76	35.60	0	0	–	–	351.69
九江	5173.71	3855.80	856.50	0	260.70	–	–	200.71
新余	978.00	966.00	0	0	0	–	–	12.00
鹰潭	802.52	796.43	0	0	0	–	–	24.09
赣州	5888.60	5326.31	398.46	0	0	–	–	163.83
吉安	2391.62	1878.32	171.16	0	19.03	–	–	323.11
宜春	2762.30	2490.47	0	0	0	–	–	271.83
抚州	1599.84	1404.84	15.00	0	0	–	–	180.00
上饶	6382.79	4866.91	991.40	4.00	221.10	–	–	299.38

广播电视实际创收收入情况（企业单位）

单位：万元

	实际创收收入合计	广告收入	有线广播电视收视费收入	付费数字电视收入	三网融合业务收入	其他网络收入	节目销售收入	其他创收收入
合计	158257.82	12507.68	70713.27	9356.32	1373.83	24713.24	1523.97	38069.51
省级	130817.33	10313.18	58823.49	7382.32	1373.83	23333.24	1523.97	28067.30
南昌	24502.48	2062.00	10060.48	1970.00	–	1066.00	0	9344.00
景德镇	24.00	9.50	–	–	–	–	0	14.50
九江	1546.00	78.00	1122.00	–	–	270.00	0	76.00
新余	211.00	45.00	–	–	–	–	0	166.00
宜春	401.71	0	–	–	–	–	0	401.71
抚州	35.30	0	35.30	–	–	–	0	0
上饶	720.00	0	672.00	4.00	–	44.00	0	0

图书在版编目（CIP）数据

江西广播电影电视年鉴．2012/江西省广播电影电视局，《江西广播电影电视年鉴》编辑委员会编．——北京：中国传媒大学出版社，2013.1

ISBN 978-7-5657-0661-5

Ⅰ．①江… Ⅱ．①江… ②江… Ⅲ．①广播事业-江西省-2012-年鉴②电影事业-江西省-2012-年鉴③电视事业-江西省-2012-年鉴 Ⅳ．①G229.275.6-54②J992-54

中国版本图书馆CIP数据核字（2013）第021089号

江西广播电影电视年鉴 2012

编　　纂　江西省广播电影电视局《江西广播电影电视年鉴》编辑委员会
主　　编　万里波
副 主 编　凌文勇
责任编辑　赵　欣　胡小玲
封面设计　方　舟
出 版 人　蔡　翔

出版发行　中国传媒大学出版社（原北京广播学院出版社）
地　　址　北京市朝阳区定福庄东街1号　邮编：100024
电　　话　86-10-65450532或65450528　传真：010-65779405
网　　址　http://www.cucp.com
经　　销　全国新华书店

印　　刷　南昌博凯印务有限公司
开　　本　787×1092毫米　1/16
印　　张　20
彩　　插　1
字　　数　516千字
版　　次　2013年1月第1版　2013年1月第1次印刷

书　　号　ISBN 978-7-5657-0661-5　　定　价：70.00元